新加坡华语电视研究
—— 多元族群社会中的机构、文本与受众

张渤 著

中山大学出版社
·广州·

版权所有　翻印必究

图书在版编目（CIP）数据

新加坡华语电视研究：多元族群社会中的机构、文本与受众/张渤著．—广州：中山大学出版社，2022.3

ISBN 978 - 7 - 306 - 07421 - 8

Ⅰ.①新…　Ⅱ.①张…　Ⅲ.①中文—电视节目—文化传播—研究—新加坡　Ⅳ.①G229.339

中国版本图书馆 CIP 数据核字（2022）第 023267 号

出 版 人：	王天琪
策划编辑：	李先萍
责任编辑：	麦晓慧
封面设计：	曾　斌
责任校对：	姜星宇
责任技编：	靳晓虹
出版发行：	中山大学出版社
电　　话：	编辑部 020 - 84111946，84113349，84111997，84110779
	发行部 020 - 84111998，84111981，84111160
地　　址：	广州市新港西路 135 号
邮　　编：	510275　传　真：020 - 84036565
网　　址：	http://www.zsup.com.cn　E-mail: zdcbs@mail.sysu.edu.cn
印 刷 者：	广东虎彩云印刷有限公司
规　　格：	787mm×1092mm　1/16　16 印张　260 千字
版次印次：	2022 年 3 月第 1 版　2022 年 3 月第 1 次印刷
定　　价：	45.00 元

如发现本书因印装质量影响阅读，请与出版社发行部联系调换

本书系教育部人文社会科学研究青年基金西部和边疆地区项目"多元文化视域下新加坡电视媒体族群传播研究"(立项号:19XJC860005)的研究成果。

前　言

在传播技术网络化、信息资讯遍在化、受众接受自主化的时代语境下，电视媒介仍以其强大的破空力、速传力、开掘力、再现力、感染力，持续不断影响着广大受众。放眼"地球村"不难发现，传播技术的扩散并非均质与扁平的，它与内容相互搭载，在不同政治环境、政策环境、市场环境、文化生态等一系列复杂因素的相互作用下，形成了因地而异、多元共生的电视传播生态。本书聚焦新加坡华语电视传播，意在研究新加坡作为采用威权主义社会治理模式的发达国家，其公共电视媒体在地缘政治、多元族群、多元文化等多重因素影响下形成的传播生态个案。

本书从多元文化主义视角切入，原因有四：首先，大众传媒作为文化传递的工具，承载并容纳着文化的传承及其变迁，多元文化主义作为一种文化观，对媒介研究具有一定的视野观照；其次，多元文化主义作为一种历史观，强调历史传统、文化顺袭及族群融合的调和立场，既包含"批判式"思维，又暗含"温和式"建构，这较为符合新加坡多个族群共存、多种语言共用、多种信仰相安、多样文化共处的社会现实；再次，新加坡建国以来，强调族群语言在文化承继中的持恒地位，各族群之间要彼此尊重，共生共荣，多元文化主义作为一种教育理念，同时作为公民价值观渗透到学校教育与公民教育中，"双语"政策在曲折中前行，成为多元文化社会的重要表征；最后，多元文化主义作为一种施政理念，强调持有不同文化习惯的人都应享有政治、经济、文化等方面的均等权力，不因种族、宗教、肤色等因素而被差别对待，新加坡的多元族群事实先于民族国家诞生，其于1991年颁布《共同价值观白皮书》，明确了"种族和谐、宗教宽容"的多元文化价值理念，持续加固国家公共电视传播体系的多元族群面向。因此，多元文化主义视角的引入，有助于我们更好地理解新加坡电视传播生态的历史成因与当代变迁，进而了解华语电视在新加坡电视传播结构中的生态位。

本书在采用文献研究法对新加坡电视传播生态现状及成因进行梳理的同时，重点研究华语电视频道。借鉴英国文化研究学派接受分析的理论框架与研究范式，确立了"文本生产"（编码）与"受众解读"（解码）两个较为宏观的分析向度。具体而言，在"文本生产"研究中，借助内容分析、文本分析等方法，对新加坡公共电视媒体"新传媒"旗下两个华语电视频道（"8频道"与"U频道"）自制的新闻类与剧情类节目的编码规则进行分析。研究发现：新闻节目重在强化国家话语、维系种族和谐、塑造国家认同，剧情类节目侧重共同价值观强化与公共政策宣导，节目文本具有明显的意识形态与价值观导向。无论是新闻素材的把关还是剧情类节目的文本叙事，都与新加坡的家国观念密切相关，节目观感整体上较为"收敛"，传播内容的市场驱动表现不足。

在"受众分析"层面，本书结合新加坡媒体发展管理局公布的基础数据，对新加坡本地受众的媒介接触习惯及其变化进行历时性分析。在此基础上导入深度访谈法，将新加坡华语电视受众分为土生华族（同"华人"）与中国新移民两大群体，借助对不同年龄段、不同职业、不同性别受访对象的半结构深度访谈，分析新加坡华语电视受众的收视习惯，并提炼其文本解读策略。研究发现：受众对电视媒体的认知与接受差异较大，新加坡土生华族接触电视媒体的代际分化明显，年轻受众游离外逸现象显著；新移民群体在传播环境的转换下，媒体接触行为日趋多元，并逐渐形成新的接触习惯与媒体认知。在全球传播语境下，新加坡特殊的传媒规制框架与本地电视媒体外向型发展之间的矛盾加剧，"媒介控制"与"受众自治"之间的张力日益突出。

此外，本书还将中国华语电视纳入研究范畴，以适度回应在我国"大外宣"格局背景下，新加坡个案对我国电视媒体国际传播实践的启示与借鉴。

目　录

第一章　绪论 …………………………………………………………… 1
　第一节　研究缘起、目的与意义 ………………………………… 1
　　一、研究缘起 …………………………………………………… 1
　　二、研究目的与研究意义 ……………………………………… 5
　第二节　概念界定与理论参照 …………………………………… 9
　　一、概念界定 …………………………………………………… 9
　　二、理论参照 …………………………………………………… 13
　第三节　研究方法、研究架构与创新性 ………………………… 17
　　一、研究方法 …………………………………………………… 17
　　二、研究模式与架构 …………………………………………… 21
　　三、研究创新性 ………………………………………………… 23

第二章　理论基础与文献综述 ……………………………………… 26
　第一节　多元文化主义思潮的缘起与价值面向 ………………… 26
　　一、多元文化主义思潮的缘起 ………………………………… 27
　　二、多元文化主义的价值面向与思想派别 …………………… 30
　　三、多元文化主义与大众传播 ………………………………… 32
　第二节　传播生态学的核心观点及理论延伸 …………………… 34
　　一、大卫·阿什德的传播生态学观点 ………………………… 35
　　二、传播生态学的理论延伸与现实观照 ……………………… 37

第三节　电视受众研究的理论基础与方法实践 …………… 39
　　　　一、受众观与受众研究的基本范式 ………………………… 40
　　　　二、电视受众研究的基本理论与方法 ……………………… 42
　　第四节　中国对外华语电视及海外华语电视研究现状 ……… 47
　　　　一、中国对外华语电视研究现状 …………………………… 47
　　　　二、海外华语电视研究现状 ………………………………… 49

第三章　新加坡的多元文化政治与电视传播生态 ……………… 51
　　第一节　新加坡的多元文化政治实践 …………………………… 51
　　　　一、新加坡的多元文化成因 ………………………………… 51
　　　　二、作为一种政治实践的多元文化主义 …………………… 56
　　第二节　多元文化主义与新加坡大众传媒规制 ………………… 63
　　　　一、以"发展新闻"传播制度统驭传播理念 ……………… 64
　　　　二、健全法令体系，整肃传播纲纪 ………………………… 68
　　　　三、强化规制手段，明确顶层设计 ………………………… 71
　　第三节　新加坡电视传播生态的历史演变 ……………………… 74
　　　　一、起步与发展阶段（1963—1990 年）…………………… 74
　　　　二、机制转轨与产业化提速阶段（1991—2000 年）……… 83
　　　　三、跨业冲突与整合稳定阶段（2000 年至今）…………… 89

第四章　多元文化语境下的新加坡华语电视传播文本 ………… 97
　　第一节　多元文化主义传播实践中的华语电视生态位 ………… 98
　　　　一、华语电视频道的传播生态位 …………………………… 98
　　　　二、华语电视频道的差异化路径与多元文化传播实践 … 102
　　第二节　华语电视新闻：比较视角下的文本差异与意义 …… 115
　　　　一、研究设计 ……………………………………………… 116
　　　　二、研究发现 ……………………………………………… 125
　　第三节　华语电视剧的文化归依：题材的稳态与认同的浮现 … 141
　　　　一、新加坡华语电视剧的题材结构 ……………………… 142

二、新加坡华语电视剧的文化浮现 …………………………………… 147

第五章 "结构性"视域下的新加坡电视受众 …………………… 161
第一节 新加坡电视受众的结构性细分与目标导向 ……………… 162
一、收视考量既呼应多元族群特征,也强调目标观众收视 …… 162
二、设立专门机构收集受众意见,监督公共电视节目 ………… 166
三、通过公共广播服务计划维持多元有序的节目生态 ………… 169
第二节 新媒体环境下新加坡受众群体的媒介分化 ……………… 173
一、受众的电视媒体满意度及其变化 …………………………… 173
二、受众的电视媒体消费习惯及其变化 ………………………… 176
三、受众对电视媒体的接触行为及满意度 ……………………… 179

第六章 新加坡华语电视受众的分群特征与文本解读 …………… 184
第一节 新加坡华语电视受众的分群特征 ………………………… 185
一、"乐龄人士":新加坡华语电视的核心受众群 …………… 185
二、本地年轻受众:华语电视退场,"转移""外溢"趋势明显 …………………………………………………………… 189
三、新移民群体:游牧特征突出,代际差异形成 ……………… 193
第二节 受众对新加坡本地华语电视文本的解读 ………………… 197
一、倾向式解读:媒介栖习延续下的文本与文化认同 ………… 198
二、妥协式解读:特殊传播生态下的有限认同 ………………… 201
三、反抗式解读:全球传播视野下的受众反拨 ………………… 208
第三节 受众对中国华语电视文本的解读 ………………………… 212
一、新加坡华族对中国华语电视的解读:"他者"视角下的文本差距 ……………………………………………………… 213
二、中国移民对中国华语电视的解读:媒介环境转换下的接受移位 ……………………………………………………… 215

第七章　结论与讨论 …………………………………………… 220

附录一　新闻节目编码表与编码规则 ………………………… 228
附录二　深度访谈提纲 ………………………………………… 235
附录三　受访者基本信息 ……………………………………… 237

参考文献 ………………………………………………………… 239

第一章 绪论

第一节 研究缘起、目的与意义

1965年8月9日,李光耀通过新加坡电视台现场直播的记者会宣布"新马"分家,镜头里的他几度哽咽失声痛哭:"新加坡脱离马来西亚并非自愿,而是被活生生推上独立的道路。"这段至今仍可在视频网站看到的清晰影像,真实再现了新加坡被逐出马来西亚联邦、被迫独立建国之时,李光耀内心的悲怆与无助。本书以新加坡华语电视为研究对象,并非平面呈现新加坡电视传媒图景或特征,而是以历史主义为逻辑起点,将电视媒体作为一种社会表征方式,逐步"将关注点缩小到那个我们兴许会认为是专长于文化表象之生产的符号化实践"[①]。

一、研究缘起

新加坡是位于东南亚的城市岛国,由本岛和63个小岛组成,国土面积约728平方千米,大体相当于北京市海淀区与丰台区的面积之和。19世纪初,莱佛士受英国政府指派,为英国海外贸易开辟向东的新航道和中转站,故在东南亚地区寻找良港。几经考察后,他确定了地处欧、亚、非通联要道,地理位置优越的新加坡。1819年,莱佛士登陆新加坡,一面与小岛的控制者柔佛王国签订使用协议,一面与该地区强大的荷兰殖民势力

---

① [英]斯图尔特·霍尔:《表征——文化表象与意指实践》,徐亮、陆兴华译,商务印书馆2003年版,第347页。

进行斗争,最终完成了对新加坡的"合法占领"。莱佛士在吸引各地海上客商在新加坡开展转口贸易的同时,也鼓励岛上居民大力发展热带种植业,继而创造出港口贸易和种植业迅速发展的景象。同一时期,新加坡的人口也呈现快速增长,殖民者、华人、印度人和马来人大量涌入。莱佛士1819年登陆新加坡时,岛上只有几百人,到1820年年底,岛上的人口规模已接近1万人;1830年增至3万人,1840年增至4万人,1850年已增至8万多人,其中华人5万。① 除英国殖民者外,来自马来半岛、印度半岛以及中国南方的商人与劳工,携带各自的文化、语言和宗教信仰来到新加坡。不同族群共处异域谋生的同时,也产生了各种社会问题:族群冲突、帮派斗争、社会治安事件、劳资关系纠纷等层出不穷。为了应对社会高度分裂与文化多元异质带来的问题,殖民地政府对不同族群实行分治政策,通过资助华语、英语、马来语、泰米尔语等不同语言源流的学校,维系新加坡不同族群的语言与文化。

1941年12月7日,日军偷袭珍珠港,太平洋战争爆发。55天后,日军占领整个马来半岛,新加坡陷入了长达3年6个月的沦陷期,这一时期也催生并加强了岛内跨越族群的共同体感。1945年8月,日本战败投降,英国重新收回新加坡与马来亚,并于同年10月实行"马来亚联邦"计划,其中规定:将新加坡与马来亚分离,对战略地位特殊的新加坡实行单独的直辖殖民地管理措施。1953年,英国殖民当局制定新宪法,规定在新加坡议会的31个议席中留出25位,由新加坡人民选出代表他们的议员组成政府。1955年4月,新加坡举行第一次新议会选举,由李光耀担任秘书长的人民行动党正式登上新加坡的政治舞台。在民众的支持下,新政府通过多次谈判,争取到新加坡"独立自治"的权力——实行自治邦管理,即除外交与军事权外,其他管理权均委任新加坡民众选出的政府进行管理。1959年5月底,新加坡自治邦举行了第一次议会大选,李光耀领导的人民行动党大获全胜,得到了51个议席中的43个。同年6月5日,新加坡自治政府宣布成立,开启了人民行动党作为新加坡第一大党的执政之路,李光耀出任新加坡第一任政府总理。

新加坡获得自治权后,面临着极为窘迫的社会现实:经济上,亟须压

---

① [新加坡]罗佩恒:《新加坡简史:创立的背景独立的道路》,新加坡新华文化事业有限公司2009年版,第5页。

制进口、扩大内生能力，建立自己的国民经济体系；政治上，腐败现象丛生，人民行动党内部出现分化，受西方教育的民主社会主义阵营与受中文教育的亲共力量矛盾加剧。在取得自治权之后，新加坡原本寄望通过"新马合并"来打造马来半岛的共同市场，助力新加坡经济起飞。但马来亚方面，首相东姑阿都拉曼尽管提出了成立"马来西亚"的计划，却又非常忌惮人民行动党内部的左派势力。在李光耀看来，马来亚联邦是新加坡的腹地市场，没有这个经济腹地，新加坡将很难生存。为了向人民详细说明新马合并的理由以及为此而展开的各种活动的真相，李光耀通过新加坡电台做了一系列12次的全国广播，在最后一次广播中，他专门强调："这一年新加坡格外干燥，6月起便很少下雨，甚至滴雨不降……许多工厂被迫暂时停工……实里达蓄水池池底长满象草。"他后来回忆道，这场天灾来得很巧，正有助于使人民深信新马合并是解决新加坡问题的合理办法。①1962年9月，新加坡举行全民投票，就是否加入马来西亚进行全民公投，结果是多数选民支持政府的决定。1963年7月9日，英国政府与马来亚、新加坡、沙劳越、沙巴等自治领政府在伦敦签署了关于成立马来西亚的协定，新加坡正式成为马来西亚联邦的一部分。

新加坡领导人呼吁建立一个松散的马来西亚联邦，将槟城、马六甲、新加坡等原海峡殖民地与独立于马来西亚半岛的沙劳越和沙巴联合起来，并主张这五个地方应当分别选出代表加入马来西亚议会，当时的新加坡广播电视台对这一主张进行了充分报道。与之对立的是，马来西亚广播电视媒体以"分裂与灭亡"为题进行回应，反对人民行动党的政治主张。李光耀多次在马来西亚国会上倡导建立"马来西亚人的马来西亚"，而非马来西亚政府倾向的"马来人的马来西亚"，这一政治倾向严重威胁了马来西亚执政党奉行的"马来人至上"的价值观。新马合并后的日子并不美好，新加坡既没有获得马来西亚的贸易市场，南部毗邻的印度尼西亚也与之断交。1964年，新加坡连续爆发了两起种族骚乱，造成严重死伤，马来西亚联邦政府对新加坡实行特别戒严，单方面宣布新加坡为危险地区。李光耀不满马来西亚联邦政府的处置，认为这是在强行煽动"马来人至上"的种族沙文主义，其实质是鼓动在新加坡的马来人反对新加坡华人政府。

---

① ［新加坡］李光耀：《风雨独立路（1923—1965）》，外文出版社1998年版，第276-277页。

1965年7月，局势逐渐升级，8月8日，当时的新加坡广播电视台受命前往吉隆坡参加重要会议。次日，也就是1965年8月9日，马来西亚国会通过决议，将新加坡逐出马来西亚联邦，一夜之间，新加坡"被迫"成为一个独立的国家。

当人民行动党连夜印制《独立宪报》之时，新加坡的多数民众正处于深夜梦境之中。这一充满偶然性的建国史话中，既不包含任何民族的奋起抗争，也不存在国内政治势力发起的政权突变，这种国家独立早于民族意识建立的情形，在世界范围内非常少见。新加坡领导人从早先坚定认为同马来半岛合并才是新加坡发展刻不容缓之时务，到不得不制定一整套理论来证明这个岛国可以脱离马来西亚而独立生存。在广袤的马来半岛与印尼群岛的环绕下，将国家概念放置于一个弹丸小岛，在一系列偶然与可能的交错中，现实条件决定了新加坡的国家概念将不可避免地成为一系列话语实践的结果。

在新加坡国民心中，国家的"被迫诞生"与李光耀的族群平等理想不无关系，及至今日，这仍然是将新加坡与邻国马来西亚相区别的公共政策话语。但建国之后，新加坡在东南亚的处境颇为尴尬，想要背靠马来西亚这棵大树养活新加坡200万人口的设想突然落空，如何重整旗鼓寻找生路呢？李光耀认为："一切都要自己干，直接同欧洲、美国和日本的主要买客和卖客打交道，在这样的世界里，我们没有腹地……"① 彼时，西方资本主义国家中的许多跨国公司都在为本国劳动力市场价格上升、企业税负沉重、投资环境恶化而焦灼，很多发展中国家又陷入意识形态之争，对外资抱有警惕。近乎一夜之间，新加坡迅速取消了300多种关税，一头扎进外向型经济的发展道路。后来的事实证明，新加坡在一个正确的时间做出了正确的决定，其"改革开放"所带来的宽松贸易环境，成为境外资本在亚洲落地中转的选择之一。据统计，1965年至1969年，新加坡GDP的年均增长率为12%，1970年至1974年的年均增长率更是上升到14%。② 在外向型经济战略大幅提升国民收入的同时，新加坡持续加强内部基础设施建设和社会管理水平，大力提升国民教育层次。住房方面，成立建屋发展

---

① ［新加坡］李光耀：《风雨独立路——李光耀回忆录》，外文出版社1998年版，第137页。

② Chan Heng Chee. *The Dynamics of One-Party Dominance*: *The PAP at the Grass-roots*. Singapore：Singapore University Press，p.137.

局（Housing Development Board，简称HDB），推行政府组屋计划，改善群众居住条件，消灭贫民窟，并在政府组屋分配过程中设置不同族群人口的居住配比，以打破过去种族分而聚居的局面；教育方面，积极推行以英语为主的双语语言教学，促进新加坡国民语言素质和学校教学水准在短时间内赶超西方发达国家。同时，不断加强社会管制，稳定岛内环境，将涉及种族、语言、宗教等的问题列为"敏感课题"，教导公民维护多元族群社会的稳定和谐，珍惜来之不易的国家建设成果。

人民行动党对新加坡的高效领导，不仅在于其敢于采取雷厉风行的强制政策干预，更在于它有能力主动发展出一套思想体系和公众话语，并相对准确地回应匆促建国时岛上物质条件极不发达的处境问题。这使得人民行动党能够持续发挥领导作用，将民众团结在以发展利益为导向的政策下，以一定程度的公众理解乃至容忍为代价，换取国富民强的物质报偿。随着新加坡迅速崛起为"亚洲四小龙"之一，其快速积累的国家资本与社会财富同威权治理模式之间的矛盾在全球化浪潮席卷的背景下屡遭众议。尽管成功的工业化与信息化带来的丰厚物质有助于新加坡国家认同的产生和发展，但其背后却是社会整体性的话语规训及其不断呼唤的具有纪律性的劳动人口。在传媒领域，大众媒体所扮演的规训角色以及政府对新闻与言论的种种管制也常受到西方媒体的攻击。此外，在传播全球化浪潮的席卷下，新加坡电视传媒在国家治理结构中的功能定位与现实效果之间的矛盾日益凸显，加之中国电视媒体在全球华语传媒圈释放的能量日趋显著，其在多元族群社会中的作用也需进行重新审视与再定位。

二、研究目的与研究意义

传媒是社会文化的表征，也是传递与塑造社会文化的工具。在主权国家内部，不同国家所推行的传媒体制有所差异。本书以新加坡的大众传媒为研究对象，并非平面化地呈现其传播生态或电视传媒的实践话语，亦非将其强行纳入某些横向比较的维度，而是突出其个案差异。本书聚焦新加坡这一在后殖民时代快速崛起的国家，以其国情、政情、族情为基点，从多元文化主义的视角切入，将新加坡电视传播视为文化、认同以及意识形态的建构物，通过对华语电视文本生产与受众解读的研究，"深描"该国的传媒实践个案；同时，将新加坡作为海外华语电视媒体的个案观察点，探讨其在机构、文本、受众等层面的演变与现状。

(一) 研究目的

（1）探究电视媒体在新加坡政治生态与族群环境中的功能定位。电视传播作为具有社会建构意义的媒介仪式，是基于媒体组织与受众的集体化行为，其行动处于社会系统运行之下，必然受到社会结构的影响。帕森斯（Talcott Parsons）认为：行动必然在一种"处境"内开始，而处境又可分为两类，一类是行动者不能控制的，另一类是行动者可以控制的；前者叫作行动的"条件"，后者叫作行动的"手段"。① 新加坡特殊的政治环境及执政党的治理理念，决定了该国大众传媒的功能取向，威权政治体系与多元文化政策之间的磨合碰撞也呈现于传播生态中。新加坡的大众传媒既非完全的市场化运营，亦非全然受到国家控制，其处于"政治权力"与"市场驱动"的双重挟持之下，处于"条件"与"手段"双重制约的结构性张力之中。展现新加坡电视传播生态在政治、市场与文化等多重因素拉拢与打压下的历程与现状，有助于深入了解该国传媒体制特殊性的成因，进而增进人们对政治体制与传媒规制之间关系的认识。

（2）立足华语传播生态圈，探究新加坡华语电视文本生产特点。新加坡是中国境外规模最大、人口最多的华人聚集区，华族约占新加坡人口的3/4。多元种族社会既是早期的历史建构，也是后期政策强化的结果。透过一系列"社会工程"，尤其是教育、语言和文化政策，新加坡的"华人性"在其独立后发生了深刻变化。② 在这样一个缺少历史书写、几乎完全由近现代移民组成的国家，"华语电视"并非帕克（Robert E. Park）所研究的依靠民间力量、自发创办的"移民媒体"，而是被纳入国家传播体系，成为新加坡多元文化传播实践组成部分，并在多元族群社会中承担着重要的文化指认与存续功能的媒介。华语电视作为本地受众规模最大、收视表现最好的公共电视媒体，其在文本生产与传播过程中如何妥善处理多种族受众在国家认同、族群认同、文化认同、身份认同间的黏合与互斥关系，如何以国家认同统摄其他层面的认同，是本研究试图探究的重点。

（3）立足新加坡华族受众，分析海外华人族群对电视文本的接受与解

---

① ［美］T. 帕森斯：《社会行动的结构》，张明德等译，译林出版社2003年版，第49页。

② 刘宏：《战后新加坡华人社会的嬗变：本土情怀·区域网络·全球视野》，厦门大学出版社2003年版，第36页。

读之特征。新加坡华人社会并非"铁板一块",受到定居时代、定居身份、原生祖籍、语言栖习、代际传习等因素的影响,350多万华族受众对公共电视的接受与解读已渐趋分化。分析华族受众的结构分化及其解读差异,能够更好地了解海外华人受众在媒介接触习惯、媒介接触行为以及媒介认知等方面的现状与趋势,继而为新加坡华语电视以及中国华语电视的对外传播提供一定参考与借鉴。

(二)研究意义

(1)将新加坡华语电视作为海外华人"飞地"传媒个案,对其传播生态及实践进行剖析。个案研究作为一种质性研究方法,侧重于探讨所选个案的多值特征。它不强求研究的外在效度与可推及性,也非统计学意义上的"样本研究"。新加坡的电视传播实践在全球范围内具有一定的特殊性,既不能将其归于施拉姆(Wilbur Lang Schramm)"报刊四理论"中的传媒体制与思潮分类,更不能按照"宣传 VS 传播"的二元对立观对其进行生硬解构。要结合个案本身的特点,从新加坡传媒实践历史与现实情形出发,探讨电视传播与该国社会系统之间的互构机制;从政策环境、资源分配、节目架构、传播效果、受众认知等多个角度入手,分析其电视传播生态的特点与成因,丰富我们对传播全球背景下国别媒体实践的多样性认识。

(2)将新加坡华语电视作为多元文化视域下族群关系调谐的机制构件,对其族群传播及其受众接受图景进行"深描"。新加坡的族群结构复杂而特殊,复杂性体现为其国内的三大族群的种族差异明显,却共同生活在一个狭小的国家地理概念上;特殊性体现在三大族群对根性文化的地理指认均不在新加坡,而分别在中国、马来西亚与印度。新加坡在经济上充当东西方贸易"二传手"的同时,其文化却逐渐成为东西方文明的边缘,缺乏一贯性和统一性。未形成本土民族、缺乏本土文化根源成为新加坡社会的显著特征,并一直对新加坡社会产生着持续而深刻的影响。[①] 在一些崇尚自由主义的国家看来,不同族裔的文化都应当得到尊重,不应进行干涉,这造成了以自由主义为代表的"公民国家"与保守的"族裔国家"之间的对立。有些理论家认为,族裔国家把某一特定族裔民族文化及认同

---

① 张跃、张琨:《新加坡文化概论》,世界图书出版公司2014年版,第8页。

的繁衍视为其最重要的目标之一,而公民国家则对其公民的族裔文化认同持"中立"态度,并完全以坚持某种民主和正义原则作为国民的标准。①新加坡在面对多元族群这一社会事实时,没有完全倒向"公民国家"或"族裔国家"的模式,而是在两者之间寻求平衡:既承认不同族裔之间的文化差异,又将"自由"限定在官方容许的尺度内。因此,在这样一个几乎不存在真正意义上的"原住民"以及文化传统与历史书写的新兴国家,电视传播无疑成为其塑造共同体感与认同感的重要手段。这其中既包含塑造何种认同、如何塑造认同、如何通过电视传播达到"既有区隔、又有融合"等一系列制度安排的问题,又包含位于传播终点的受众如何对文本进行择取与解读的问题。因此,对新加坡电视传播生态中的"传""受"图景进行"深描",有助于我们将电视文本放置在循环往复的传播过程中与变动不居的受众群体中,探求文本背后的意义生产,进而将解释的不确定性和生活的不确定性并置于学术研究中,扩大对异文化的解释空间。②

(3)将新加坡华语电视作为海外华语传媒典型个案,丰富海外华文媒体研究谱系,充实现有成果。伴随着中国对外开放步伐的不断加快,海外华人华侨群体规模不断增长,华语媒体成为海外华人华侨与祖国(母国)建立精神交往的重要纽带。过去对海外华语电视的研究,囿于中国电视传播"走出去"的对外宣传语境,提升对外传播效果的研究与对策性研究较多;而立足国别视角,扎根并聚焦海外华语电视的研究则相对少见。新加坡华人群体庞大,华语电视受众群体构成复杂,他们对华语电视传媒的选择、接受与认知可能夹杂着对中华文化的根性向往,夹杂着对母国的精神眷恋,或成为其在新加坡这一多元族群社会中确定与维系身份认同的信息接触策略。伴随着新媒体的加速崛起以及新加坡华人的代代繁衍,媒介环境变迁与代际更替之间的交叉影响也更加复杂,华语电视在族群内部不同宗亲群体之间所发挥的作用也处于微妙的变化之中。本书以新加坡华语电视为研究对象,从当地电视传播生态入手,探究海外华语电视传播文本的生产现状与受众解读之特征,以助力我们更好地把握海外华人对华语电视的接触心理与态度认知,从而更加清晰地研判其所处的传播语境,并为中国电视传媒更好地"走出去"提供一定的借鉴及参考。

---

① [加拿大]威尔·金里卡:《少数的权利:民族主义、多元文化主义和公民》,邓红风译,上海译文出版社2005年版,第11页。
② 冯学红、张海云:《文化变迁研究与深描》,载《宁夏社会科学》2008年第5期。

第二节 概念界定与理论参照

一、概念界定

（一）华语电视与新加坡华语电视

新加坡华语电视是本书的研究对象，而学界与业界尚未从内涵与外延的层面完全廓清"华语电视"的概念。很多学者根据研究需要，将所有在中国境外用华语传播的电视频道（或节目）统称为华语电视。有时若需纳入广播或印刷媒介，则将华语电视笼统地扩大到海外华文传媒的范畴，以便在研究时对这一概念简便操作。如学者彭伟步认为，华文（华语）传媒不一定非要华人创办，只要传媒是以华文（华语）作为传播语言，就可以称为华文传媒。[1] 学者李大玖认为，海外华文媒体就是中国内地、香港、台湾、澳门以外，以汉语为载体的大众传播媒介，包括各种日报、周报、杂志、刊物、广播电视、网站等。[2] 学者李宇则在对美国华语电视进行研究的过程中较有针对性地提出：美国华语电视主要是指华侨华人在美国创办、运营或播出的，以中文为主要语言的电视机构或频道，以及非华人在美国运营的包含中文节目的电视频道。[3] 学者肖航、纪秀生、韩愈更为详细地区分了华文媒体、中文媒体、华文传媒、华语媒体、华人媒体等概念之间的异同，不同概念所指媒体既有重叠又有差异，概念本身的"语义内涵"各自略有侧重，相互间的关系并非完全互斥。[4] 由此可看出，学界对

---

[1] 彭伟步主编：《海外华文传媒概论》，暨南大学出版社2007年版，第3-4页。
[2] 李大玖：《海外华文网络媒体——跨文化语境》，清华大学出版社2009年版，第6页。
[3] 李宇：《国际传播视野下美国华语电视内容模式研究》，中国社会科学出版社2012年版，第9页。
[4] 肖航、纪秀生、翰愈：《软传播：华文媒体海外传播研究》，中国传媒大学出版社2013年版。

海外华文传媒或海外华语传媒的概念界定既有各自的侧重点，也有不一致的地方，但总体看来，大致认为华文（华语）媒体应具备如下几个基本特点：目标受众为海外华人、传播语言为华文（华语）、媒体机构位于海外。当然，这些学者对华文（华语）媒体的界定大都限定在传统媒体范畴内，并未延伸到互联网媒体场域。

在本书中，笔者的研究对象为新加坡华语电视。从个案本身特点看，前人对华语电视（或华文传媒）的概念界定尚难以契合本研究的需要：首先，新加坡目前仅有一家电视媒体，即新传媒私人有限公司（简称"新传媒"），新加坡的华语电视并非独立的电视机构，而是新传媒旗下7个公共电视频道中的两个电视频道——8频道与U频道；其次，新加坡的华语电视并非由海外华人创办，更非美国式商业体制下的电视运作模式，而是深深嵌入新加坡公共电视传播架构，成为国家公共信息传播的重要组成部分；最后，新加坡的华语电视传播并非本地华语频道对应本地华族受众的封闭式定向传播，它既面临来自中国大陆、港台甚至邻国马来西亚华语电视节目对受众的切割，也受到本地华语电视受众结构变迁的影响。

基于上述分析，笔者认为，对华语电视（或华文传媒）的研究有必要从研究对象所处国家与区域的实际情形出发，从对象国的受众视角出发，开展符合传播地界实际情况的海外华语电视传播研究。因此，本书将新加坡华语电视界定为"可在新加坡地域范围内，通过合法渠道接收的以华语为主要播出语言的电视频道，它既包括新加坡本地传媒机构开办的华语电视媒体（频道），也包括来自境外的华语电视媒体（频道）"。通过私人碟形天线非法接收的境外华语电视频道以及通过无线溢波信号收看的邻国华语电视频道不在本研究之列。本研究重在探讨新加坡本地华语电视的文本特点，在受众研究部分，也会将中国华语电视一并纳入分析范畴，并探究中国华语电视在新加坡华语电视受众群体中的传播现状。

（二）电视文本

文本分析是电视文化研究的重要方法，美国学者约翰·费斯克（John Fiske）将电视传播文本视为具有重要社会意义的意识形态的载体。他认为，若要了解电视传播的本质，必须从电视文本建构的角度着手，在电视传播符号体系的建构与意义生成之间寻找蛛丝马迹。费斯克认为，电视节目作为一个受规则制约的符号系统，由社会代码、技术代码（传播表现代码）、意识形态代码这三级代码组成。① 这三级代码从最初级的社会与媒体的表象代码，到电视媒体在初级文本基础上的"加密代码"，再到最高层次的意识形态代码，构成电视文本传播的三个层级。其中初级代码是表意文本，通常是最初级的语言、画面、音响等符号，是传播文本的浅层呈现；二级代码是艺术文本，是初级代码在电视媒体的专业生产环节中，通过叙事化、结构化、戏剧化、冲突化之后呈现的具有一定艺术价值的文本；三级代码则是意识形态文本，是电视文本中起到导向性作用的文本，如消费主义、女权主义、男权主义、个人主义、集体主义、种族主义等。费斯克将这三级文本既层级递进又同时并存的状况称为"文本间性"。

此外，费斯克还认为，电视传播过程集中了两种平行的生产方式，一种是"金钱生产"，另一种是"意义生产"。前者表现为由电视传播建构起来的基于"二次售卖"的广告市场，后者表现为在传播者与受众之间穿梭的意义与快感的流通市场。道格拉斯·凯尔纳（Douglas Kellner）认为：电视以及其他媒体文化的形式在构建当代的认同性和塑造思维、行为方面起了关键作用……今天的电视呈现出某些习惯上归于神话和仪式的功能（也就是说，将个人整合到社会的秩序之中，赞美主流的价值观，提供可以模仿的思维、行为和性别的模式，等等）。② 本书的研究对象为新加坡华语电视，在对新加坡电视传播生态及华语电视生态位进行剖析后，必然要导入对华语电视传播文本的观照。在多元文化主义视野的指引下，本书所界定的电视文本包括表象的节目文本，即不同类型频道、不同类型节目的初级文本结构及其差异，需要借助多元文化主义、文化研究、受众研究等多个理论工具，对初级文本向二级乃至三级文本跃迁过程中产生的"言外之意"进行剖析，析出新加坡华语电视在后威权主义时代与多元族群社会中的文本生产特点。

（三）电视受众

按照传播学者丹尼斯·麦奎尔（Denis McQuail）的说法，受众是社会

---

① 汪振城：《电视文本的特性——约翰·菲斯克电视文本理论解读》，载《文艺争鸣》2007年第5期。
② ［美］道格拉斯·凯尔纳：《媒体文化——介于现代与后现代之间的文化研究、认同性与政治》，丁宁译，商务印书馆2004年版，第403页。

环境和特定媒介供应方式的产物。① 受众概念最早可追溯到的古罗马时代竞技场中围观的群众，发展至今日的新媒体环境，受众内涵不断丰富，不仅成为传播学界与传媒业界共享的学术概念，同时也成为受众在自我指认时经常使用的社会话语。而在这个业已建立的话语中，受众曾被简单地归于一个或另一个媒介渠道、这一类或那一类媒介内容或表演的读者、听众或观众。受众还被划归为大众传播研究的一个分支，成为经验性研究的重要领域。② 在电视受众研究领域，以斯图亚特·霍尔（Stuart Hall）、戴维·莫利（David Morley）、约翰·费斯克等人为代表的伯明翰学派，探究了电视传播环节中编码与解码之间的关系、受众的文本解读方式，并借助电视民族志实现了文化人类学与传播学之间的交叉建构。而这些研究通常都基于两个根本的前提假设：其一是受众具有文本的解读能力，其二是文本具有一定的开放性与多义性。他们放弃了宏观而结构化的研究范式，采用民族志或深度访谈的方式从微观入手来研究受众，力图通过微观的方法让研究回归更加丰富与真实的传播场景，进而通过这种微观的解析来更好地阐明宏观的结构。

　　本书在对传播文本进行分析之后，还将对华语电视受众进行分析。在新加坡，虽然华族人口占多数，但由于多族群长期杂居，加之不断从海外延揽人才与外劳的政策，华语电视受众包含的群体广泛而复杂，主要包括：新加坡土生华人、在新加坡长期生活并入籍的华人、已取得新加坡永久居留权的中国人、在新加坡生活的来自华语文化圈的其他国家移民（如马国华人）或取得新加坡永久居留权的其他国家公民等。此外，还包括那些非华族但能够较为熟练地使用华语的新加坡人等。受各方面条件所限，笔者很难对华语电视的所有受众群体——进行研究，只能择其大多数，希望能够尽量接近新加坡华语电视受众的本质，并归纳其电视文本解读的特征。基于上述考虑，本书对新加坡华语电视受众的界定为：在过去半个月内收看华语电视节目的新加坡公民和具有新加坡永久居留权的居民，以及持有长期工作准证（Work Permit，简称 WP）或雇佣准证（Employment Pass，简称 EP）并连续工作一年以上的外籍劳务人员。在受众研究方法上，本书主要采用半结构开放式深度访谈。此外，研究过程并不排斥量化

---

　　① McQuail D. *Audience Analysis*. London：SAGE Publications，1997，p. 2.
　　② ［英］丹尼斯·麦奎尔：《受众分析》，刘燕南等译，中国人民大学出版社2006年版，第2页。

分析，将结合新加坡媒体发展管理局公布的受众调研基础数据，对新加坡受众的媒体接触情况与分化状况进行分析。

二、理论参照

（一）传播生态

在步入后工业化社会的同时，人与自然界之间的矛盾越来越突出，"生态观"成为从生产领域到消费领域都炙手可热的新兴理念。自然界讲求生态平衡，而传播生态同样期望达到平衡。传播生态研究侧重于"从生态想象介入传播研究，在复杂的生态体系内，透视人、媒介和社会各种力量的共栖关系，以期望达到生态平衡"①。由于传播研究具有较强的现实观照性，在实践领域，"传播""传媒""媒介"等概念常被不加区分地混用，并产生了与"传播生态"相似的概念，如"传媒生态""媒介生态""媒介环境"等。笔者认为，在学术研究场域内，只要能够区分"媒介生态学"与"媒介环境学"之间并非同指，并无必要在"传媒生态""媒介生态""媒介环境"的概念辨析上做过多纠缠。

按照大卫·阿什德（David L. Altheide）的观点："在最宽泛的意义上，传播生态指的是信息技术、各种论坛、媒体以及信息渠道的结构、组织和可得性。"② 如果说自然界的生态平衡更多地指向物种之间在数量及规模上的总体稳定和平稳演变，那么传播生态则侧重研究媒介本体、媒介构成要素以及媒介与外部环境之间的竞争和演化关系，在这一过程中，还需要将这些因素和关系纳入分析对象所处的历史沿袭、地域文化与媒介政策环境等因素中进行整体研究。因此，传播生态侧重的是多因素共同影响与作用下的传播"动学"研究，而非平面化或截面式的传播"静学"研究，其关注的是传播内部各要素及其与社会系统之间的影响互动关系及结构性演化。

---

① 单波、王冰：《西方媒介生态理论的发展及其理论价值与问题》，载《新闻与传播研究》2006年第3期。
② ［美］大卫·阿什德：《传播生态学：控制的文化范式》，邵志择译，华夏出版社2003年版，第3页。

(二) 多元文化主义

多元文化主义这一概念于 1924 年首先由美国犹太裔哲学教授霍勒斯·卡伦（Horace M. Kallen）提出，这一概念主要针对 19 世纪中后期美国移民潮带来的文化异质性和"美国化"运动不成功的结局。① 在多元文化主义观念中，美国所推行的"盎格鲁－撒克逊主义"文化模式具有不可克服的缺陷，因为不同族群的文化根本无法彻底融合，更不能用一种被官方钦定的"主流"文化去同化其他非主流文化。英国学者 C. W. 沃特森（Conrad William Watson）在其《多元文化主义》一书中提出，"多元文化"这个词语不仅仅是造成一种差异感，而且认识到这些差异源于对一种文化普遍共有的忠诚和固有的对所有文化一律平等的理念的认可。② 多元文化主义兴起于 20 世纪 60 年代的欧美世界，是一个涉及理论社会学、应用社会学、民族学、人种学和种族学、宗教学、性别学、语言学及教育学等多学科的复杂思潮。③ 多元文化主义的核心特征是"多元"与"平等"，承认多元文化的存在价值，通过多种手段促进不同文化之间的相互尊重与理解，并将多元文化主义作为一种政治话语，融入新的共同体文化及国家认同的建构中。从多元文化主义的价值取向看，它与民族主义之间可能没有必然联系，但事实上，他们却颇为尴尬而危险地纠缠在了一起。独立建国后，新加坡政府推行多元文化主义，并以此构建国家认同与民族文化认同。对该国大众媒介而言，从媒介资源的分配到媒介内容的呈现，甚至传播文本中存在的偶然偏颇，都有可能成为多元种族国家内部不同文化族群开展话语权争夺的潜在缝隙，甚至有可能引发激烈的种族间冲突。

约翰·费斯克认为，多元文化主义社会需满足两个条件：一是需要对某种文化具有单一性的通常假定予以反思，二是需要对某种文化具有多样性的通常假定予以反思。④ 在国家治理层面，对多元文化和谐倡导的背后，

---

① 韩家炳：《多元文化、文化多元主义、多元文化主义辨析——以美国为例》，载《史林》2006 年第 5 期。

② [英] C. W. 沃特森：《多元文化主义》，叶兴艺译，吉林人民出版社 2005 年版，第 3 页。

③ 董小川：《美国多元文化主义理论再认识》，载《东北师范大学学报（哲学社会科学版）》2005 年第 2 期。

④ [美] 约翰·费斯克：《关键概念：传播与文化研究词典》，李彬译，新华出版社 2004 年版，第 174 页。

常常存在异质文化之间的脆弱与不自然,这就需要政府借助各种工具进行干预,以维护和促进稳定。而关于多元文化和谐本质的信念,则体现在人们认为有必要维持目前人口的种族组成,有必要保护各族群的文化不受到侵蚀。这意味着我们在借助多元文化主义视角对某一文化形态或主权国家的文化构成进行研究时,既要关注"共同文化"话语遮蔽下的异质文化,又要防止被文化多样性的表象蒙蔽,而忽视了多元表象背后的文化权力失衡。多元文化主义既来自官方的政治话语,也有赖传媒的意义输出。传媒所处的制度环境、组织结构、生产流程、把关标准、话语风格等,都可窥见多元文化传播的实践踪迹。本书从文化多元主义视角出发,正是基于新加坡多元族群与多元文化并存的史实与现实,探究多元文化主义视域下新加坡的电视传媒实践,以及华语电视媒体在多元族群社会中的文本生产与受众解读状况,通过传受对偶性研究,关注华语电视在多元文化社会中的传播实践,以及影响其文本生产的权力结构。语言本身就是一种文化的载体,华语是中华文化的载体,它如何嵌入新加坡的电视传播生态并进行多元文化传播,值得我们关注与深思。

(三)"编码—解码"理论

"编码—解码"理论源于英国伯明翰学派第二任旗手斯图亚特·霍尔,在担任伯明翰大学当代文化研究中心主任期间,他率领"媒体小组"对以电视媒体为代表的大众文化进行了深刻的分析。霍尔坚持左翼马克思主义立场,试图运用阿尔都塞的意识形态理论来解释日常政治传媒实践,尤其是媒体、国家和政治之间的关系。[①] 他认为,"文化"不是一种实践,也不是对社会中的"民风习俗"的总体的简单描述,如同某种人类学所倾向描述的那样,它贯穿了所有的社会实践,是它们相互之间关系的总括。[②] 霍尔进而指出,对于文化的研究和分析开始于对"某类独特组织的形态的揭示",我们通过对孤立的艺术、生产、贸易、政治和家庭教养进行分析,并不能揭示这些形态的文化本质,但是通过"研究存在于某个特殊范例中的普遍的组织形式",可以达到这个目的。而我们分析性地研究某些文化

---

① 邹赞:《斯图亚特·霍尔论大众文化与传媒》,载《中国石油大学学报(社会科学版)》2008 年第 6 期。

② [英]斯图亚特·霍尔:《文化研究:两种范式》,见罗钢、刘象愚主编《文化研究读本》,中国社会科学出版社 2000 年版,第 53 页。

形态及文化形态之间的关系，就是要把握一个时代、一个社会、一种政治语境、一种宏观文化背景下，作为整个文化经验的某种文化实践与社会形态之间的相互影响。

　　电视传播作为当代社会具有重要影响力的文化实践，霍尔在研究其文本与意义之间的关系时提出："好与坏、精致与平庸之间的难以抉择并不存在于当代传播形式的不同，而是内生于媒体之中。"① 他认为信息或文本并不是一个封闭的包裹，任由传播者通过其渠道抛给受众，并期待受众按照传播者蕴含于本文中的意涵进行解读。传播者与受众之间存在着一种"意义的消费"，但"意义"是"消费"的前提，如果在电视传播的话语实践中没有讲清楚意义，就不会有任何作用。在电视传播的诸环节中，每一个环节的清晰表述对于下一个环节的传播都是必要的，但是，臆想中的流线传播在现实中并不能完全实现。在信息流通过程中，并不是每个环节都能够恰如其分地发挥作用，"因此，既然不可能把研究限制在'仅仅产生于内容分析的渠道'，我们就必须要认识到信息的话语形式在传播交流（从流通的角度看）中占有一个特殊的位置，要认识到'编码'和'解码'的诸多环节是确定的环节"。② 霍尔在其《编码，解码》一文中提出了受众解读的三个假想性的地位：主导—霸权的地位、协商妥协的地位以及对抗的地位。这三种受众解读范式，为后来的受众研究提供了可以借鉴的理论框架。本书在对新加坡电视传播生态进行综合描述的基础上，在后续对华语电视受众解读进行分析时，便借鉴了霍尔"编码—解码"与受众解读研究的理论范式。

---

　　① Stuart Hall. *Paddy Whannel the Popular Arts*. Boston：Beacon Press，1964，p. 28.

　　② ［英］斯图亚特·霍尔：《编码，解码》，见罗钢、刘象愚主编《文化研究读本》，中国社会科学出版社2000年版，第346页。

第三节 研究方法、研究架构与创新性

一、研究方法

（一）个案研究法

个案研究一般将个体单元置于社会的大背景下进行分析和研究，或者比较这一个案与其他事物之间的相互关系以及互动情况，以期发现与此相似或相同事物的共性与特征。① 个案不同于大规模的抽样调查，它侧重于挖掘研究对象的"多值特征"，不强求研究结论的外在效度与可推及性。在个案研究中，研究总体的边界是模糊的。正因为个案不是统计样本，所以它并不一定需要具有代表性。② 也就是说，个案研究重在"点"上的深度开掘，而抽样调查则侧重"面"上的可代表性。本书聚焦于新加坡华语电视传播生态，研究对象本身是电视传播领域中的"国别个案"。需要强调的是，个案研究虽然不强求面上的代表性，但是并不意味着个案研究的结论不具备推及性，更不代表个案研究的成果没有实际的应用价值。本书对新加坡的个案研究的外在效度有多强、具有多少可推及性，很大程度上取决于研究对象的具体情况以及读者的后续解读。

（二）内容分析法

内容分析法是传播学研究常用的量化研究方法，一般通过研究者系统的、客观的和定量的分析，来测定书面的、口头的或出版的传播文本的显

---

① 刘燕南、史利等：《国际传播受众研究》，中国传媒大学出版社2011年版，第202页。
② 王宁：《代表性还是典型性？——个案的属性与个案研究方法的逻辑基础》，载《社会学研究》2002年第5期。

性内容。① 内容分析法基于这样一种假定：传播内容中包含的行为模式、价值观与态度，很可能就是传播者的行为模式、价值观与态度。一般情况下，我们对大众传媒机构的内部作业知之甚少甚至难以知晓，但是通过对其传播内容的分析，能够反推出其在内容生产环节的诸多规律。贝雷尔森（Bernard Berelson）于1952年出版《传播研究中的内容分析》，标志着内容分析法在传播研究中已经占有较为重要的地位。他认为：内容分析是一种较为客观系统的，能够对传播内容进行较为科学的量化分析的研究方法。与其他调查研究的方法相比，内容分析法不需要人为介入研究对象的工作与生活，而是从已公开的传播文本中获取研究资料，样本的选取相对容易。传播学者乔治·格伯纳（George Gerbner）也曾使用内容分析法对电视娱乐节目与公众价值取向之间的关系进行研究，详尽分析了电视媒体对受众起到的教化功能。中国学者陈阳认为，内容分析主要运用于以下几个方面——描述某一段时间内媒介的内容与媒介对某个主题或形象的再现手段，推断传播者的特征和态度，与受众调查相结合进而估计特定媒介内容的传播效果。② 因此，内容分析并不仅限于对那些外在于表面的、容易观察得到的内容，即线性内容。在学术研究中，内容分析一般都会超越显性内容，进一步分析我们所说的隐性内容，也即将关注点转移至信息表面成分下的意义。③ 在本书中，内容分析法将主要被用于解构新加坡华语电视新闻中隐含的意识形态、价值观念、多元族群表征等，并与新传媒其他电视新闻节目（主要是英语新闻）进行比对，剖析以不同语言播出的新闻文本的差异与意义。

（三）文本分析法

文本分析与内容分析看似有相同之处，内涵却完全不同，文本分析是一种较为常见的质化研究方法，通过符号学、话语分析、框架分析、意识形态等层面的分析维度，呈现研究对象的内容实质。阿瑟·伯格（Athur Asa Berger）认为，文本可以用来指称任何媒介的任何艺术品，批评家使

---

① ［美］阿瑟·阿萨·伯杰：《媒介研究技巧》，张易、易正林译，中国人民大学出版社2009年版，第27-28页。
② 陈阳：《大众传播学研究方法导论》，中国人民大学出版社2007年版，第192页。
③ 周翔：《传播学内容分析研究与应用》，重庆大学出版社2014年版，第187页。

用文本一词主要是为了方便，避免专门谈到特定的作品种类。① 威尔伯·施拉姆推崇的四位传播学研究先驱，大都以量化、实验、调查统计等经验性研究方法见长，进而使得那些程式化的经验性研究方法在传播学研究中占有突出地位。但从现实情况来看，文本分析也经常被运用在内容研究领域，甚至在大多数情况下与内容分析法相互照应。近年来，由于"文本"越来越多地成为"内容"的另一种学术话语表达，具有了越来越宽泛的所指，因此，文本分析法被应用于各种研究领域，并与数据挖掘、语义分析等其他研究方法结合，导致文本分析的"概念空心化"。

文本分析作为一种有着漫长历史的质性分析方法，从文艺复兴时期欧洲学者开展的文艺批评到以罗兰·巴特（Roland Barthes）为代表的"神话分析"，再到现当代的女性主义、消费主义、意识形态分析，文本分析渗透于从精英文化到大众文化的各种文本分析对象中，并有着较为固定的研究范式。本书将华语电视节目文本视为国家公共传播与族裔媒体的"双重表意实践"，文本分析将主要用来呈现剧情类电视节目文本中的意义建构策略。

（四）深度访谈法

深度访谈是质化研究尤其是田野调查过程中的研究方法之一，其与一般的谈话有明显不同：第一，深度访谈基于特定的研究目的与访谈主题，研究者在访谈过程中居于话题的引导和主控地位；第二，深度访谈不仅在于通过访问本身获取研究资料，同样在于通过该方法帮助研究者了解其研究主题本身的情况，并与被访谈者建立良好的关系，以便开展更进一步的后续研究；第三，在深度访谈时，不仅要关注被访问者的话语内容并进行翔实的记录，更要注意观察被访者的表情、姿势、动作、语调等细节，从微小之处发现更多有价值的信息。深度访谈是一种试探性的行为，那些经过训练的访员通常能够获得更好的深访效果。通常情况下，受访者会习惯性地怀有某种防御心态，避免流露真实想法，而对于这些防御心理，受访者自己往往意识不到或者在行为上察觉不到。访员花费较长的时间进行深度访谈，目的就在于洞察这些防御心理，获取受访者的真实想法。② 从规

---

① ［美］阿瑟·伯格：《媒介分析技巧》，李德刚等译，清华大学出版社2011年版，第176页。

② ［美］阿瑟·阿萨·伯杰：《媒介研究技巧》，张易、易正林译，中国人民大学出版社2009年版，第59-60页。

模上讲，深度访谈的样本量一般不会很大，访谈持续的时间可能会很长，访谈的效果有赖于研究者的经验、素质和能力。在进行深度访谈之前，访员通常会列出较为详细的访谈目录或问题清单，但通常并不十分清楚能够从访谈中获得什么，不强求提出研究假设，不去刻意验证某个研究假设，也不在访谈过程中进行意向性明显的观点引导，且要保持与受访者之间的距离。所有的发现都在深度访谈的过程中获得，并在大量深度访谈基础上得出有价值的发现。尤其重要的是，在进行深度访谈时，访员提出的问题应根据实际的情形进行动态调整，如果出现一个有价值的话题，应当把握契机顺势追问，这样可以获得更多有价值的材料。此外，在对深度访谈对象的选择上，主要采用主观抽样的方法，即根据研究问题的需要选择合适的访谈对象，访谈者要对研究的文化环境有充分的体验，并且有能力在访谈中表达自己的感受。① 在本书中，深度访谈的对象主要是新加坡华语电视的受众以及部分媒体从业人员，既有本地的土生华族，也有"新新移民"，还有以雇佣准证形式长期在新加坡居留的"外劳"群体。从年龄结构上看，包含老、中、青三代。结合受众的不同身份，本研究设计了有一定差异的半开放式深度访谈提纲（见附录二），在大量深度访谈的基础上呈现新加坡华语电视受众群体的总体特征及其分化状况。

（五）实地观察法

实地观察法是指在非人为环境中，通过视、听、接触等行为收集资料的方法，也称为自然观察法。按照观察环境的不同，实地观察一般可分为两种：一种是实验室人工环境中的观察，这种观察往往是实验研究的辅助手段；另一种是自然环境中的观察，即当作一种独立、系统方法运用的观察。② 实地观察可以按照两种方法进行分类：其一，按研究者是否参与研究对象的活动过程，可以分为参与观察和非参与观察两种；其二，按观察的隐匿程度，可以分为公开观察和非公开观察。

在受众研究中，常见的应用实地观察法进行的研究包括：研究者深入家庭，观察谁是家庭中收视选择的主导者或者遥控器的主掌者，以及家庭成员的收视特征；研究者对电视剧暴力情节影响儿童行为、对广告影响女性消费倾向进行研究；研究者对车载广播节目的收听情况进行研究，以及

---

① 李琨：《传播学定性研究方法》，北京大学出版社2009年版，第90页。
② 刘燕南：《电视传播研究方法》，北京师范大学出版社2003年版，第214 – 223页。

观察一档广播节目从策划到制作完成的全过程等。① 本书主要侧重于观察新加坡家庭环境中的收视状况，以公开的非参与观察为主。

二、研究模式与架构

詹森（Klaus Bruhn Jensen）与罗森格伦（Karl Eric Rosengren）将传播学研究分为五大传统，分别命名为效果研究、使用与满足研究、文学批评、文化研究与接受分析。这五种研究传统虽不是完全的相互隔绝，但在研究取向上却各有偏好。本书采用的研究模式总体上偏向接受分析，即主要关注传播文本与受众。詹森与罗森格伦认为，接受分析是最接近传播实际情况的、也是较为全面的研究方法，因为它接受了其他研究传统的优点，涵括了各种形式实证的或解释的、定量的或定性的受众研究，是结合了社会科学和人文科学的综合性研究方法。② 在传播学的早期研究中，拉扎斯菲尔德（Paul Lazarsfeld）等人开展的伊利县（Erie County, Pennsylvania）调查就包括了对报纸、杂志、广播讲话和广播新闻中精选信息的广泛的内容分析，他们在此基础上，在《人民的选择》中用两章的篇幅报告分析了"选民被告知了什么"。③ 伊利县研究既包含了媒介文本的研究，又包含了受众认知的研究，是传播学效果研究中较为经典的接受分析案例。本书也将从对新加坡电视传播生态的研究切入，厘定华语电视在其中的传播生态位，进而借助接受分析的研究框架，从媒介文本与受众接受两个层面出发，探究华语电视的传播内容及其在受众中的反应（如图1-1所示）。

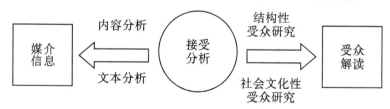

图1-1　华语电视的传播内容及其在受众中的反应

---

① 刘燕南、史利等：《国际传播受众研究》，中国传媒大学出版社2011年版，第187页。
② 郭镇之：《传播学受众研究接受分析》，载《现代传播》1994年第6期。
③ ［美］希伦·A.厄洛里、［美］梅尔文·德弗勒：《大众传播效果研究的里程碑》，刘海龙等译，中国人民大学出版社2009年版，第64-85页。

具体来说，针对新加坡华语电视的传播文本，笔者通过内容分析与文本分析，挖掘本地华语电视是如何面向特定的华族族群的，其是如何实现华族文化的呈现与族群身份认同及新加坡所欲塑造的国家认同之间的联结的。针对华语电视受众的解读，笔者借鉴结构性受众研究与社会文化性研究传统，借助官方发布的受众调研数据与深度访谈，呈现新加坡华语电视受众群体的分化状况、新媒体环境下受众对华语电视媒体的认知及其对节目文本的解读特征。通过"接受分析"的总体研究框架，探究新加坡华语电视媒体及其受众群体之间存在的结构性张力，并辅之以个案参考，映射以族群受众为对象的传统电视媒体在信息全球化进程中的现实处境。

　　本书从五个层面来系统研究新加坡华语电视传播生态，分别是：个案价值、理论基础与框架建构；多元文化主义视域下新加坡电视传播生态综合描述；新加坡华语电视的意义生产；新加坡华语电视的受众解读；多元文化主义视域下的传受关系。研究架构如图1-2所示。

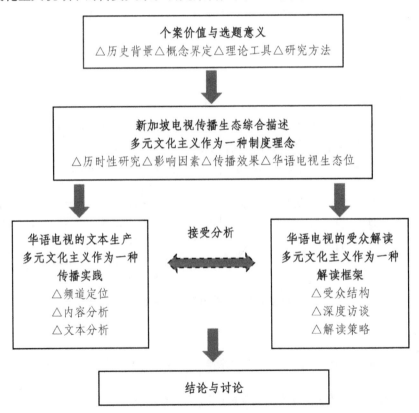

图1-2　新加坡华语电视传播生态研究结构

如图1-2所示，研究的五个层面之间存在着较为紧密的逻辑关联。第一层提出新加坡电视传播研究的个案价值与选题意义，并梳理本研究设计的关键操作性概念、理论工具与研究方法，在清晰界定概念与研究方法的基础上，对研究中需要借鉴的基础理论进行梳理，并结合相关文献进行归纳与评价，重在阐明多元文化主义作为理论基点以及接受分析作为理论框架在本研究中的总体支配地位；第二层将在文献研究的基础上，对新加坡电视传播生态的历史与现状进行概括，对新加坡电视传播生态的演变进行分析，并厘定华语电视在新加坡电视传播生态中的坐标方位；第三层与第四层为本研究的核心部分，这两部分以伯明翰学派的"接受分析"为框架，从本文生产、受众解读两个层面，借助内容分析、文本分析、深度访谈等研究方法，发现传受之间的传播位差，深描新加坡华语电视的传播现状；第五层为结论层面，反思海外华语电视研究的范式与受众研究框架，归纳多元文化主义视域下新加坡华语电视传播生态的总体特征，并适度回应中国华语电视媒体"走出去"所须考量的外部环境。

三、研究创新性

首先，创新研究视角。将新加坡作为东南亚华语电视传播的个案观察点，深化对海外华语电视传播生态的认知。新加坡作为深受儒家文化影响的东南亚国家，其经济发展成就令人瞩目。新加坡大众传媒所实行的"国控商营"模式，与中国大众媒体"事业单位企业化管理"有一定的相似之处，两国的电视传媒在发展中也面临着相似的问题。在全球化的语境下，对于新加坡这样一个后威权主义治理模式下的多元族群国家，其公共电视媒体面临的传播环境颇为复杂，在传播场域面临着严峻挑战，其中的一些做法值得我们研究借鉴。此外，长期以来，针对新加坡大众传媒的研究大都聚焦其特殊的媒介规制政策，且以报业研究居多，对新加坡广播电视媒体尤其是华语电视媒体进行系统研究的成果尚不多见。尤其是新加坡作为华族占多数的国家，华语电视在其传播格局中的功能定位值得研究。霍尔的衣钵承袭者戴维·莫利在其《电视、受众与文化研究》中曾提到电视研究视角的两个转变：第一，从对电视的去中心作用的关注转向一个更为广阔的视野——不同信息与传播技术在家庭领域内的使用状况；第二，要在"后现代地理学"的语境下，对媒介在国家与文化认同的构成中所起的作用做更为广泛的考察。① 因此，本书在新加坡大众传媒既有研究的基础上，将实现两个方面的提升：一方面，系统描绘新加坡公共电视传媒的传播图景，进一步完善我们对新加坡公共电视传播生态的了解；另一方面，在宏观刻画的基础上，将研究视角聚焦华语电视在新加坡电视传播生态中的位置，呈现新加坡华语电视传受关系的现状与存在的问题，进而洞察海外华人群体在传受过程中发生的行为层面与心理层面的变化。

其次，开展理论对接。将多元文化主义视为一种传播实践形态，实现其与媒介研究的交叉建构。施拉姆等人对全球传媒体制与思潮的总结具有一定的冷战思维，它很难完全囊括全球范围内的大众传播媒介的运作机制，新加坡的大众传媒实践也难以被硬性归入这四种体制框架。笔者从新加坡多元族群社会与多元文化实践的事实出发，以多元文化主义为理论参照，将其作为一种传播理念，将新加坡的电视媒体作为多元文化主义传播的实践主体，在此基础上对其机构、文本与受众进行研究。本书取道英国伯明翰学派的文化研究范式，侧重从文本与受众两个层面解析新加坡华语电视的文本生产特点及受众解读策略。在研究过程中力求实现两个转变：一方面，回归新加坡华语电视受众的生活环境开展接受分析，分析受众的媒介接受习惯、选择倾向与媒介认知；另一方面，从新加坡威权主义社会治理和多元文化社会景观并存的角度，对新加坡华语电视受众进行深度访谈，归纳其对华语电视的媒介接受与文本解读特点。同时以多元文化主义在新加坡电视传媒中的实践个案为参考，对多元文化主义的实践特点及理论进行一定程度的修正。

最后，洞察受众分化。结合媒介环境变化现实引入接受分析研究框架，探究新加坡华语电视受众分化状况，并回应中国广播事业"走出去"工程的现实效果。在目前的海外华语电视研究中，针对近现代移民国家的多元族裔受众研究长期处于萌芽状态，零散而不成体系，系统而有分量的受众研究较为少见。在受众研究阶段，笔者将结合新加坡的官方调研数据，对新加坡新媒体飞速发展、媒介环境加速分化下的受众结构分化状况进行分析，并在此基础上导入深入访谈，呈现新加坡华语电视受众的分群

---

① ［英］戴维·莫利：《电视、受众与文化研究》，史安斌主译，新华出版社2005年版，第2页。

解读特征,实现传播文本分析与受众解读分析之间的相互对应。与此同时,将中国华语电视节目与来自中国的新加坡新移民及"外劳"群体纳入分析范畴,实现研究对象的扩充,适度回应"大外宣"格局背景下中国电视节目在新加坡的传播效果。

第二章　理论基础与文献综述

第一节　多元文化主义思潮的缘起与价值面向

人类从诞生那天起，就通过其与自然界之间不同形式的物质与精神往来，形塑出千姿百态的文化样貌，这种多样性体现在生活、语言、宗教、艺术、思维等诸多方面。在多元文化主义看来，文化多样性的根源之一在于：在一个既定的国家内至少有两个民族共存，"民族"在这里意指一个历史性共同体，它在制度上或多或少是完整的，占据着一块既定区域或领土，共享着一种独特的语言和文化。① 然而，世界的多元与一元、多样性和统一性、分散与大一统，历来是人类社会发展史上需要面对的问题，它既可能成为历史车轮前行的动力，也可能变成诱发矛盾冲突的根源。随着社会交往在全球范围内的日益频繁与复杂，人们对不同文化之间差异的感知与体验越来越深，而随着人们社会实践的逐步加深，既有的文化积习又在社会实践中持续与其他文化发生碰撞、杂糅、融合、共生，在这一过程中，人们的文化创造力被持久地挖掘出来。可以断言，文化多样性作为一种客观存在，将会永久存在下去，不同文化间的磨合并存也将成为多民族国家始终需要面对的问题。

英国学者 C. W. 沃特森在其著作《多元文化主义》开篇提道："多元文化主义（multiculturalism）这个术语不仅在学术界，而且在大众作品中的当下流行和频繁使用，足以让我们警觉到这个可能，即这个词语对于不

---

① ［加拿大］威尔·金里卡：《多元文化公民权：一种有关少数族群权利的自由主义理论》，杨立峰译，上海译文出版社2009年版，第13页。

同的人群意味着不同的含义……论及一个多元文化的社会，就是说一个社会——一个国家、一个民族、一个地区、一个宗教甚至一个单纯的有界限的地理位置（诸如一个城镇或一个学校）——由属于不同文化的人群构成。"① 多元文化主义从其诞生之日起就在西方学术界、政界引起激烈争论，它被广泛用于各种场域，既代表着一种政治思潮、一种意识形态，也代表着一种学术话语、一种文化观念。由于概念过于笼统，缺少界定，又被广泛使用，不同的人亦持有不同的理解。

一、多元文化主义思潮的缘起

多元文化主义在欧美地区一直是备受关注的社会议题，在主权国家中，伴随着民族之间尤其是多数民族与少数民族之间矛盾的不断凸显，多元文化主义逐渐成为一种有力的社会思潮，并登上了西方国家政治、经济、文化乃至宗教的舞台。多元文化主义的基本主张是：社会由多种不同的文化形态拼接而成，他们构成了丰富多样的文化地图，每种文化都对应着某个群体，每个群体也都有其特殊的文化体认。由于不同群体所持的文化认同有异，导致在同一社会或国家共同体中，不同文化身份的群体之间的社会地位参差不齐。因此，多元文化主义的主旨在于强调文化本身的多样性以及各种文化之间的平等性，倡导人们尊重差异、和平共处。

"多元文化主义"一词最早由美国犹太人学者霍勒斯·卡伦提出，他在1915年发表的《民主与熔炉》一文中提出了这一概念，在1924年出版的《文化与民主》一书中，他又从人种学的角度对多元文化主义进行了理论上的分析和论证。② 卡伦认为，群体之间的主要区分标准应当是血统，而不是文化。血统是一种天生的既定事实，而文化则可以在社会交往中发生变化。具体到对美国的分析上，卡伦认为，滚滚而来的移民融解了早先的美利坚民族，使美国变成"一个多民族的联邦，一个多民族民主国

---

① ［英］C. W. 沃特森：《多元文化主义》，叶兴艺译，吉林人民出版社2005年版，导言第1—2页。

② 常士闾主编：《异中求和：当代西方多元文化主义政治思想研究》，人民出版社2009年版，第12—13页。

家"①。亨廷顿（Samuel Phillips Huntington）曾宣称美国的核心文化就是英语、基督教与新教价值观，并主张用这些核心文化来同化移居美国的其他族群，他的这种观点后来被称为"盎格鲁－撒克逊主义"。美国的建国时间较晚，除原住民外，其余国民均为从全世界各地涌来的移民群体及其后裔，这使美国成为一个"非原生的多元种族国家"。从某种程度上说，美国自建国以来经历的主要社会思潮都与种族政策、多元文化等因素相关。有些学者将美国独立战争后的族群文化理论或模式归纳为："盎格鲁－撒克逊主义"、熔炉理论、同化模式、多元文化论、族群文化模式。这些理论或模式在美国的族群融合过程中前后递进，它们之间不一定有明确的时间界限，却代表了美国族群文化模式的发展轨迹。其中需要强调的是：多元文化论与美国20世纪60年代初的民权运动相结合，带有强烈的实践性，其在20世纪60—70年代得到学术界和大众媒体的广泛接受，成为他们解释美国社会架构和文化模式的主导理论之一，对美国社会各阶层和领域的民族权力态度以及社会规范产生了实质性影响。②

转向与卡伦同时代的加拿大，具有多元文化主义精神的"马赛克"概念于1922年正式出现。莫瑞·吉本（John Murray Gibbon）和华生·科克康奈尔（Watson Kirkconnell）对多元文化主义的传播做出了很大贡献，前者著有《加拿大马赛克》（*Canadian Mosaic: The Making of a Northern Nation*）一书，强调把多个不同民族团结在一个国家共同体中的重要性；后者则翻译了大量欧洲文字的诗歌，宣传欧洲移民的文化创造力。两位作者都在作品中抨击了"盎格鲁－撒克逊主义"，认为人为隔断某个族群与自己的故国和历史的联系是一件很可悲的事。"二战"爆发后，全世界多个国家的政治难民移居加拿大，同时，法西斯的暴行也唤醒了加拿大人对种族优越论的认识，促进了加拿大对外来移民的同情与宽容。战后，世界民族独立运动蓬勃发展，邻国美国从20世纪50年代开始的民权运动和族裔政治运动，以及在此基础上由美国政府出台的"肯定性行动计划"给生活在加拿大的少数族群带来了新的希望。在这种情况下，加拿大移民群体

---

① ［美］塞缪尔·亨廷顿：《我们是谁?：美国国家特性面临的挑战》，程克雄译，新华出版社2005年版，第109页。

② 庄国土：《多元文化或同化：亨廷顿的族群文化观与东南亚华族》，载《南洋问题研究》2003年第2期。

也开始了各种政治运动。① 他们以语言、文字、宗教习惯为目标，开展了一系列争取少数族群文化权利的社会运动。1963 年，加拿大政府成立了"双语言和双文化委员会"，力图将加拿大建立在以英裔与法裔为两个建国民族的族群平等基础上。但是这一动向立刻遭到来自中欧、中东等其他地区族裔的强烈反对，因为这一举措无疑将英、法之外的其他族裔置于不利地位。"双语言和双文化委员会"成员雅罗斯拉夫·罗德尼基出生于乌克兰，他代表英、法以外的"第三种力量"发出呼吁：不应把加拿大看成双文化的社会，而应将其看作一个多元文化的社会，给予各族群平等的地位。② 1968 年 12 月，加拿大民间艺术理事会组织召开了"文化权利理论家会议"。这次会议有加拿大的乌克兰人、波兰人、斯洛伐克人、日耳曼人等多个族群代表参加，代表们一致认为加拿大应该接纳多元文化主义政策，联邦政府与地方政府应当拨付足够的资金来帮助各个族群保留和发展他们的语言及文化。加拿大随后陆续跟进的补充性政策又不断赋予多元文化主义新的内涵——从初期只面向少数族群到面向全体加拿大人，从单向度的资金与政策支持到全面强调消除族群歧视与保障平等，多元文化主义在实践中逐步丰满起来。

继加拿大之后，澳大利亚也于 1973 年制定了多元文化主义政策，欧洲的法、德、荷等国也陆续跟进。这些国家在多元文化主义的实践中面临不同的国情与族群关系，结合各自国家的族群传统与现状出台了不同的政策，开展了多样性的研究。总体来看，消除种族歧视，帮助移民融入本地社会，确保其存留和发展族群文化、保留原先的族群身份与文化认同，已成为很多国家公认的主旨。历史学家认为，多元文化主义标示着一个变革的时代，它表示的是地方、国家、地区和世界范围内的认同与相互关系的再造。③ 由此可见，"多元文化主义"中的"文化"已经超越传统文化的范畴，逐渐成为文化权利在政治话语中的投射，并使多元文化主义成为一种承认并包容差异的国家政策与公共制度。

---

① 常士䦆主编：《异中求和：当代西方多元文化主义政治思想研究》，人民出版社 2009 年版，第 15 页。

② 李健鸣、杨令侠主编：《20 世纪美国和加拿大社会发展研究》，人民出版社 2005 年版，第 250 页。

③ Jan Nederveen Pieterse. *The Many Doors to Multiculturelism*. Belgium：Leuven University Press，2003，pp. 27 – 28.

二、多元文化主义的价值面向与思想派别

与其他思想流派一样，多元文化主义也有其固定的价值面向与思想派别。我国学者常士䦆认为："从当代西方多元文化主义政治思想状况考察，正义、平等、宽容构成了其政治思想的基本价值。"① 加拿大著名哲学教授威尔·金里卡（Will Kymlicka）认为，多元文化主义政策的采纳具有一定的合理性，如果西方的民主国家希望其国内的后来族群能够融入以国语为制度的国家体系中，一定要确保合理的融入条件。金里卡强调多元文化主义中的公平原则，认为多元文化主义的实践要确保两个基本环节：首先，我们需要认识到"一体化"是不可能在一夜之间完成的，相反，它是一个艰难的、长期的、需要经历几代人的过程；其次，我们要确保对待移民在压力下融入的共同机制要像在历史上对待主流群体的认同特征一样，即给族裔文化少数群体的认同特征以同等程度的尊重和融通。② 多元文化主义的价值观念并不在于削弱西方对自由民主价值观的追崇，而在于将其纳入自由民主的政治框架，认定多元族群并存的合理性与合法性，并认定不同族群的民众会接受国家在多元文化领域采纳的一系列公共机制。也就是说，多元文化主义以一种平等包容的姿态，接纳了族群文化多样性的存在与发展。在自由民主观念及语言、机构一体化的限度内，政府必须谋求承认并包容族裔文化的多样性，这些原则蕴含在多元文化政策的实践中，并为不同族裔的群体所接受。③ 正是基于这一价值认同，多元文化主义逐渐成为处理多族群并处所产生的文化多样性的自由民主之方法，也成为可从理论上论证、可被自由民主价值观所包容与解释的方法。这也在某种程度上说明，为什么多元文化主义被越来越多的西方民主国家采纳。

但多元文化主义本身并非一个统一派别，在践行过程中也没有形成定规，其在同化、整合、分离等层面有着宽泛的实践光谱。单就整合层面

---

① 常士䦆主编：《异中求和：当代西方多元文化主义政治思想研究》，人民出版社2009年版，第33-42页。

② [加拿大] 威尔·金里卡：《少数的权利：民族主义、多元文化主义和公民》，邓红风译，上海译文出版2005年版，第170页。

③ [加拿大] 威尔·金里卡：《少数的权利：民族主义、多元文化主义和公民》，邓红风译，上海译文出版2005年版，第186页。

看，强势的多元文化主义意味着国家在承认与确保族群差异的过程中扮演着活跃的角色，而温和的多元文化主义则表明国家并不主动介入不同族群的文化身份问题。加拿大是全球范围内较早实行多元文化主义政策的国家；澳大利亚紧随其后进行效仿；英国则历来有接纳多元文化的传统，是多元文化主义表现较为典型的国家之一；而在德国，多元文化主义还处于争论阶段，尚未形成共识。因此，在如何处理族群与国家的关系上，不同思想家往往各执一端，也就形成了不同派别的多元文化主义，学者常士訚将其总结为四个划分维度：第一，从价值承认程度的角度对多元文化主义进行划分，将其划分为弱势的多元文化主义和强势的多元文化主义。前者以多元文化主义作为"装饰"，并不是严格地遵奉，其实质仍是文化同化主义，一旦发生冲突，则会撤回对文化多样性的尊重；而后者则较为系统地建立了基于差异的政治体系，使多元文化主义嵌入国家权力运行结构之中。第二，从实施主体的角度分为民众的多元文化主义与官方的多元文化主义。前者表现为第三世界或苏联、东欧国家的民众向发达国家移民或寻求生存或发展的运动，以及在此基础上产生的来自下层的多元文化主义；而官方的多元文化主义则是由国家推动的，带有国家意识形态色彩的政治对话。在较早推行多元文化主义的加拿大与澳大利亚，多元文化主义的推行致力于改善过去的白人至上与少数族群不平等的状况，但基本上是在西方自由主义的框架内做出一些调整，并不是革命式的政治运动。第三，从实现方式上可分为自上而下与自下而上的多元文化主义。前者是由政府操纵的多元文化主义，政府发挥着控制的作用，既生产政策，又敦促政策的执行；后者则强调民间力量的推动，强调少数族群可利用社会谈判空间来促进多元文化主义的完善。第四，从个人与国家之间的关系划分为自由的多元文化主义与集体的多元文化主义。这种划分由美国学者戈登（Milton M. Gordon）提出，前者强调个人权利的追求不应受到族群身份的影响，它既不促进族群隔离，也不推动族群融合；后者正式承认种族与族群身份的意义，并强调政治权利与经济收益的分配要以族群作为重要的考虑因素。

综上，多元文化主义体现了人们对一个多元平等、承认差异的社会的共同向往，无论在政界、学界还是人们的普遍认知中，人们对多元文化大都具有较为一致的价值面向。不同形式的多元文化主义的目的都在于营造一种共同体感，使人们的认同超越对其种族身份的单一认同，进而实现优先于种族认同的国家认同。但在实践中，往往又与各国的文化传统、政治势力、利益集团纠葛在一起，形成了或放任、或保守、或激进的样貌。对新加坡而言，多元族群是其在独立建国时便已存在的事实，以李光耀为首的人民行动党早已将族群、语言、宗教等问题视作"敏感课题"并审慎对待，伴随新加坡独立建国后大量移民及外来劳动力的涌入，族群问题始终是该国制定各项公共政策时慎重权衡的因素。新加坡所奉行的多元文化主义虽然与加拿大、澳大利亚等奉行的自由主义多元文化主义不同，其多元文化政策在推行的过程中带有明显的"东亚文化"及"贤能政治"色彩，但它们之间的共通点在于：一个国家共同体，既要承认与包容不同族群及其文化存在的合理性，同时也需要有一种超越种族的忠诚，这种忠诚要借助一套共通的公共话语将不同的族群团结在一起，电视媒体便顺理成章地成为多层级认同建构进程中的显在力量。一些文章指出，新加坡还没有发展出稳定的民族特性来团结多元族群社会，于是，将国家认同视为弱势成为新加坡政府试图向民众传递的需要公众集体深思熟虑的共通部分，政府关于多元族群与国家认同感的长期焦虑与脆弱性论述，不仅存在于该国精英的政治话语中，也成为媒体话语的重要内容。

三、多元文化主义与大众传播

多元文化主义的萌芽与发展，从来都伴随着各种反对与质疑。在多族群共生的国家中，到底是奉行多元文化政策还是同化政策，一直以来也未有明确定论。"文明冲突论"的提出者亨廷顿曾断言：多元文化将使美国陷于分裂。他在其1996年出版的专著《文明的冲突与世界秩序的重建》中，通过文明视角全面阐释了"冷战"过后全球范围内的政治冲突及演变，并以东南亚的族群冲突为例，提出了"世界范围内的冲突多发生在国家间和国家内部的文明断层线"的论点。① 格雷布纳（Robert Fritz Graebner）著有《大洋洲的文化圈和文化层》《美拉尼西亚的弓文化及其亲属关系》等书。他从新康德主义出发，认为人类历史及文化现象的产生和发展只有个性，没有规律性；一切文化现象（不论是物质文化还是精神

---

① ［美］塞缪尔·亨廷顿：《文明的冲突与世界秩序的重建》，张琪等译，新华出版社1998年版，第283页。

文化）都是历史上在某一个地区单一地生产出来的，其他地区的类似文化现象不过是后来传播、扩散的结果。① 而强调大众传播在多元文化社会中的作用，原因就在于大众媒体能够通过其信息传达与环境塑造功能，弥合社会不同族群、阶层之间的文化断层与裂痕，有效修复"断层线"上产生的冲突；但若处置不当，也可能走向反面。有学者认为，多元文化主义主要有两种实现路径：首先是借助多元文化主义发展出一套新的概念及社会话语，使全社会对族群不平等的现状给予暂时接纳与和解，进而推动公共政策的改善；其次是借助公共媒体报道社会中的不平等现象，引发全社会对多元文化主义的关注与讨论，促使多元文化方案的出台。② 这两种路径的核心话语都是多元文化主义，只是实现的主力不同，前者需要借助社会精英的讨论与推动，后者则是借助公共媒体。而今天，公共媒体在多元文化主义的呈现、解释、探讨与推动中已扮演着持续而显著的作用。正如道格拉斯·凯尔纳在其《媒体文化：介于现代与后现代之间的文化研究、认同性与政治》一书中指出的："在后现代的图像文化里，图像、场景、故事以及媒体的文化性文本等均提供了大量的主体立场，这些立场反过来又推动了个人的认同性的构成。"③ 从中可看出，媒介传播已经成为后现代社会中多元文化呈现的载体。而通过大众传媒的呈现、遮蔽、放大，多元文化主义不再囿于公共权利（利益）调解与分配的话语框架，它还与族群身份及认同交织在一起，将大众传媒变为多元文化主义争夺甚至斗争的公开场域。

爱德华·萨义德（Edward Waefie Said）曾在《文化与抵抗》中提道："文化是'记忆'抵抗'遗忘'的一种方式。"他认为文化超越了政治和地域，可以帮助人们记住历史，抵御偏见。媒介产生后赋予了记忆以长时性和群体转移性，由此，记忆得以遗传，媒介逐渐成为记忆的支撑，而受众的接受与否则决定了记忆能否持续传递，进而决定了多元文化能否以公共形式持续传播。英国学者莫利和罗宾斯（Kevin Robins）曾经指出媒介在构建集体文化记忆与认同方面发挥的巨大作用，他们认为媒体可以构建一种共同的认同观，让不再有幻想的日常生活重新焕发美丽，从而发挥整

---

① 司马云杰：《文化社会学》，华夏出版社2011年版，第75页。
② 朱俊：《族群平等的多元文化主义路径分析》，载《民族研究》2014年第5期。
③ ［美］道格拉斯·凯尔纳：《媒体文化：介于现代与后现代之间的文化研究、认同性与政治》，丁宁译，商务印书馆2004年版，第436页。

合作用，并赋予国家意义。舒德森指出，人类社会常常是由不同的整合机制维系起来的。在一个多元文化共生的社会，族群的认同建立在记忆的基础上，而传媒既是文化传递的工具，又是形塑记忆的工具，它使人们通过对共同历史的记忆来认识自我。戴维·莫利等甚至乐观地提出："新的电子文化空间，是'无地方特性的'图像地理和虚拟地理……全球到处遍布带有种族特征的事物，这标志着特色品的世界化。再说全球化并不意味着文化板块的告终，相反，它意味着这些板块将扩展到全球范围。"①

我们正处在一个通信技术与信息内容相互交错盘杂而生的时代，大众媒体传递的信息与我们的身份认知相连，而我们对于多元文化主义的了解、批判与坚守，很大程度上也是由大众媒体告诉我们的。在大众与世界的连接中，人们形成了对族群差异的认知与界限感，在认识了解他人的基础上，形成了本族与他族之间关于族群区隔的认知基础，而大众传播媒介恰恰成为传递记忆、呈现差异、启动整合、塑造认同的载体。新加坡电视台自1963年启播以来，就采用四种播出语言面向多元族群进行文化传播。随着本地电视业的发展，无论是频道资源的分配还是节目内容文本的生产，这一格局始终在保持稳定的基础上不断完善。新加坡的民众正是通过本地电视媒体多元文化的媒介生产机制，塑造了既容纳族群认同又呼应国家认同的"文化集体记忆"，进而塑造出该国特定的族群认同观的。

第二节　传播生态学的核心观点及理论延伸

在人类工业文明与信息化社会前赴后继协同演进的时代，我们已经越来越深刻地认识到，媒介既是技术变量，也是文化变量，它通过显在或内隐的手段塑造与改变着我们的认知模式，史无前例地将身处不同地域的人们连接起来。传播学研究必须从传播与社会结构之间的关系出发，给予快速变迁的时代以积极迅速的话语回应。这一方面要求传播学积极渗入纷繁芜杂的媒介表象，用传播话语解构现实；另一方面还要从现实出发寻找学

---

① [英]戴维·莫利、[英]凯文·罗宾斯：《认同的空间：全球媒介、电子世界景观与文化边界》，司艳译，南京大学出版社2001年版，第152-154页。

术话语与范式创新的灵感,传播生态学便是传播观念与生态观念相结合的一种研究范式。"传播生态"是大卫·阿什德提出的一个概念,它与北美的"媒介环境学"有着密切的联系,其从媒介环境学中脱胎而出,试图构建一种新的、更广泛的、更具社会性的学科研究体系。[①]

一、大卫·阿什德的传播生态学观点

传播生态学是传播学研究与生态学框架相结合而产生的交叉研究领域。近年来,随着媒介技术的快速发展,各种媒介形态以累加的方式嵌入人们的生活,信息传播结构更加繁密。安东尼·吉登斯(Anthony Giddens)在其《现代性的后果》中指出:"现代性的动力机制派生于时间和空间的分离和它们在形式上的重新组合,正是这种重新组合使得社会生活出现了精确的时间—空间的'分区制',导致了社会体系(一种与包含在时—空分离中的要素密切联系的现象)的脱域,并通过影响个体和团体行动的知识的不断输入,来对社会关系进行反思性定序与再定序。"[②] 正如他所总结与预见的,传媒日益将信息与人们的生活场域分离,外部世界在经过挑选后重新浓缩于媒介的影像之中,"脱域"无时无刻不在我们的生活中上演,碎片化的场景即时、瞬时嵌入我们的生活……技术与场景重重叠加,对公众产生的影响越来越大,媒介形态变迁与社会变迁之间的关系也越来越受到学界的关注,并亟须发展一套能够包容传播与社会之间和谐发展的研究范式和学术话语,因此,传播生态学逐渐进入学界的视野,并成为传播研究中的一门显学。

美国的媒介研究学者大卫·阿什德在其《传播生态学——控制的文化范式》中较为系统地阐释了传播生态学的基本观点。该书于 1995 年在美国出版,当时正值全球范围内工业与信息化浪潮交叠。阿什德认为,当代社会中,人们的认知与行为已经被传播技术深刻影响,不论是广播、电视、通信卫星还是互联网……传播技术作为一种文化的控制力,不仅通过信息本身影响人们的感知与态度,而且还将技术本身作为一种嵌入人类行为的手段,影响着人们的生活方式。当然,这种影响并非技术单向度地施

---

① 李颖:《传播生态研究的历史发展与意义》,载《传媒观察》2013 年版第 11 期。
② [英] 安东尼·吉登斯:《现代性的后果》,田禾译,译林出版社 2011 年版,第 14 页。

加于人的过程，人们也在通过其对媒介的选择，改变着传播的内容逻辑与效果走向。阿什德认为，传播生态实际上就是信息传播所依赖的各类环境的有机统一。① 他认为，传播媒介对社会系统的影响主要有以下三个层面。

从社会层面看，其模糊了现实环境与符号环境。阿什德认为，大众传播是双向的和对话式的，意义的生成有赖于传播者与受众之间的符号互动，传播生态本质上是由传媒所型构的符号环境，而受众所处的场域则是现实中的物理环境。符号环境与物理环境并非同一，但通过大众传播媒介对"拟像"的仿制、修辞与再现，符号环境和物理环境可能在接受环节融为一体。这两套符号环境的模糊体现在受众的认知与行动层面，他们会将符号环境视作现实环境，并根据符号环境采取行动。阿什德进而提出，传播生态这一概念范式包含三个关键概念，分别是信息技术、传播范式与社会行为。传播生态研究的核心就是，媒介如何通过采纳新的信息技术进而形成其传播范式，并在此基础上影响人们的社会行为。具体而言，人们在日常的媒介接触行为中形成自身态度的参考体系，而电视凭借其真实性、接近性、戏剧性、易获取性、易理解性，深度嵌入人们的信息选择与认知模式中，使受众的思想与言行不自觉地按照媒介的话语及观点展开。

从对人的影响层面看，其导致了引导者与被引导者之间的错位。与乔治·格伯纳"培养理论"中的观点相似，阿什德认为，大众传播媒介已经全面渗入我们生活的各个角落，我们对事物采取的观点和行为已经深刻地被大众传媒左右，它不仅决定我们的所见所闻、所思所想，而且决定着我们的所作所为。② 在未来技术与媒体的演进中，电子逻辑起到的作用将日益显著，它对我们每个人施加影响，并成为我们认知社会的核心技术结构。阿什德认为"电子文化"的蔓延与扩散是不可避免的，同时对由其带来的后果表达了适度的担心。在他看来，电子技术的扩散逻辑与消费需求紧密相连，它势不可挡地渗入人们的日常生活，并全面控制人们的文化接触行为与观念认知，这种地毯式的覆盖以及由此带来的后果正是阿什德非常担心的。当前，距离阿什德著作问世又过去了20多年，我们已经由大众媒介时代全面走入融合媒介时代，各种不同的媒介形态相互交织、共同

---

① 于凤静：《大卫·阿什德传播生态理论的当下解读》，载《河北大学学报（哲学社会科学版）》2013年第5期。

② 邵培仁、廖卫民：《思想·理论·趋势：对北美媒介生态学研究的一种历史考察》，载《浙江大学学报（人文哲学社会科学版）》2008年第3期。

渗透，传播作为一种文化控制的技术因素，对生活的嵌入愈加深刻。今天的技术比20年前更具开放性，但技术对人的控制力也更加强大，人们对技术的倚重比以往更加强烈。因此，阿什德一再强调，我们要认识到技术变量对认知与行为产生的影响，要认识到媒介作为一种文化控制的范式对人产生的影响，我们要对大众传媒所传达的信息抱以批判接受的态度，要认识到大众传媒对社会控制的范式与逻辑，不能一味屈就，成为被大众传媒耳提面命的被动接受者。

从大众传播业态的层面看，其影响了新闻生产逻辑，使之走入"后新闻事业时代"。阿什德认为，信息传播的电子技术虽然不能决定传播的全貌，但是所有的传播都要从技术中穿行而过。由于大众传播时代的降临与信息化社会的迫近，新闻生产已经越来越被传播技术所掌控。传播技术作为文化控制的范式，已经影响到新闻事业的性质，使新闻业逐步走向"后新闻事业时代"。[①]"后新闻事业时代"意味着新闻报道不再完全以事实本身为准绳，而是要求新闻内容符合电视的视觉表达逻辑；记者不再是报纸角落上的一个抽象署名，而成为视觉景观的一部分。关于电视所创造的传播生态，有些看法并不友善。鲍德里亚（Jean Baudrillard）认为，我们停止了把电视画面与真实世界做比较，而是在电视画面之间进行比较——我们只是以事物的表征来判断事物。在对海湾战争的电视新闻报道中，画面看上去像是电影影片，而战斗机的飞行员则将其飞行任务描述得像电子游戏。[②] 在阿什德看来，"后新闻事业时代"最重要的特点就是传播者与受众之间的界限逐渐模糊、新闻事件本身的重要性大大降低，其是否符合电视影像的表达逻辑才是报道的根本。

二、传播生态学的理论延伸与现实观照

大卫·阿什德的传播生态学的核心价值在于将媒介放置于社会系统中进行研究，其研究不仅关注以传播媒介为代表的现代社会信息系统，同时还有社会学、政治学等多个视角。其他关于传播生态的研究还有三种。

---

① 于凤静：《大卫·阿什德传播生态理论的当下解读》，载《河北大学学报（哲学社会科学版）》2013年第9期。

② ［英］迈克·克朗：《文化地理学》，杨淑华、宋慧敏译，南京大学出版社2005年版，第88页。

(1) 以生态学为切入点的本体论建构。邵培仁是在国内该领域中较有影响力的学者，其著作《媒介生态学：媒介作为绿色生态的研究》将传播学、媒介环境学、生态学观念与理论串接在一起，用生态学概念框架解构传播学研究，用生态话语来反思我国的传媒产业环境。该理论主要关注传播过程中人、媒介、社会之间可能产生的矛盾与冲突，并从生态学的角度对媒介的生存策略进行了归纳，进而建构了五个规律，即传播生态位规律、传播食物链规律、传播生物钟规律、传播最小量规律以及传播适度性规律。[①] 其中，生态位规律对我们理解媒介生态内部多要素间的关系具有较强的启发性。所谓生态位，奥杜姆（Eugene Pleasants Odum）的定义是："一个生物在群落和生态系统中的位置和状况，而这种位置和状况则决定于该生物的形态适应、生理反应和特有的行为（包括本能行为和学习行为）。""一个生物的生态位不仅决定于它生活在什么地方，而且决定于它干些什么。"[②] 这些规律的核心思想是要保持传播生态的平衡，找出影响传媒竞争与发展的内部及外部因素，并从政策调节、市场调节、媒介自我调节等层面，确保传媒沿着科学的轨道发展，并在市场环境下强健其"体魄"。与之类似的还有支庭荣所著《大众传播生态学》，同样是生态学理论框架对传播学研究的理论观照。但总体来看，自然界物竞天择、适者生存的法则放置于媒介环境中难以完全适用，但作为思考受众、传媒与社会之间关系的一套阐释话语，却有一定的现实意义。

(2) 以竞争性视角切入的生态位研究。这一领域较有代表性的著作是美国传媒经济学者约翰·W. 迪米克（John W. Dimmick）的《媒介竞争与共存：生态位理论》。作者旨在关注媒介的竞争与共存策略，虽套用了"生态位"这一核心话语，但其研究实质上属于传媒经济学与管理学领域。书中探讨的核心问题是：在激烈的市场竞争中，无论是传媒还是与之相关的广告商及受众市场，都面临白热化的争夺与瓜分，在这种情况下，媒体是如何寻找到自身的生态位并确保其生存的。将生态位理论用于媒介组织和传媒产业的研究，并不表明媒介组织种群和生物物种种群之间存在共同之处，只是着重阐明，构成种群的组织和物种都需要同样的资源才能生存下去，而这正是生态位理论研究的范畴。媒体经济学大体上遵循了产业组

---

① 邵培仁：《传播生态规律与媒介生存策略》，载《新闻界》2001年第5期。
② 邵培仁等：《媒介生态学：媒介作为绿色生态的研究》，中国传媒大学出版社2008年版，第71–72页。

织经济学对"竞争"一词的定义,而竞争就发生在群落的不同种群之间。① 作者在书中从对媒体竞争的生态位宽度计算、生态位策略的归纳以及效用生态位的开辟等角度,用"生态学"视角刻画出洞察媒介竞争环境和产业集中与离散趋势的方法,对通过传媒经济学和资源经济学视角研究传媒产业具有一定的建构价值。

（3）以传播生态为话语理念的问题对策研究。到目前为止,关于传播生态的研究较为零散,除前文提到的为数不多的著作之外,大量的学术研究都较为泛化,即借助传播生态、传媒生态、媒介生态等相似的学术话语,但开展的研究基本以宏大的"生态观念"下的具体问题为主,如《中国财经类媒体发展研究:以媒介生态学为视角》《中国传媒业的系统竞争研究:一个媒介生态学的视角》《入世背景下的党报运营:一种媒介生态学视角》《绿色传播与生态文明》等。这些著作从我国传媒业发展过程中的某个领域或现实问题出发,以某一种媒介为研究对象,通过传播学的研究范式,倡导一种健康向上的行业发展理念。总体来看,它们并非全然的传播"生态"或媒介"生态"研究,"生态"尚未构成被严谨操作的概念,而属于一种宽泛的实践勾描。

本书着眼于新加坡华语电视传播生态,重在将新加坡华语电视媒体视作新加坡社会信息系统与公共电视系统中的重要节点,探讨华语电视与其他电视媒体之间的共栖与平衡结构,并在此基础上探讨媒介文本与受众解读之间的结构性关系。

第三节 电视受众研究的理论基础与方法实践

无论在传播学批判学派还是经验学派的话语中,受众都是其共同分享的学术概念之一。英国伦敦政经学院媒介与传播学教授罗杰·西尔弗斯通（Roger Siliverstone）认为,大众媒介对受众道德生活、政治生活和经济生

---

① ［美］约翰·W.迪米克:《媒介竞争与共存:生态位理论》,王春枝译,清华大学出版社 2013 年版,第 28－43 页。

活的影响,一直是大众传播研究历史的动力和信息源。① 对于大众传播效果的研究主宰着传播研究的走向,而受众正是评判传播效果的最终一环。尽管今日看来,大众传播对受众产生直接效果的观点已经过时,但受众作为信息流动链条的终点,始终是传播者希望了解甚至掌控的。在电视受众研究领域,以经验学派的"使用与满足"理论、英国文化研究学派等学者为代表,开展了一系列关于电视受众的研究,既形成了丰富的研究成果,也从方法论角度塑造了受众研究的理论与范式。

一、受众观与受众研究的基本范式

受众作为一个具有漫长历史且内涵不断变化的概念,是传播过程中的重要一环。受众起源于古代体育比赛的观众,以及早期公共戏剧与音乐表演的观众,伴随着后来以印刷媒介为肇始的大众传播媒介的发展而逐渐形成一个特定的概念。伴随着历史车轮的前行,受众的概念与内涵不断丰富,尤其是大众传播媒介出现后,人们对这一概念的认知更是在反复中不断深化。学界对受众的认知大致经历了三个阶段:作为大众的受众、作为群体的受众以及作为市场的受众。作为大众的受众由芝加哥学派的成员之一赫伯特·布鲁默(Herbert Blumer)于1939年提出。他受到早期"魔弹论"的影响,认为受众这一新型集合体正在形成,这是现代社会各种因素相互作用的结果,并将它与传统社会形式,尤其是群体、群集和公众区别开来。② 在布鲁默看来,大众关系中的个体之间不存在群体结构中的恒定关系,也缺少群集那样临时性的组合意愿,大众没有稳定的结构、规则和领袖,他们是匿名的、难以沟通的和非常庞大的集合体,缺乏理性且易于被操纵。③ 后来,随着受众研究的发展,尤其是以拉扎斯菲尔德为代表的实证研究者发现:受众并非易受攻击的"靶子",而是具有自主意识和思辨能力的个体。他在随后出版的《人民的选择》中阐述了大众传播媒介在

---

① [英]罗杰·西尔弗斯通:《电视与日常生活:关于电视观众的人类学研究》,见罗杰·迪金森等编,单波译《受众研究读本》,华夏出版社2006年版,第263页。

② [英]丹尼斯·麦奎尔:《受众分析》,刘燕南、李颖等译,中国人民大学出版社2006年版,第7-8页。

③ 隋岩:《受众观的历史演变与跨学科研究》,载《新闻与传播研究》2015年第8期。

决定人们态度时的效用之限，而其所处群体与人际网络则对其态度改变起到至关重要的作用，进而开创了"有限效果论"时代。"有限效果论"强调了社会关系与信息中介在受众信息接受与态度改变过程中的主导性，并产生了"舆论领袖""两级流动传播"等用来阐释信息流向与态度改变的学术话语。而在大众传播的效果研究中，无论人们如何看待早期广播电视业的发展，毋庸置疑的是，以美国便士报（Penny Press）为开端的"二次售卖"模式自开创以来被媒体沿袭至今作为获取利润的主要方式，而受众对于广播电视业来说既是接收终端的消费市场，也是内容终端的消费市场。对于媒介工业的发展而言，将受众视为市场不仅直观而且有用，它采用"计算"关系而非标准的社会关系来维系传播者和接受者，更看重社会经济性的评价标准，关注媒介消费而不是媒介接收。① 当然，将受众作为市场仅仅是来自传媒一方的观点，并不是受众对自身的认知。

受众既是社会文化模式影响的产物，同时也是特定的媒介供应方式的产物。詹森和罗森格伦曾经将受众研究的传统划分为效果研究、使用与满足研究、文学批评、文化研究和接受分析。丹尼斯·麦奎尔则用更加简约的方式将受众研究概括为三大传统，并以结构性、行为性与社会文化性来命名（见表2-1）。②

表2-1 三种受众研究传统的比较

项目	结构性	行为性	社会文化性
主要目的	描述受众构成、统计数据、描述社会关系	解释并预测受众的选择、反应和效果	理解所接收内容的意义及其在语境中的应用
主要材料	社会人口统计数据、媒介及时间使用数据	动机、选择行为和反应	理解意义、社会文化语境
主要方法	调查和统计分析	调查、实验、心理测试	民族志、定性方法

资料来源：[英] 丹尼斯·麦奎尔著《受众分析》，刘燕南、李颖等译，中国人民大学出版社2006年版，第30页。

---

① [英] 丹尼斯·麦奎尔：《受众分析》，刘燕南、李颖等译，中国人民大学出版社2006年版，第12页。
② [英] 丹尼斯·麦奎尔：《受众分析》，刘燕南、李颖等译，中国人民大学出版社2006年版，第23页。

虽然新媒体技术发展很快，并持续对受众施加影响，传播者的多样化已成为学界共识，但从传播学的视角观察，对于受众的关注并非全然来自学术界的研究旨趣，还与现代媒介工业的快速兴起和发展有关。丹尼斯·麦奎尔认为，虽然媒介的增长与传播手段的丰富为传播者的多元化提供了可能，但传媒业的产业结构并没有像技术本身的变化那样产生实质性的飞跃。相反，全球范围内的媒介资本运动一方面使得受众更加细分，另一方面增大了受众作为一个群体的规模。因此，过去的传播模式和受众形态仍然会延续。然而，正如学者刘燕南所评价的，麦奎尔似乎忽略了受众作为信息的传播者这一新角色，对受众成为"传播主体"这样的角色转变着墨不多。[①] 1998年，阿伯克龙比（Nicholas Abercrombie）与朗赫斯特（Brian Longhurst）在其《受众》一书中提出三种范式——行为范式、合作/抗拒范式、观展表演范式，在一定程度上呼应了受众从接受主体到诠释主体再到表现主体的层阶过渡，呼应了受众群体的"自治性"演化特征。因此，在对受众进行研究的过程中，任何本质主义的研究路径与方法，都无法在最大程度上接近现实，受众行为的多维度特征表明其中蕴含更加复杂的社会实践意义。只有在对受众研究的方法上回归多元，结合研究的问题语境与受众接受语境做出恰当的斟酌与取舍，才能不断接近受众的真实样貌。

二、电视受众研究的基本理论与方法

（一）使用与满足理论

一般认为，卡茨（Elihu Katz）是最早提出使用与满足理论的学者。受到"二战"期间拉扎斯菲尔德开展的晨间广播节目分析研究的影响，卡茨在1959年提出：我们不仅应当关注媒介对受众做了什么，还应该关注受众利用媒介做了什么。这表明受众不再是"魔弹论"中那个被动接受信息的"靶心"，而是具有自主权与能动性的积极个体。在使用与满足理论之前，传播学的研究偏向于从传者角度出发，探究传播者发出的信息在受众一端起到的效果。

[①] 刘燕南：《麦奎尔学术背景探源：评丹尼斯·麦奎尔〈受众分析〉》，载《国际新闻界》2013年第1期。

正如卡茨与布鲁姆勒（Jay G. Blumler）等人所总结的，使用与满足研究主要关心："（1）社会和心理起源引起（2）需求（needs），需求激发对（3）大众媒体和其他信源的（4）期望（expectation），期望造成了不同类型的（5）媒介接触（media exposure），最终导致了需求的（6）满足（gratifications）和（7）其他非企及性结果。这一总结也可视作是对使用与满足理论基本模型的概括。"① 这一理论突出了受众的作用，认为受众基于特定的需求来接触媒介，根据满足的结果来修正既有的媒介印象，并在不同程度上改变对媒介的期待。② 使用与满足理论的提出为传播学研究提供了新的视角，但是也有学者指出它存在的一些不足。比如，它过于强调个人因素和心理因素，行为主义色彩较浓；过分强调了受众的需要，很难与更大的社会结构相联系；它假定受众知道自己的需求和如何满足需求，这在现实中其实并不多见；虽然它指出了受众的能动性，但是由于受众只能对媒介提供的内容进行选择，因此其能动性是有限的；等等。③

受众权利被释放的同时，使用与满足研究也比以往更加活跃，除了传统媒体领域的研究外，基于互联网媒体以及社会化媒体的使用与满足研究也逐渐增多。如韩晓宁等人所作的《内容依赖：作为媒体的微信使用与满足研究》、阳翼的《政务微信受众的使用与满足研究》等。但是，胡翼青等学者认为，虽然这一理论被广泛应用于大量与传播学相关的研究，但是仍然有很多根本性的问题没有得到解决。一个看似成立的因果关系视角，却存在着功能主义的技术观。④ 该理论将复杂的"受众接受"解读简化为基于"需求—满足"的因果逻辑，忽视了传播的复杂结构及复杂环境，并在一定程度上影响了后续传播学研究的视野。

（二）"编码—解码"理论

在谈及与电视相关的话题及术语时，文化研究学派是备受关注的。以斯图亚特·霍尔、约翰·费斯克、戴维·莫利等人为代表的英国伯明翰学

---

① 陆亨：《使用与满足：一个标签化的理论》，载《国际新闻界》2011年第2期。
② 郭庆光：《传播学教程》，中国人民大学出版社1999年版，第184页。
③ 刘燕南、史利等：《国际传播受众研究》，中国传媒大学出版社2011年版，第59－60页。
④ 胡翼青、张婧妍：《功能主义传播观批判：再论使用与满足理论》，载《新闻大学》2016年第1期。

派,以伯明翰大学当代文化研究中心为阵地,坚持用马克思主义、符号学、后结构主义、民族志等理论与方法,对当代大众文化进行研究,尤其关注电视媒介对大众文化的影响。约翰·费斯克认为,电视是一种文化,是使社会结构在一种不断的生产和再生产中得以维系的社会动力的重要组成部分,而意义、大众娱乐和传播就是这一社会结构中最基本的组成部分。① 该学派将电视看作当代社会文化传递与形塑的核心,既反映了电视在其所处时代的社会影响,也促成了该学派以电视为核心,继而深入探讨大众、文化、媒介、传播之间的关系。

  斯图亚特·霍尔在论及文化研究范式时指出,文化贯穿了所有的社会实践,是人类揭示自身的独特方式,文化分析的关键在于揭示社会中那些关系复合体的组织的本质。他主张用结构主义的观点去分析文化的传播,在分析过程中,不仅要重视分析的进程,还要"将每一环节理解为有分析在其中运作的抽象层面的意义"②。在此基础上,霍尔借助马克思主义政治经济学理论中的"生产、流通、使用、再生产"阶段模型对电视传播中的权力结构进行了详细考察,认为电视话语意义的生产与传播也可划分为三个独立的阶段,即电视话语"意义"的生产阶段、"成品"阶段以及"解码"阶段。他认为,在这三个阶段中,最重要的就是观众的"解码"阶段,继而提出了受众解码的三种策略——"支配—霸权"立场、"协商"立场、"对立码",也就是后来经常被重新阐释的"倾向式解读""妥协式解读"与"反抗式解读"。霍尔的理论看似简单,但却意义深远。英国文化研究学者约翰·斯道雷(John Storey)甚至认为霍尔的《编码,解码》是一个"里程碑",标志着西方文化研究的新起点:如果我们要寻找一个文化研究从利维斯左派、"悲观的"马克思主义、美国传媒模式及文化主义与结构主义脱颖而出的奠基时刻,那恐怕就是霍尔《编码,解码》的发表。③ 霍尔认为,"不赋予'意义'就不会有'消费',如果在实践中没有讲清楚意义,就不会有任何作用。'信息'的形式是一个确定的环节,

---

  ① [美]约翰·菲斯克:《电视文化》,祁阿红、张鲲译,商务印书馆2005年版,第5页。

  ② [英]斯图亚特·霍尔:《文化研究:两种范式》,见罗钢、刘象愚编《文化研究读本》,中国社会科学出版社2000年版,第54–64页。

  ③ John Storey. *Culture Studies & The Study of Popular Culture*. Edinburgh:Edinburgh University Press, 1996, p, 9.

然而，在另一个层次上，它仅仅形成了传播学系统的表面运动，需要在另一个阶段融入到传播过程的社会关系中去，传播过程是一个整体，而'信息'本身只是构成这个整体的一部分"①。霍尔的理论提出了一个重大的问题，即意义不是由传送者单方面传递出去的，而是由受众在接收到文本后自主"生产"的，受众的解读行为被看作一种社会行为，意义的生成有赖于编码者与解码者之间的文本谈判。因此，对于电视文本的接受也不是过去认为的单向度的灌输，而是一种能动的社会活动。进而视之，霍尔不仅为文化的生产和接受提供了一套新的理论和新的分析框架，也使伯明翰学派的受众研究逐步走向深入与纯熟。

（三）民族志

"民族志"原本是人类学与民族学的研究方法，源于文化人类学对异民族文化的考察，尤其是马林诺夫斯基（Bronislaw Malinowski）创造的"参与观察法"。民族志研究方法要求研究者深入研究对象的生活，持续相当长的时间进行深入观察，然后对其观察到的情形进行理论建构。民族志研究方法不仅要求研究者与考察对象打成一片，融入"他文化"中，获得与考察对象相一致的认识、行为方式，还需要保持适当的距离以随时跳出，以旁观者、研究者的视角来描述和说明所观察到的对象，并从中抽象出能够解释这些现象的原因，从而回应之前所做出的相应假设。② 罗杰·西尔弗斯通认为，电视观众民族志的研究需要解决的是电视在家庭微观地理学中的位置问题、它与其他信息和传播技术的关联问题、它在年龄和性别身份界定中的作用问题，以及它作为矛盾改良者和推动者的重要性问题。③

传播学研究中使用民族志研究方法的源头很难确定，人们一般认为，英国学者理查德·霍加特（Richard Hoggart）于1958年出版的《文化的用

---

① ［英］斯图亚特·霍尔：《编码，解码》，见罗钢、刘象愚编《文化研究读本》，中国社会科学出版社2000年，第346页。
② 刘燕南、史利等：《国际传播受众研究》，中国传媒大学出版社2011年版，第238页。
③ ［英］罗杰·西尔弗斯通：《电视与日常生活：关于电视观众的人类学研究》，见［英］罗杰·迪金森等编《受众研究读本》，单波译，华夏出版社2006年版，第272页。

途》一书开创了英国文化研究中颇有特色的民族志传统。① 而在传播学受众研究领域，较为典型的例子则是英国学者戴维·莫利于 1980 年对 BBC《举国上下》节目开展的电视观众研究。这一研究旨在廓清不同社会文化背景的受众如何对节目进行解读，并通过民族志的研究方法，在实践层面验证了霍尔的"编码—解码"理论。莫利的研究也带来了一系列新的问题，比如如何看待文化条件分配的不平等。因为观众不同的解码话语来自其自身的知识等因素，而知识的获得决定了观众不同的思维方式。能否获得这些知识、能否进入提供这些知识的教育机构等，悉尽取决于观众的社会阶级背景。②

除了莫利的研究之外，澳大利亚华裔学者洪美恩于 20 世纪 80 年代初对《豪门恩怨》进行的受众民族志研究也堪称典范，但与莫利的研究不同的是，洪美恩研究的核心在于观察电视与家庭环境、权力结构之间的关系，并重点关注了肥皂剧中的性别权力与意识形态问题。我国学者郭建斌也通过民族志研究系统地探讨了电视作为一种传播外界影像的媒体，是如何嵌入云南偏远少数民族乡村日常生活的。在《独乡电视》一书中，他从媒介来源、节目选择、受众构成、收看方式等层面呈现了电视媒体对少数民族村民现代化观念的启蒙及影响差异。

总体来看，民族志研究方法的优点在于能够捕捉研究对象较为真实的情况，作为一种观察性研究，能够弥补量化研究带来的细节性缺失。尤其是持续较长时间的民族志研究，其研究发现时常是量化研究难以企及的。从接受研究到民族志研究，质化研究方法挑战了传播学的大量既有研究范式，而从民族志研究与其他定性研究中也可发现，受众具有自主解读本文的能力，他们的文本解读能力受到文本接受情境和外部社会文化语境的影响。③ 但是，民族志研究的缺点在于，它大都基于对某一个案的深入研究，并不具备较强的外在效度，研究的结论也很难向外推及。此外，在研究过程中，对问题和细节的捕捉也有赖研究人员的经验及感受能力，这可能会导致研究结论因人而异。

---

① 郭建斌：《民族志方法：一种值得提倡的传播学研究方法》，载《新闻大学》2003 年第 2 期。
② 陆扬、王毅：《大众文化与传媒》，上海三联书店 2000 年版，第 75-76 页。
③ 熊慧：《范式之争：西方受众研究"民族志转向"的动因、路径与挑战》，载《国际新闻界》2013 年第 3 期。

第四节　中国对外华语电视及海外华语电视研究现状

海外华语观众的主体是散居于世界各地的华人、华侨和华裔，他们形成了总量庞大、收视分散的观众群体。根据教育部统计，自改革开放以来到 2014 年年底，我国各类出国留学人员总数为 351.84 万人。美国人口普查局的最新统计数据显示，美国华人人口已达 452 万，华人已成为美国亚裔中最大的族群。根据《海外华侨华人专业人士报告（2014）》蓝皮书公布的数据，海外华人总数在 5000 万以上。电视成为海外华人获知中国信息、维系民族认同的重要纽带，也是我们开展海外观众研究的基础。对于规模庞大的海外华人来说，他们一方面需要借助华语媒体维系基于母语、文化、价值观的身份认同；另一方面，华语媒体也能够帮助他们更好地了解母国的近况，构建与母国交流的精神桥梁。目前，海外华语电视按照其传播机构所处的地域大致可分为两类：一类是由中国电视媒体开办的，通过卫星、互联网等手段向海外传播，以海外华人为主要目标受众的华语电视媒体；另一类是位于海外，由海外华人或当地电视机构创办的，以当地华人受众为主要传播对象的华语电视媒体。

一、中国对外华语电视研究现状

随着全球化浪潮的兴起，国际竞争日益向多个领域渗透，在信息领域，各主权国家从各自战略角度出发，纷纷布局国际传播。中国作为全球第二大经济体，近年来开展了旨在向世界展示中国、发出中国的声音、参与国际传媒竞争的"大外宣"战略和"走出去"工程。打造专门面向海外华语观众、以汉语言为载体的电视频道乃至全媒体传播体系，已经成为这一战略工程的重要组成部分。以中央电视台中文国际频道为主，包括北京电视台、湖南电视台、江苏电视台等其他省级电视台中文国际频道在内的中国国际电视传媒，日渐成为海外华语观众联系中国的精神纽带和了解中国的重要窗口。

目前，国内针对海外华语电视的研究主要呈现出三个特点。

1. 从传播主体出发的宏观战略性研究

这类研究注重从战略角度对传播的必要性和实施策略进行分析和归纳。比如由胡正荣领衔的国家社会科学基金重大项目"国际传播发展新趋势与加快构建现代传播体系研究"，唐润华、刘滢的《重点突破：中国媒体国际传播的战略选择》等。这些研究聚焦于我国"文化贸易逆差""对外传播赤字"亟待改善的现状，表明学界对于改善国际传播策略、构建国际传播体系的思考，并从体制改善、机制重建、机构重组、技术支撑等方面进行了系统论证，侧重于体系性与策略性的建构。

2. 以中观问题为导向的靶向性研究

李黎丹所著《发展中国家电视媒体全球化路径研究》介绍了在传播全球化浪潮中印度、墨西哥、巴西等国家电视媒体的商业化与全球化之路，归纳了发展中国家电视媒体发展进程中的共性特征，并进一步提出了中国电视的国际化策略。李宇所著《从宣到传：电视对外传播研究》借用拉斯韦尔的"5W"模式，从机构、内容、渠道、受众、效果等层面对我国电视媒体对外传播的格局进行了系统描述。阎立峰的《对外华语电视节目的文本、受众和机构》探讨了对外华语电视在节目内容、目标和制播机构等方面应处理好的关系，提出我国的对外华语电视机构存在三个软肋：传播机构的专业化程度不够；对收视对象奢求内外兼顾，难以获得专业化的传播效果；传播机构兼具公共性和商业性，以致价值导向背离。

3. 以具体案例为代表的专项调研分析

刘瑞敏的《CCTV-4在美国南加州收视情况分析》通过抽样问卷调查的方式，调查了CCTV-4在美国南加州地区的落地情况及当地华人受众对CCTV-4的认知和评价。但由于问卷数量有限，问卷设计较为简单，研究未能从接受分析等角度阐释当地华人观众的收视动因。王琰的博士学位论文《意义的浮桥与彼岸的想象：CCTV〈中国新闻〉的跨文化解读》则借用斯图亚特·霍尔的"编码—解码"理论框架，从受众角度出发，通过内容分析与焦点小组访谈等方法，探究了华语电视跨文化传播意义输出的本相和受众解读过程中的意义生成。

综上，目前，关于中国对外华语电视的研究主要集中在"走出去"工程这一语境下，结合中国国际传播的具体实践以及在国际传播场域中的弱势，进行宏观或微观、质化或量化的研究，形成了以宏观战略研究为主，兼有靶向性研究及专项调研分析的研究格局。研究对象基本"以我为主"，研究视角也大都限定在自我观照层面，缺少横向比较的维度，对海外华语电视传播生态的系统分析显少。

二、海外华语电视研究现状

芝加哥学派的著名学者罗伯特·E. 帕克开创了移民媒体研究的先河，其在《移民报刊及其控制》中提出：大城市是一个由众多小的语言群落和文化领地组成的马赛克，每一个小的群落都可能会有某种协作组织和社会团体，可能是教会、学校、剧场，但最有可能的是报刊。① 在帕克写作这本书的时候，电视媒体还未诞生，广播尚处于无线电技术的"玩具阶段"，报刊作为移民媒体的雏形，受到了帕克的关注。帕克在书中对美国移民报刊的研究几乎面面俱到，并将移民报刊置于保存民族语言和文化的高度加以认知。进入电子媒介时代以来，以广播、电视乃至互联网为代表的媒体成为跨越疆界的"无形报刊"，亦成为移民群体与母国精神交往的纽带。目前国内开展的华语电视研究基本以立足中国的国际传播的实践性研究为主。这些研究背靠"大外宣"语境，目的在于呈现我国国际电视传播在内容生产、体制配套、基础建设等方面的现状，即上文所述"对外华语电视"研究。近年来，也有学者开始关注海外华语电视，并从传播现状、文化价值、内容分析、认同建构等角度开展研究，虽然这些研究的总体数量较少，个体体量偏小，但总归是在主流的"对外华语电视研究"之外，丰富并拓展了海外华语传媒的研究视域。

由北京大学关世杰领衔出版的"我国对外传播文化软实力研究丛书"是较为系统的研究中国文化"走出去"战略的学术成果。在该丛书中，李宇所著《海外华语电视研究》与《国际传播视野下美国华语电视内容模式研究》是较为系统的研究海外华语电视与美国华语电视的专著。其中，《海外华语电视研究》在大量文献研究基础上归纳了海外华语电视媒体的历史与现状、海外华语电视的个案研究以及海外华语受众与中国对外传播。② 《国际传播视野下美国华语电视内容模式研究》则填补了美国华语电视系统性研究的空白，重点研究了美国华语电视的内容模式及其成因，

---

① ［美］罗伯特·E. 帕克：《移民报刊及其控制》，陈静静、展江译，中国人民大学出版社2011年版，第7页。

② 李宇：《海外华语电视研究》，中国社会科学出版社2011年版，第4页。

在实践层面为中国对美电视传播、中国电视对外传播政策的制定与战略规划提供了有益的借鉴和思考。① 此外，彭伟步的《海外华文传媒的多维审视》则以论文集的形式，片段式地呈现了海外华文传媒的业界简况与传播现状，研究视野涵盖东南亚、欧洲、北美洲、大洋洲、非洲等地区，研究对象以当地华文报纸为主，涉及华语电视媒体的内容不多。肖航等人所著《软传播：华文媒体海外传播研究》则从华文媒体概念界定、华文报纸、华语广播电视、华文网络媒体等层面，从"全媒体"视角出发，对海外华文（华语）媒体的历史、特色、发展简况进行了梳理，针对不同媒体的特点进行了较有针对性的研究，并将华文媒体与华文教育之间的互动关系纳入研究范畴，认为华文媒体的传播产品已经成为华文教育课堂的教育方法之一，华文媒体可以通过华文学校积累丰富的受众资源，华文学校也可以通过华文媒体的频道、网页，为华文学习群体营造一个良好的拟态环境。②

不论是对外华语电视研究抑或海外华语电视研究，近年来的研究成果大都基于同一价值导向，即通过对华语电视传播现状、模式、策略的研究，为我国电视媒体更好地"走出去"提供一定的思路与经验借鉴，且基于传者视角的研究占大多数。但传播的效果从来都不是由传者单方面决定的，福特纳（Robert S. Fortner）认为，国际传播所扮演的角色取决于它的使用者：听众或观众。③ 而从受众的角度来看，刘燕南等学者则将国际传播受众的特征归纳为四个方面——跨国界、跨文化、多样不定、认知开放。④ 因此，海外华语电视研究除了不断扩大研究对象、丰富研究素材之外，还需要进一步加强对海外华人受众的研究，继而完善研究的方法体系。本书将在借鉴既有研究成果与方法体系的基础上，将新加坡华语电视视为国家认同、文化认同、身份认同的工具，并将其嵌入新加坡的多族群社会结构，以"接受分析"为框架，从媒介与受众、文本与解读等层面入手，以求通过个案研究丰富华语电视研究的个案图景及方法论体系。

---

① 李宇：《国际传播视野下美国华语电视内容模式研究》，中国社会科学出版社2012年版，第3-4页。

② 肖航、纪秀生、韩愈：《软传播：华文媒体海外传播研究》，中国传媒大学出版社2013年版，第193页。

③ ［美］罗伯特·福特纳：《国际传播：全球都市的历史、冲突与控制》，刘利群译，华夏出版社2002年版，第97页。

④ 刘燕南、史利等：《国际传播受众研究》，中国传媒大学出版社2011年版，第31页。

第三章　新加坡的多元文化政治与电视传播生态

多元文化是新加坡自 1819 年开埠以来，基于多元族群形成的社会事实。在新加坡，官方一贯强调这一观点，即该国文化群体的异质并非文化实践造就，而是源于固定的、生物因素决定的种族差异。多元文化主义则是新加坡针对这一事实而采取的一系列政治实践的体现，它通过该国的文化观念、历史观念、教育观念与社会治理观念表现出来。作为传递与形塑文化的工具，电视媒体也成为在该理念影响下具有特殊社会功能的国家公共信息传播体系与公共文化体系的一部分。新加坡电视传播生态的流变，既有电视媒体作为"自组织"的普遍规律，更多则是国家系统作为复杂"它组织"的综合作用的结果。本章从新加坡多元文化政治实践出发，探讨该国政治生态对传媒规制的影响，在此基础上回顾新加坡电视传播生态的历史变迁。

第一节　新加坡的多元文化政治实践

一、新加坡的多元文化成因

（一）族群结构：以近代移民为主体的杂居社会

新加坡是一个地理位置特殊，国土面积很小，文明起源较晚，建国时间不长的国家。1819 年，英国人莱佛士（Sir Thomas Stamford Bingley Raffles）登陆新加坡时，全岛人口大约只有 150 人，其中大部分为马来人，其余为华人。莱佛士看中了新加坡的港口贸易潜力，将它从柔佛王国那里租借下来。在新加坡成为英殖民地后的头20年内，马来人是当地最主要的族群，例如1824年，马来人为6431人，占人口总数的60.2%，而华人只有3317人，占人口总数的31.0%；到1830年，马来人所占比例降至45.9%，仍高于华人的39.4%；但是到了1863年时，马来人人口（12497）已经被华人（13749）超过。从此以后，华人成为新加坡人口构成的主体，所占人口比例一路攀升。① 进入20世纪，新加坡的港口贸易愈加发达，吸引了越来越多的人来此"淘金"，族群构成也更趋复杂多元。到1911年，新加坡人口已经超过25万，据说有48个民族，使用54种语言。② 新加坡独立建国后，华族、马来族、印度族一直占据人口的绝大多数。除这三大族群外，还有为数不少的欧洲人，以及缔结跨族婚姻而生的马华、亚欧、华印等混血人种。新加坡官方的人口统计数据显示，截至2016年，新加坡国民总人口约为390万人，其中华族占74%、马来族占14%、印度族占9%、其他族群占3%，族群结构比例一直较为稳定（如图3-1所示）。多元种族与多元文化在新加坡建国时便是既成事实，少数族群在人口中的总体占比虽然不高，但其社会能见度却很显著。定居于此的人带来了不同的文化观念、行为模式、宗教信仰和审美情趣。华族虽然占到新加坡人口的绝大部分，但在处理华族与其他族群之间的关系时，文化、宗教、语言历来都是敏感话题，若因华族群体庞大而过于强化这一族群的社会地位，则势必遭到其他族群的反对，对于这一点，建国总理李光耀认识得非常清楚。他认为，自己虽是华人，却不是华族的领袖，而是新加坡人的领袖。他说："作为一个多元种族、多语言国家的领袖，我的首要任务不是维护任何一个种族的语言与文化，而是确保国家与全体人民能生存与进步。无论我如何为古老中华文明感到自豪，在政治上，我绝不能被看成是一名华文沙文主义者，否则将给新加坡带来灾难。"③

---

① 张跃、张琨：《新加坡文化概论》，世界图书出版公司2014年版，第13页。
② 赵虹：《新加坡多元文化的成因》，载《云南师范大学学报（哲学社会科学版）》2000年第1期。
③ ［新加坡］李光耀：《我一生的挑战：新加坡双语之路》，联合早报2011年版，第47页。

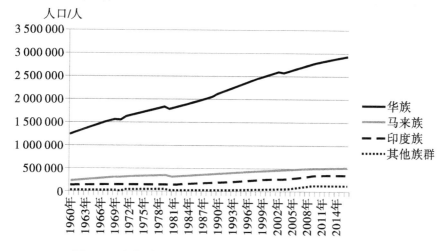

图 3-1 新加坡公民中各族群人口变化趋势 (1960—2016)

资料来源：新加坡统计局官方网站，http://www.tablebuilder.singstat.gov.sg/publicfacing/createDataTable.action?refId=315&exportType=csv。

（二）文化杂糅：从相克并存到多元共生

对新加坡的社会治理而言，英国殖民时期的多重影响造成了复杂后果，在文化层面尤为显著。转口贸易加强了基于种族的劳动分工，加之不同种族在语言、文化、宗教信仰等方面的差异，导致族群之间沟通很少。为了确保新加坡社会的安定，英国殖民当局实行了"分而治之"的人为隔离政策，"人民"的概念既不存在，也不可取。从职业分工看：欧洲人社会地位最高，占据行政和军队的重要职位；印度人地位次之，大多从事服务业工作；华人主要从事服务业、商业和金融业，政治上受到压制，经济上却相当有实力，但大多数也处于经济领域中的较低职位，以做苦力为生；马来人则处于最底层，主要从事农业和运输业。① 不仅族群之间在职业领域存在差异，居住地点也有明显界线。1853 年 5 月，俄国著名作家冈察洛夫随俄国战舰"巴拉达曼"号到访新加坡，留下了这样的文字，"华人住宅区较为富裕，有成排的两层楼房，底层开设店铺或作坊，上层住人，并且装有百叶窗"，"马来人的住房一律用竹竿搭成，覆以椰叶，是一

---

① 余建华：《在多元包容中繁荣发展——新加坡民族和睦的成功之举》，载《世界经济研究》2003 年第 10 期。

种四面通风的笼子……房下立有防潮和防虫的支柱","印度人住的是土房","而欧洲人则住在沿滨海大道的精致漂亮的寓所里,那儿还有西方风格豪华的旅馆,旅馆里设备齐全,在餐厅内还可以自由饮用葡萄酒和淡色啤酒"。① 在移民社会的多元风貌下,各族群画地为界,这种界限虽然在一定程度上减少了不同族群的表面冲突,却也成为不同族群之间的社会区隔。不过,英国殖民者一直将新加坡作为东南亚最大的转口贸易中心,外向型经济的发展促进了这里与世界各地的沟通往来,人们各居其所、相安无事、各得其利,成为一个较典型的"多元族群社会"。

日占期间,日本法西斯"以夷制夷",鼓动马来人与华人互相对抗,加深了马华两族间的矛盾。英国恢复对新加坡的殖民统治之后,伴随着全球范围内的民主独立运动浪潮,亚洲人与欧洲人之间的矛盾又高涨起来,迫使英国于1959年承认新加坡为自治邦。从1819年到1959年,新加坡拥有近150年的英国殖民主义"遗产",但在这个殖民地政权中,并不存在一个政治范畴的新加坡人,岛上的居民要么是英国人,要么是外国人。英国的政治"遗产"除了赋予民众以殖民主义屈辱感外,还赋予民众(尤其是那些受过英式教育的"精英选民")一种对西方民主和西方文化元素(如政治自由与科技理性)的理解。但是,这个小岛存在着一个相当特殊的地理事实:在文化因素、历史因素、地理因素的共同作用下,新加坡成为中国之外的一个华人占主导地位的"飞地",而马来人却又是这个小岛真正意义上的原住民。② 1964年,马来人与华人之间的种族矛盾激化,具有极端种族主义倾向的马来人煽动指责"李光耀在新加坡大搞华人沙文主义",引发马华两族之间的激烈冲突,导致近七百人受伤、数十人丧命,这也为新加坡被迫脱离马来西亚联邦埋下了重要伏笔。

新加坡被迫独立建国时,李光耀通过电视转播告诉新加坡民众:"在新加坡,我们将是一个多元种族国家,这个国家不是一个马来人的国家,不是一个华人的国家,也不是一个印度人的国家。"③ 过去那些文化上毫不兼容的因素,阻碍了新加坡成为一个独立国家的可能性,只有当它被迫

---

① 贺圣达:《东南亚文化发展史》,云南人民出版社2010年版,第355页。
② Beng-Huat Chua. *Communitarian Ideology and Democracy in Singapore*. London: Routledge, 1997, p. 101.
③ 王思林:《论新加坡多元文化主义及其启示意义》,载《边疆经济与文化》2010年第5期。

成为一个事实时,才有必要产生一个"国家"及其"人民"。① 以李光耀为首的人民行动党除了面对岛内复杂的种族结构外,还要协调复杂的宗教信仰——当时的新加坡民众除了有基督教、天主教、佛教、伊斯兰教、道教这五大宗教信仰外,还有耆那教、锡克教、犹太教、拜火教、天理教以及华族创造的"三教合一"和"五教合一"。② 在语言的使用上,除了华语、英语、马来语和泰米尔语之外,还有多种族群方言也在同时使用;在华族内部,因为方言差异,也产生了基于地缘血缘的紧密宗乡群体。文化社会学者米切尔·舒德生(Michael Schudson)认为,在社会整合的过程中,文化是一个矛盾的存在,它既是最明显的,又是最成问题的力量。③英国殖民者长期实行的族群分治政策以及近现代以来新加坡内部发生的种族摩擦与暴乱,导致不同种族之间一直处于各自孤立、垂直发展的局面,各种文化形态并行不悖、并立持存,水平交融与横向交换的程度很低。整体来看,由于华族人口占多数,新加坡的文化具有浓厚的中华文化色彩;同时,马来文化在这里根深蒂固,使马来族在新加坡的处境也备受北部强国马来西亚的关注;印度族虽然在三大族群中人口规模最小,但是印度文化尤其是宗教文化的存在也成为新加坡文化从"二元"到"多元"的重要补充。

  一个社会中存在着多样性的文化,这本身就具有内在价值。不同文化被看作是人类创造力和成就的独特形式的博物馆,而让文化消亡就要丧失某些具有内在价值的东西。④ 面积狭小的新加坡,汇集了人种、族群、文化、语言差异明显的多个种族,而新加坡作为独立主权国家,又需要建构一套能够通行于各族群的国家认同与国家话语,这就需要官方在不同文化之间进行有效甚至是强制的调节与沟通。尽管在英国长达 140 年的殖民统治中,西方文化不可避免地浸润到了新加坡的文化中,作为后殖民地国家,新加坡在独立后也选择在其政治系统中接入"民主"模式,但从事实

---

  ① Beng-Huat Chua. *Communitarian Ideology and Democracy in Singapore*. London:Routledge,1997,p.101.

  ② 陈祖洲:《从多元文化到综合文化——兼论儒家文化与新加坡经济现代化的关系》,载《南京大学学报(哲学·人文科学·社会科学)》2004 年第 6 期.

  ③ [美] 戴安娜·克兰:《文化社会学——浮现中的理论视野》,王小章、郑震译,南京大学出版社 2006 年版,第 18 页。

  ④ [加拿大] 威尔·金里卡:《少数的权利:民族主义、多元文化主义和公民》,邓红风译,上海译文出版社 2005 年版,第 39 页。

上看，新加坡的社会环境尚不具备西方民主所需的文化和体制条件。尤其在文化政策层面，若将西方的多元文化模式完全照搬过来，可能会带来更大的失败。如果非要试图打破这种文化格局，甚至用官方钦定的一种强势文化去同化、熔化甚至消灭其他文化，势必会导致国家内部不同文化群体的分裂与排斥。新加坡社会中的每一个群体都希望保持独特的文化，而不是像多元文化的同化或熔炉模式那样，将多种文化身份融合在一起。因此，新加坡独立建国后，在处理族群关系的问题时，人民行动党没有采取以美国为代表的"盎格鲁-撒克逊模式"或"熔炉模式"，而是积极维持新加坡各个族群的族群身份，向"马赛克模式"过渡。即在"不以华人族群认同为普遍认同"的前提下，在确认新加坡作为多元族群共生的独立主权国家的基础上，保持不同族群的种族与宗教认同，并忠于新加坡的国家与整体社会利益。[①] 这一多元文化观念的逐步确立，确保了新加坡逐步走上平稳建国道路。

二、作为一种政治实践的多元文化主义

1965年8月9日，李光耀通过电视宣布新马分家、新加坡被迫独立的消息时说："一些国家的独立是与生俱来的。一些国家的独立是争取得来的。新加坡则是硬生生地被推上独立道路的。"这段被歧视、被糟蹋的惨痛经历，以及马来西亚国内各族群对立的局面，坚定了新加坡政府维护多种族、多宗教和谐社会的政治决心。[②] 亨廷顿认为，语言与宗教是所有文明与文化的内核。种族是与生俱来的印记，不可被磨灭，文化身份亦是源生于种族的深刻认知，难于被驯化和改变，更不能用一种强势文化去压制。新加坡建国后面临的最大社会问题在于，其国内三大族群都有着各自的文化指认，而且，各族群所认同文化的地理中心均未指向新加坡这样一

[①] 在多元文化主义成为一种国家治理术之前，西方多族群国家在处理族群关系问题时，主要形成了三种模式："盎格鲁-撒克逊模式"主张少数族群逐步放弃自己的文化，接受并融入主流文化；"熔炉模式"强调政府在不采取强权干预的前提下，促进不同的文化融合成一种新的文化，但政府确立的主导文化在其中扮演关键作用；"马赛克模式"即"多元文化模式"，既承认文化差异，又承认文化平等，倡导不同的文化形态和平共处，共同发展。

[②] ［新加坡］吴元华：《新加坡良治之道》，中国社会科学出版社2014年版，第113页。

个弹丸小岛。必须承认，文化比经济更容易成为社会矛盾的根源，因为它无法通过经济谈判实现和解，处理不当甚至会引发骚乱。在正视文化差异，承认各族群地位平等、彼此尊重的前提下，如何结合他们的不同诉求，形成既有"统一性"（国家认同）又有"差异性"（族群认同）的国家治理模式，成为人民行动党治国破局的关键。虽然新加坡的内核文化更多受到东方文化尤其是中国文化的影响，但在制度方面却沿袭西方体系，直至今天，新加坡社会依然坚持市场经济、民选议会、司法独立等西方基本政治经济体制，并结合新加坡社会实际对其不断进行改良。基于多方面考虑，新加坡政府在建国之初就秉持多元文化政策并将其写入宪法，其多元主义的基本内容可以概括为4M原则、CMIO模式与"新加坡人"概念。4M原则是指多元种族（multiracialism）、多元语言（multilanguage）、多元文化（multiculture）和多元宗教（multireligion）；CMIO模式是指新加坡社会是华人、马来人、印度人和其他族群的总和；"新加坡人"概念即各族群在保持各自特点的基础上求同存异，组成一个复合民族"新加坡人"，共同建设"新加坡人的新加坡"。[①] 总体上看，实用主义的意识形态，精英主义的治国方略，城市岛国生存的危机话语，多元族群社会难以抹平的文化裂隙……这些都成为新加坡反向构建国家认同的政治辞令和话语标记。新闻媒体不断向社会宣传精英社会的活力，帮助政府教育人民，告诉民众政府的措施将惠及所有人，即使是那些低贡献者与少数族群。[②] 为了实现高效率的社会整合，人民行动党采取的文化政策措施也存在阶段性差异，并非一以贯之、一蹴而就，这表明人民行动党的多元文化政治实践经历了一个逐步反思与深化的过程，大致可分为三个阶段。

第一阶段（1959—1980年）：建立以英语为通用语的新加坡国民语言认同

新加坡的经济结构高度单一，1959年成为自治邦之后，也只能继续倚靠英国殖民统治时期留下的港口从事转口贸易，继续发展外向型经济。不与国际接轨，这个国家就没有出路。这一发展思路直接影响到人民行动党采取的文化政策，人民行动党1959年在执政之前发表的教育政策宣言《我国青春的源泉》指出：该党对于教育问题的看法，不能够单单以学术

---

① 张跃、张琨：《新加坡文化概论》，世界图书出版公司2014年版，第8-9页。
② George Yeo. *ON AIR*: *Untold Stories from Caldecott Hill*. Singapore: Marshall Cavendish Editions, 2019, p. 247.

性的或者教育专家的传统意见作为出发点,而是必须依照政治上和社会上的需要去考虑国家的教育问题。① 李光耀更是直接坦陈:教育问题就是政治问题,教育方案也是一种政治方案。人民行动党认为,新加坡小而开放,任何一个族群的语言都无法取得垄断性的地位,不得不从教育体制的改革入手,将语言教学作为国民教育环节中的重要任务,推行双语乃至三语的语言教育模式,才能培养民众以新加坡为中心的意识。这一语言政策的推行,既是执政党与民族国家实现高效治理的需求,也是统一国内市场并与国际市场接轨的要求。1959年4月12日,人民行动党在竞选的群众大会上发表了其教育政策,其中的五个重点是:平等对待四种语文源流(英语、华语、马来语、泰米尔语),四种语文都是官方语文;推广双语教育;四语文源流学校合流,以英文作为主导的共通语;教育必须为政治、经济和社会服务;着重数学、科学和技术课程的学习。② 这份报告成为新加坡较长时间内的教育路线图。

教育政策改革的初衷在于结束英国殖民统治时期各族群自行开设学校,以及从各族群的母国引入教材与教育模式的做法,确立了英语在国民教育中的主导地位。同时,将新加坡的学校纳入政府统一管理,希望不同族群的家长能够将学生送往政府公办的学校。而那些排斥政府控制的学校,将无法继续获得政府的教育资金投入。政府兴办和支持的学校采用统一规定的教学大纲与教材,在文化观念的传递上注重新加坡新"命运共同体"的价值观与民族感情——狮城、国庆、国旗、国歌、国家标志、国民宣誓等内容成为新的元素。其目的在于通过国民教育系统实现不同族群之间的文化整合与国家意识的灌输,使不同族群的学生确立新加坡作为独立主权国家的基本认同,进而为"共同体观念"的形成奠定基础。

英语主导地位的背后,是治国集团经济理性的主导地位。毕竟,人人都希望得到较好的工作机会,尽管英语不会在感情上被新加坡人接受为"母语",但它为所有进入教育起点的人们提供了平等的竞争机会。站在不同族群角度看,将英语作为通用语的教育政策削弱了原先各族群分立教育模式所形成的文化区隔。在多元文化主义政治实践的探索中,如果要使所

---

① [新加坡] 吴元华:《新加坡良治之道》,中国社会科学出版社2014年版,第196页。

② [新加坡] 李光耀:《我一生的挑战:新加坡双语之路》,译林出版社2011年版,第37页。

有的公民在现代市场经济中拥有平等的工作机会,以通用语为标准的公共教育就非常必要。① 此外,对于新加坡而言,将英语作为第一语言也并非完全出自便利,还有很多现实层面的考虑:首先,在以李光耀为首的人民行动党内,有相当一部分政治精英接受过系统的西方教育,认为英语是一门"世界语",加之受到英国殖民统治的影响,新加坡人对英语也并不陌生;其次,英语不是三大族群中任何族群的母语,以"中立语"作为通用语,能够显著降低华语作为使用人数最多的语言的政治敏感性,有助于避免"华文沙文主义",另辟蹊径打通新加坡各族群之间的语言隔阂;再次,提供公平竞争平台,以英语水平作为重要考量,依照学生的语言资质确定其升学路径,依照劳动者的语言掌握能力考量其就业前途;最后,采用英语更符合国家利益,新加坡独立建国后所采取的"跳出亚洲"的外向型经济战略,需要大量能够与西方发达国家沟通的人才,这也决定了英语在国家发展战略中的关键地位。到了1975年,新加坡几乎所有学校(除了少数几所政府划定的华校)都以英语为教学语言,英语也逐渐成为新加坡实际上的通用语言,而不再是人们眼中英国遗留的"殖民语言",就在这一年,世界银行将新加坡确定为中等发达国家,而不再是发展中国家。

第二阶段(1980—1990年):复兴文化传统,与西方文化制衡

在第一阶段的发展过程中,人民行动党在政策表述上强调平等对待四种不同的语言,但在实际执行过程中却突出英语的地位。有人用本质主义的方式提出,英语是叠加在各族群母语之上的西方语言,赋予其强势地位在情感上是有问题的,因为它缺乏文化上的合法性。此外,以英语为语言中介的学习和认知模式,也导致西方价值观念的迅速渗透,许多华校生家长为了不被英文主流边缘化,纷纷把子女送往英校。但另一方面,也对下一代的"不纯""不够中国化"感到羞耻及不正当。② 这样一来的结果是,基于各族群文化的传统价值观念受到冲击,尤其是以华语为语言载体的儒家根基受到抑制。新加坡在与全球经济迅速接轨的同时,西方自由主义思想快速渗入,逐渐掏空了新加坡原先的价值观念,具体表现为:种族和宗教偏狭观念的兴起、年轻人的西化倾向、少数种族的政治分离感、有才能

---

① 常士䦣主编:《异中求和:当代西方多元文化主义政治思想研究》,人民出版社2009年版,第190页。

② [新加坡]吴成英:《汉语国际传播:新加坡视角》,商务印书馆2010年版,第23页。

的年轻人向外移民的倾向。① 在各阶层人群中，受影响最大的恰恰是那些从小接受英文教育以及受过西式高等教育的精英人群。这些人学识优良，精通外语，具备较强的专业技能和社会适应能力，但是，受到西方价值思潮的影响也最为深刻。他们已不像先辈那样遵守家庭伦理孝道，集体主义价值观念淡漠，取而代之的是西方式的强调自由主义与个人主义的，高度以自我为中心的价值观。在不到一代人的时间里，新加坡年轻一代的价值观念发生如此大的变化，令新加坡政府始料未及。新加坡人已经明显地从社群主义转向个人主义，进而转向西方价值观，这可能意味着经济竞争力下降的风险。

新加坡领导人认识到，新加坡作为一个以英语为主的开放性社会，很容易受到西方文化的影响，这可能会破坏其作为亚洲国家的文化传统，并影响其文化身份与生存。而作为一个开放的现代移民国家，用英语能够加强与外界的接触和交往，因此想要完全排除西方文化的影响是很困难的，但是可以通过大力提倡东方的传统价值观念，加强道德教育，来抵制这些影响。② 为了弥补中西方价值观的二元对立，时任教育部部长吴庆瑞于1982年宣布在中学阶段实行宗教教育，每个学生必须选择一门宗教。尽管儒家思想并非严格意义上的宗教，但在佛教、基督教、印度教、伊斯兰教等多门宗教课程中，儒家伦理课程的接受情况最好，选课人数也最多。时任新加坡总理吴作栋认为，一个国家的竞争力取决于人民更倾向于集体主义还是个人主义，在工业化初期提倡个人奋斗是可取的，但在已经实现较高发展水平的境况下继续维持个人主义则会触发社会道德危机。在东亚的资本主义国家，社群主义占有相当的主导地位，这使得东亚的新兴资本主义国家能够在经济上快速赶上西方。新加坡与韩国、日本一样，社会生产绩效水平很高，这与东亚人的文化基础即儒家伦理不可分割。新加坡人民之所以愿意给予领导集团比西方民主国家更大的政治宽容与回旋余地，其根源亦是统治集团与民众之间的儒家关系模式。人民行动党意识到，集中推行儒家文化恰是对儒家文化缺失的补救，过去的教育政策压制了不同族群的原生文化，导致新一代新加坡青少年的价值观与过去脱节，只有重

---

① 陈祖洲：《从多元文化到综合文化——兼论儒家文化与新加坡经济现代化的关系》，载《南京大学学报（哲学·人文科学·社会科学）》2004年第6期。
② 中国赴新加坡精神文明考察团：《新加坡的精神文明》，红旗出版社1993年版，第76－77页。

新捡回这些东西,才能在与西方文化价值观的竞合中保持平衡,进而维系新加坡作为东南亚国家应当具有的"亚洲价值观"。所谓"亚洲价值观",在李光耀看来就是以儒家文化为根基的亚洲(主要是东亚文化圈)国家共有的价值观念,如倡导家庭作为社会细胞的功能,强调人伦孝道以及君子治国的政治理想等。在一些西方学者看来,儒家思想的本质也许是一种为道德统治集团的官僚统治进行辩护的哲学话语,领导集团的仁政由臣民的忠诚与服从来维系。从积极层面看,儒家文化确保了社会关系的和谐与服从,这种和谐与服从进一步强化了社会纪律、社会团结与社区责任。但也有一些文化是被新加坡政府摒弃的,比如封建文化所暗含的裙带风、世袭制、重男轻女等观念。

第三阶段(1990—2000 年):以共同价值观推进多元文化

新加坡推行宗教教育的目的并不在于培养公民的宗教信仰,而是通过宗教文化的注入,提升国民对国家的忠诚以及对传统家长制结构的遵从。但随着新加坡外向型经济模式的不断深化,其与外国资本的结盟越来越深,宗教中崇尚节俭、蔑视金钱的一面,与国家发展亟须唤起的创造财富、重视规则之间形成了反差,致使宗教文化价值观与新加坡"实用主义"发展理念之间的摩擦日趋明显。这体现在以下几个方面:首先,从 20 世纪 80 年代开始,民主政治的理念逐渐被更多人熟知,民众要求主动参与国家事务的呼声越来越高,精英阶层的政治话语力量不断增强,而这与儒家伦理中强调的集权化领导和绝对化忠诚相抵牾。其次,在 80 年代推行宗教教育的过程中,由于政府并不隐晦其政策出台的背景,导致宗教教育过程不自觉地带有二元价值判断,即西方的文化是不好的,而儒家的文化、亚洲的价值观是好的,这种做法引起了在新加坡投资、工作、生活的西方人士的反对,同时也引起了国内其他族群,尤其是马来族的不满。另外,政府本想借助宗教课程与教育形成与西方价值观的制衡,却点燃了新加坡一部分国民的宗教狂热,尤其是信奉伊斯兰教的马来族,大有在宗教教育浪潮中复兴马来民族主义的势头,而这恰恰是人民行动党不希望看到的。

为了更好地探索新加坡的共同国民意识与共同价值观,从 1988 年开始,新加坡政府决定每年开展一次"国民意识周"活动,以激发国民的爱国热情,凝聚爱国意识。① 到了 1989 年 10 月,新加坡议会宣布逐渐取消宗教课程,自愿选择的宗教教育课程也逐渐被停止。1991 年,经过新加坡各界民众反复讨论并经国会通过,政府公布了《共同价值观白皮书》,"国家至上,社会优先;家庭为根,社会为本;扶持关怀,同舟共济;求同存异,协商共识;种族和谐,宗教宽容"继承了儒家的核心价值观念,成为新加坡各种族与宗教群体共有、共享的价值观基础。

共同价值观的推行类似于安东尼奥·葛兰西(Antonio Gramsci)的"霸权"思想,即构建一种文化或价值观的"中心",将这种价值观灌输于从属群体,通过其共同遵守来促进社会统治与社会团结。这种"霸权"并不包含必然的"正面"或"负面"导向,但作为一种社会控制手段,那些居于统摄地位的权力结构通常都倾向于通过这种文化领导权形塑其期望的价值观念。尽管这一共同价值观是政府运用国家权威颁行,而非新加坡各族文化相互碰撞融合的结果,但并不妨碍新加坡政府运用多种公共政策与渠道强化其潜在影响力。共同价值观的推行过程中,既包含执政党借助公共政治话语对民众的驯化,也包含其对多元文化特征的强调与包容,这使新加坡民众能够意识到:跟我们生活在同一国家中的很多人,即使与我们并非来自同一文化母体,但我们都是同一个至高无上的国家共同体的成员。这种共同价值观常常被构想为一种深厚的、能够跨越各种阻隔的同志关系,并帮助我们理解为什么有成千上万的人愿意为这个想象的对象慷慨赴死。②

多元文化主义是一种"承认的政治",即在承认差异的前提下努力实现平等。它产生于西方,但在不同国家的实践中有很大差异。学者常士间认为,在亚洲国家中,新加坡采用了多元文化主义的政策提法,但由于其地处东南亚地区,"国家为上、社会优先"的共同价值依然是政府倡导的主流价值观。③ 可见,新加坡政府所建构的多元文化主义政策与西方国家存在相当大的差异,这种多元文化体现为一种"先破后立"的政策实践:首先以破坏源于殖民统治的多元族群界限与文化认同为代价来塑造超越族

---

① 孙景峰:《新加坡人民行动党执政形态研究》,人民出版社 2005 年版,第 117 页。

② [美]戴安娜·克兰:《文化社会学——浮现中的理论视野》,王小章、郑震译,南京大学出版社 2006 年版,第 21 页。

③ 常士间:《多元文化主义是普世的吗?》,载《政治思想史》2010 年第 1 期。

群的新加坡认同;其次在新加坡国家意识形态这面旗帜的招徕下建构多元的新加坡民族文化。[①] 从第一阶段到第三阶段的多元文化政治探索,投射出新加坡政府在推行文化价值观念过程中的前后较量与自我反思:过度强化英语教育会引起西方价值观的泛滥,导致新加坡作为东南亚国家的社会根基的瓦解;推行宗教教育又会导致国家意识形态与经济发展目标之间的错位,并有可能削弱民众奋斗前行的动力,甚至成为宗教极端主义滋生的温床。因此,单方面赋予单一文化以强势地位都可能收到政策本身带来的负面效果。不过,人民行动党优先发展经济的路径,为一系列强制性文化干预措施带来了公共的"信任盈余",而精英治国理念所造就的受教育程度越来越高的公民,也对人民行动党的政策逻辑逐渐产生更透彻的理解。对"共同价值观"的提炼看上去略显虚无,也还难以成功论之,却成为新加坡对不同文化形态的包容性政治话语,它指向建设一个更加稳定与和谐的文化结构。它显示了新加坡政府在一个并不存在民主文化体制的条件下,在文化民主与非民主之间的摸索,即从对英式文化的尊奉,到对儒家文化的倡导,逐步过渡到以国家生存发展为一尊、多种文化形态并存的多元文化模式。

第二节 多元文化主义与新加坡大众传媒规制

在一个多元文化社会中,大众传媒的角色非常重要,它一方面要传达共通的价值观念,承担教化公民的职能;另一方面也在帮助国家建构文化记忆符号,为国民源源不断地提供"想象的共同体"的素材。从新加坡的社会现实来看,大众传媒的实践环境较为特殊,它纠缠于多元文化主义理念与威权政治结构之间,在"自治"与"控制"之间不断调整自身定位。但正如沃特森所言,当多元文化主义"作为一个术语来识别和分析多元社会的特征时,它最多是一个具有启示意义的概念,用以检验在不同国家那些适当地公开了个人和群体从政府和社会寻求资源的对比性利益的情况的

---

① 张跃、张琨:《新加坡文化概论》,世界图书出版公司 2014 年版,第 10 页。

真实性"。① 从这个意义上来说，我们需要从多元文化主义的西方经验中适度抽离，将新加坡的电视传播生态置于该国特殊的地缘政治环境中，从其特殊的传媒体制环境入手，将新加坡公共电视媒体视作一种嵌套于威权政治生态下的有限的多元文化主义传播实践。

一、以"发展新闻"传播制度统驭传播理念

传媒作为上层建筑的组成部分，是主权国家建构意识形态的重要渠道。它犹如乔姆斯基（Avram Noam Chomsky）所说的"必要的幻象"，并借此发展出全社会的"忠诚话语"。在多数民族国家中，传播系统都是处于国家的严格控制或管理之下的。不言而喻，法定建立的传播体系会明确认同民族的、一体化的、共享的目标。② 独立建国后的新加坡缺少基于历史书写的"想象的共同体"，如何为新加坡的经济起飞赢得安定的内部环境，大众传媒成为执政的人民行动党实现其社会管理目标的重要手段。但是对于一个刚刚建国的新兴发展中国家来说，国家独立、经济增长、政局稳定目标往往压倒一切，新加坡在建国与发展过程中采取的实用主义政策使其在一定程度上与西方的民主权利模式保持一定的距离，听上去美好的"权力媒体"对于这样的国家而言并没有太多的吸引力。③ 李光耀认为，差不多在所有的新兴国家，广播电台和电视台都由国家控制。当权力由殖民地政府移交给第一个民选政府之后，电台和电视还是留在国家手中。④

20 世纪 40 年代，施拉姆等人对传媒实践体制及思潮进行了较为系统的总结，其提出的极权主义理论、自由主义理论、社会责任理论等虽然在一定程度上概括了曾在历史上出现的几种主要的新闻实践体制，但新兴国家尤其是发展中国家大众媒体与社会结构之间的关系，则未能纳入其中，新加坡传媒特殊的制度与实践环境也使其难以硬性归入这些类别。新加坡

---

① ［英］C. W. 沃特森：《多元文化主义》，叶兴艺译，吉林人民出版社，2005 年版，第 11 页。

② ［美］戴安娜·克兰：《文化社会学——浮现中的理论视野》，王小章、郑震译，南京大学出版社 2006 年版，第 30 页。

③ Tan Teng Lang. *The Singapore Press*: Freedom, Responsibility and Credibility. Singapore: Times Academic Press, 1990, pp. 1 - 2.

④ 新加坡联合早报编：《李光耀 40 年政论选》，新加坡联邦出版社 1993 年版，第 533 页。

政府明确表示，西方的新闻自由体制不适用于新加坡的现实国情。在新加坡，鉴于新闻界在国家议程中的核心作用，政府对新闻界实行严格控制也不足为奇，其逻辑是这样的："人民行动党的领导人（1）认为大众传媒是影响群众的有力工具，（2）认为人民是有可能被说服的，很难抵抗大众媒体的影响；因此（3）如果大众媒体落入坏人之手，它可能被滥用，破坏社会和谐、政治稳定和社会，但（4）如果其掌握在正确的人手中并得到适当的引导，则可以在国家建设中发挥建设性的作用；因此（5）必须控制大众媒体。"[1]

政治体系对新闻活动的干预程度，与其所在国家的政治范式有着错综复杂的联系。发展传播学是20世纪60年代后，以亚非拉国家的民族独立为时代背景而形成的传播学学术思潮，新加坡的大众传媒所应扮演的社会角色，进一步锚定了人民行动党推行的"发展新闻"传播制度。该制度与勒纳（Abba Ptachya Lerner）、施拉姆等学者提出的发展传播学在理念上一脉相承，均强调大众传媒在促进国家发展与现代化进程中的作用。"发展新闻"传播制度是将发展传播学的核心观点转化为与各国实际情形相适应的固定的新闻实践体制。发展传播学与"发展新闻"传播制度都强调大众传播媒介必须以服务国家发展为首要任务，两者之间有着较为明显的"源""流"关系。尽管新加坡的新闻自由在国际社会时遭诟病，但"发展新闻"制度所产生的传播向心力，使新闻界对国家的实践想象与政府行动保持一致。基于社会责任前提的媒体自由，是新加坡针对"言论自由是绝对价值观"的西方媒体观念所确立的一种补偏救缺的模式。[2] 其内涵可以概括为两个方面：首先，媒体自由要基于事实；其次，媒体自由要建立在对社会负责的基础上。

人民行动党断然拒绝一种传统的理解，即民主社会依赖"自由"媒体，媒体尽可能多地传播信息，民众依赖自身智慧进行接受与判断。但毋庸置疑的是，控制了宣传工具也就意味着人民行动党将有更多机会向民众

---

[1] Bokhorst-Heng W. "Newspapers in Singapore: A Mass Ceremony in the Imagining of the Nation". *Media Culture & Society*, 2002, 24（4）, pp. 559–569.

[2] 吕元礼：《亚洲价值观：新加坡政治的诠释》，江西人民出版社2002年版，第587页。

尤其是选民解释其政策与功绩。① 1971年6月9日，李光耀在赫尔辛基国际报业学会大会上谈及新闻自由时表示，新加坡重视媒体对国家、对社会和对政权的影响力，坦陈新加坡媒体享有新闻自由，"但媒体的自由都必须服从新加坡国家的至高需要和民选政府施政的首要目标。我不接受西方人的做法，允许富有的报业大亨决定选民每天应该阅读些什么东西"②。人民行动党认为，西方媒体也并非真正的自由，而是受到各种利益集团的潜在影响与压力。作为一个多种族和多宗教的新建国家，新加坡社会所奉行的"亚洲价值观"和西方价值观是有本质差异的，加上新加坡独特的国情背景及其社会环境的脆弱性，这些因素综合决定了政府对媒体实施管制是极为必要的。③ 在西方自由主义的概念空间内，媒体在较少受控的同时传达的新闻内容也是消极的，"集体利益"与"集体责任"很难在这样的环境中被酝酿与传播，个人利益需求的放大可以转化为对政府的要求，导致福利主义无限制扩张，甚至给国家带来财政危机。因此，新加坡需要媒体传播环境极力避免这些倾向，为人民行动党拓展一个能够插入有别于西方的特殊意识形态与价值观念的空间，以维系新加坡民选政府的权威，为国家发展目标的可实现性创造稳定的信息环境。

"发展新闻"具有较为广泛的含义，它既是对一些新兴国家政权就大众传媒所应扮演的社会角色之思潮的概括，也是对这些国家传媒实践特点的总结。丹尼斯·麦奎尔认为，"发展新闻"传播制度有四个主要特点：第一，大众传播活动要以推动国家发展为首要任务，必须与政府政策保持一致；第二，媒体应遵循经济优先的原则并满足社会需求，在享受自由的同时更要负有责任；第三，媒体应优先传播本国文化并优先使用本民族语言；第四，国家有权对媒体进行审查和管制，以保障国家发展和社会稳定。④ 具体到不同的国家，发展新闻制度实践又会有各自的特点，新加坡"发展新闻"制度的核心观念可概括为七个方面：第一，新闻工作者必须

---

① ［新加坡］冯清莲：《新加坡人民行动党——它的历史、组织和领导》，上海人民出版社1975年版，第150页。

② ［新加坡］吴元华：《新加坡良治之道》，中国社会科学出版社2014年版，第242页。

③ 赵靳秋、郝晓鸣：《新加坡大众传媒研究：媒介融合背景下传媒监管的制度创新》，中国传媒大学出版社2012年版，第47页。

④ 赵靳秋、郝晓鸣：《新加坡大众传媒研究：媒介融合背景下传媒监管的制度创新》，中国传媒大学出版社2012年版，第46页。

具备高度的专业水平和社会责任感;第二,在跟政府的关系方面,媒体应抱着寻求共识而非制造对抗的方式;第三,在国家利益和移风易俗的社会运动(如讲华语运动、反对抛垃圾运动等)中,媒体必须支持政府;第四,人民可以对政府提出尖锐批评,媒体也必须尊重政府回答的权利;第五,报道与评论必须分开;第六,记者可以发表对任何政策的看法,但不能鼓动人民跟政府对抗;第七,若要鼓吹某种政治主张,应加入一个政党。① 此外,为了实现政府与媒体之间的常效互动,政府高层还经常与传媒界展开对话:总理会定期召开午餐会,将新加坡政府近期计划出台的政策告知本地媒体,双方也可就新闻报道中的相关议题坦诚交换意见;政府各部部长也会经常与媒体高层进行沟通,将其分管领域的最新动态传达给本地媒体。在"发展新闻"的观念引导下,媒体协助政府对社会信息流动进行引导,通过传媒的长期涵化与受众接受,帮助政府建立有利于国家发展的纪律程序并强化制度网络。民众也认识到,媒体的内容生产倾向不仅是合理的,而且是反映新加坡政府廉洁高效、增强公众信心的有保障的信息。

以电视媒体为例,虽然新加坡当局很少对电视节目进行直接审查(节目在播出之前是否需要裁切掉不合适的内容,由主管播出机构的政府职能部门负责),但是其中却有一条并不清晰的"安全界线",这条界线确保传媒机构能够按照安全标准从事内容生产。对于引进的电视节目,本地广播电视播出机构会在播前对其可能"越线"的内容进行裁剪,而对于本地制作的电视节目,也会审查其节目脚本。但是不得不说,这条界线并不清晰,更缺少明确界定,是暧昧而模糊的存在,这也许就是政府施加控制的意欲所在。其结果便是记者和编辑严格强加自我审查制度,以试图避开这条无形的界线。1997 年,当时的新加坡广播公司曾推出新闻话题类节目《观点》,这个节目以现实问题切入,邀请国会中的反对派议员参加,节目参加人员及节目内容在播出之前没有经过政府的直接审查,且顺利播出了。这一情况看似广播电视机构拥有了一些独立权,节目播出后也没有任何人因为这件事而付出代价。但其中的关键因素在于,该节目并未触及重

---

① 毕世鸿等:《新加坡》,社会科学文献出版社 2016 年版,第 365 页。

要的政治议题，编排在深夜时段播出也并未吸引大量观众。① 从中可以窥见，新加坡电视媒体的节目管理及创作人员已经深谙政府对传媒的管制边界，既主动又熟练地采取了协调性措施，尽量避免触及"红线"。即便是自觉触及了界线边缘，也不会推之过急、推之过远。

在新加坡，经济问题往往比政治制度建设等其他问题更具有优先权，因为只有物质进步才能真正带来集体利益，进而实现个人财富增长。李显龙认为，新加坡独立建国以来所取得的发展成绩，很难把它与国民的一致性力量分开。这种一致性力量得以产生的重要环节，就是国家借助各种公民教育的渠道，通过不同的语言、文字与传播手段，发展并形成了面向各族群的较为平衡的文化资源分配格局，使所有族群能够借助为其开辟的传播渠道参与"民族国家的构建"，即通过大众传媒的长期教化，印证并发展出一种价值观，建构一种乔姆斯基所说的基于国家认同与族群认同的"必要的幻象"。而多元文化主义与威权政治的套叠作用也使新加坡的大众传媒承担着与国家发展相适应的特殊功能，即成为一种与外来价值观相互制衡的独特的社会力量。

二、健全法令体系，整肃传播纲纪

人民行动党历来对传媒的角色功能保持谨慎，新加坡建国之前，当地大众传媒机构以私有为主，不同的报章都有不同的价值观和世界观——英文报采用的是殖民地政府的立场；华文报则提倡华语、华文教育和华文沙文主义，并向中国看齐；马来报鼓动争取马来人的权利甚至特权，宣扬马来民族主义，以及马来西亚与印尼的马来伊斯兰教的民族认同；泰米尔文报则保持当地泰米尔人与他们的祖先——泰米尔纳杜之间的联系。② 20 世纪中叶，发生在新加坡的"玛利亚事件"（1950 年）与"先知穆罕默德生日游行事件"（1964 年），就曾因传媒报道中的种族主义煽动而引起大规模的种族骚乱和流血冲突。因此，人民行动党认为，对于新加坡的媒体而

---

① Mark A. Hukill. *The Politics of Television Programming in Singapore*, David French and Michal Richards. *Television in contemporary Asia*. London：SAGE Publications, 2000, p. 185.

② 新加坡联合早报编：《李光耀 40 年政论选》，联邦出版社 1993 年版，第 554 页。

言，明确的制度约束和高度的行业自律比片面追求发行量更为重要。① 建国后，为了实现"务实建国"的经济发展目标，新加坡政府将传媒纳入严格管控的范畴。在借鉴英国殖民地时期传媒监管法令的基础上，分别出台了《报章与印刷法令》《诽谤法令》《煽动法令》等一系列法令规章，并进行多次修订，对媒体的传播行为加以监管。20世纪六七十年代，新加坡政府就曾依据与传媒相关的各项法令对新闻界进行严厉整顿，消除了传媒与政府对抗的可能性。在广播电视领域，新加坡于1985年通过《广播机构法》和《广播电视法》，1994年以《广播法令》取而代之，1996年再次修订发布《广播法》，并在同年颁布《互联网操作规则》。李光耀认为，言论自由和新闻媒介的自由必须次于新加坡国家的完整和民选政府的首要目标，政府要采取坚决的措施来确保新加坡人民有一致的目标——向更高的生活水准迈进。没有更好的生活水准，大众传媒是无从蓬勃起来的。②

在新加坡政府出台的这些法令中，《报章与印刷法令》（1974年）的涉及面最广，影响也最为深远。该法令规定：所有的印刷出版物经营者，无论是报纸、印刷机构还是出版机构，都要每年更新许可证和营业执照。③此外，还规定任何人在报业公司中的占股都不得超过3％，所有的报纸都要发行"普通股"和"管理股"两种股票，管理股只能向政府规定的人进行发售，事实上，管理股的持有者基本以新加坡本地的四大商业银行为主。商业银行因为商业利益的导向，会在政治上保持相对中立，且对政治气候与金融气候之间的关系更为敏感，因此不会全然偏私政界或报界。持有管理股的人具有更大的管理权限，在报业公司的管理事务中，尤其是重大的人事任免与管理事项，持有管理股的人可以投票200次。尽管新加坡政府并不会直接出手对报业的内容进行审查，但却通过许可证制度以及管理股制度影响着报纸的准入和经营走向。

进入电子媒介时代以来，整个人类社会正在经历一种令人瞩目的同质化进程。沃特森认为，这种进程的发生是基于通信技术的发展以及传播手段的提升，其方向是使人们更为便利地分享共同的文化。在李光耀看来，

---

① Tan Teng Lang. *The Singapore Press: Freedom, Responsibility and Credibility*. Singapore: Times Academic Press, 1990, p. 4.
② 新加坡联合早报编：《李光耀40年政论选》，联邦出版社1993年版，第537页。
③ ［新加坡］郭振宇：《新加坡报业对稳定族群关系的作用》，见赵振祥主编《东南亚华文传媒研究》，世界知识出版社2007年版，第252页。

由于"电视打破了我们置身的地方与我们所能经历和所能看到事物之间的长远联系",导致观众没有"地方观念",观看电视往往变成"断章取义"。① 在报业监管的基础上,新加坡广播电视业面临的管制也非常严格,《广播法令》(1994 年)是新加坡对其本地广播电视媒体进行管理的主要法规。该法规针对的不仅仅是广播电视媒体,还有节目制作机构以及付费电视、有线电视和卫星电视的运营公司。新加坡规定,一般家庭不得私自安装碟形卫星天线,接收境外电视信号需要向行业主管机构申请许可证,目前也只有驻外使领馆、外资金融机构和一部分教育机构被允许在审批后接收境外电视频道。这既维护了新加坡的意识形态,也保护了国内电视业的垄断地位。李光耀曾表示:我们不能被媒体和互联网牵着鼻子走,不论其好坏,以致丧失社会的基本价值观。如果每个人都能轻易地通过卫星接收器观看色情的东西,那么各国政府都必须采取些防范措施,否则我们会眼看年轻一代,乃至人类文明,堕落沉沦。不维持一个适当的平衡,社会就没有前途。②

除了上述两项专门针对大众传播媒体的法令之外,《诽谤法令》《煽动法令》《内部安全法令》等相关法规在过去也都针对媒体启用过。虽然新加坡本地的反对党以及西方国家都对新加坡政府严厉的媒体管控给予批评,但从现实情况看,不但新加坡民众逐渐认识和接受了本地媒体政治化的国家功能,甚至很多国外媒体的驻新机构也在学习或者不得不学习新加坡的媒体法规,从而避免其媒体利润受影响。③ 20 世纪 80 年代中期,美国《时代》周刊就曾因刊登一篇与事实不符的文章而被李光耀去信要求更正,并要求《时代》周刊全文刊登新加坡政府对于报道的答复信。遭到拒绝后,新加坡政府迅速将该刊在新加坡的发行量从 18000 本降低到 2000 本,迫使《时代》周刊妥协并刊登答复信全文。1994 年 8 月 2 日,美国《国际先驱论坛报》刊登了专栏作家飞利浦·鲍林(Philip Pauling)题为

---

① 吕元礼:《亚洲价值观:新加坡政治的诠释》,江西人民出版社 2002 年版,第 594 页。

② [新加坡] 吴元华:《新加坡良治之道》,中国社会科学出版社 2014 年版,第 261 页。

③ Terence Lee. *Media Governmentality in Singapore*. in Andrew T. Kenyou, *Democracy Media and Law in Malaysia and Singapore: A Space of Speech*. New York: Routledge, 2014, p.29.

《所谓的"亚洲价值观"往往是经不起考验的》的文章,该文章影射李光耀之子李显龙将接任总理。报道刊出后,李光耀、吴作栋、李显龙以诽谤罪为由将该报告上法庭,新加坡最高法院判处该报分别赔偿三人30万元、35万元和30万元。[①] 西方媒体在新加坡滥用自由主义,那完全是自讨苦吃。因此,不论是新加坡的本地媒体还是外国媒体,只要在新加坡的行为"越轨",就会受到当局的规制。

三、强化规制手段,明确顶层设计

在新加坡,主要负责媒体管理的是隶属于新闻、通讯及艺术部的媒体发展管理局(Media Development Authority,MDA),媒体发展管理局成立于2003年1月1日,由原先的新加坡广播管理局、新加坡电影和出版署以及新加坡电影委员会整合而来。该局主要从行业准入、内容监管等方面对新加坡各种形态的媒体进行管理,其中包括数字媒体、电影、电子游戏、音乐、出版、广播电视、教学游戏与软件等。2003年4月1日,媒体发展管理局面向广播电视与印刷媒体出台了《大众媒体服务的市场行为守则》,守则出台的目的在于规范市场秩序以及相关产业的有效竞争,确保为公众提供多元化服务,鼓励行业自律,满足公众的多元化需求。[②] 媒体发展管理局意识到,市场力量驱动下的媒体生产存在很多弊端,可能无法保证受众获得足够多元的传播内容,过度的商业化内容甚至可能带来道德与价值观风险。因此,一旦媒体的表现未能达到行为守则的要求,尤其传播内容中出现不恰当的、带有歧视性的或者有失公允的内容时,媒体发展管理局会及时出手干预。此外,在新加坡,政府虽然对广播电视机构采取"国控商营"的模式,但媒体机构也必须向媒体发展管理局申请执照,执照的期限与申请条件由媒体发展管理局根据条件确定,一旦申请成功,执照在有效期限内不得转让,逾期未审则终止其传播资质。

在广播电视监管领域,新加坡媒体发展管理局制定了一系列监管措施,从国家利益、种族宗教、公共道德、暴力犯罪、新闻倾向、节目语言等方面,对各类媒体和播出渠道的内容进行管理。以《无线电视节目准

---

① 吕元礼:《亚洲价值观:新加坡政治的诠释》,江西人民出版社2002年版,第609-610页。

② Teo Yi-Ling. *Media Law in Singapore*. Singapore: Sweet & Maxwell Asia, 2005, p.6.

则》为例,基于公共电视节目的公开性以及影响力,该规约的内容也最为复杂,针对新加坡的多元族群现状,专门对电视媒体及节目制作机构给予充分警示和明确规定:涉及宗教与种族的节目内容应保持客观,任何有可能冒犯种族与宗教的内容均不得播出,煽动种族情绪和宗教信仰的内容不得播出,若需要在节目中提及种族与宗教问题,则必须确保用语准确,且不得以任何形式贬低或影射任何种族的宗教信仰,在节目中不得传播种族与宗教成见。① 此外,准则中还特别强调,关于社会议题的报道要恰切合宜,观点要尽量客观中立,不能误导受众(见表3–1)。

表3–1 广播电视行业的内容生产准则

媒体	内容标准名称	适用范围
电视	《无线电视节目准则》	无线电视频道
	《付费电视节目准则》	持全国性执照的有线和交互式网络电视经营者提供的电视频道
	《分众电视节目准则》	持有分众执照的经营者提供的电视频道
	《视频点播节目准则》	持有全国性执照的经营者提供的视频点播节目
	《移动数字电视节目准则》	公共场所播放的移动数字电视节目
	《电视广告准则》	电视中播放的广告
	《广播及电视中推广分级电视节目和电影的指导原则》	广播和电视播放的分级电视和电影的宣传片
	《电视节目赞助准则》	所有电视节目
广播	《无线广播节目准则》	所有广播节目
	《广播节目广告与赞助准则》	
	《广播及电视中推广分级电视节目和电影的指导原则》	

资料来源:赵靳秋、郝晓鸣著《新加坡大众传媒研究:媒介融合背景下传媒监管的制度创新》,中国传媒大学出版社2012年版,第157页。

---

① 新加坡媒体发展管理局网站:FREE-TO-AIR TELEVISION PROGRAMME CODE,见 https://www.imda.gov.sg/~/media/imda/files/regulation%20licensing%20and%20consultations/codes%20of%20practice%20and%20guidelines/acts%20codes/01%20industrytvcontentguidelinesftatvprogcode.pdf?la=en。

进入媒介融合时代以来,原先各自分立的媒介形态之间的壁垒逐渐被打破,尤其是移动终端的广泛使用与自媒体的快速增长,使技术与内容之间的关系越来越紧密。2016年8月16日,新加坡政府通过了针对数字媒体发展与城市管理数字化提升的两项法案——《资讯通信媒体发展局(IMDA)法案》与《政府技术局法案》。其中《资讯通信媒体发展局(IMDA)法案》规定将资讯通信发展管理局(Infocomm Development Authority,IDA)和媒体发展管理局(MDA)合并,成立新加坡资讯通信媒体发展局(Infocomm Media Development Authority,IMDA),该局隶属于新闻、通讯及艺术部,同时扮演监管资讯通信媒体业的角色(如图3-2所示)。

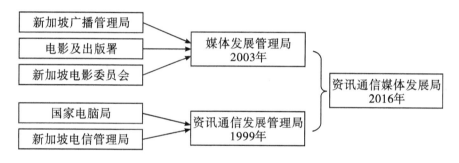

图 3-2 新加坡传媒监管机构演变

资讯通信媒体发展局的成立,回应了科技与功能、技术与内容、媒介与受众之间的分隔正逐渐消弭的现实,其希望通过政府职能的整合,最大限度地减少交叉管理,为公众提供更好的服务。资讯通信媒体发展局成立后,除了修订电信法令和影片法令,该局已着手把多项相关条例和执照申请要求融为一体,并加强管制工作。① 在广播电视业务范畴内,原先由媒体发展管理局颁行的各项行业标准及规范依然沿用,确保了监管标准的延续性与一致性。

---

① 《资讯通信媒体发展局成立 开创新科技改善人民生活》,2019-11-03,见联合早报网,http://www.zaobao.com.sg/znews/singapore/story20161001—672567。

第三节 新加坡电视传播生态的历史演变

一、起步与发展阶段（1963—1990 年）

（一）基于多元语言的传播资源分配格局形成

1963 年 2 月 15 日，新加坡电视台启播，人民行动党政府同时成立了新加坡广播局，负责管辖新加坡境内的广播电视媒体，当年 11 月 23 日，电视频道的数量由一个增加到两个，即 5 频道与 8 频道。1965 年新马分家后，随着新加坡的独立，新加坡有了完全属于自己的电视媒体——隶属于文化部的新加坡广播电视台（Radio and Television of Singapore，RTS），这一历史变故使新加坡电视媒体必须生产其作为一个新的主权国家的国家认同。[①] 1974 年，新加坡开始播出彩色电视节目，两年后实现了两个电视频道的彩色播出。1980 年，新加坡广播公司（Singapore Broadcasting Corporation，SBC）成立，取代了原先的新加坡广播电视台，受命采用先进的广播电视技术提升本国的广播电视节目质量。[②] 新加坡广播公司从文化部接管了广播电视功能，但总体上仍受控于文化部，它除了经营新加坡电视台之外，同时也是新加坡广播电视业的管理机构，在行业发展中既扮演着"服务者"的角色，也扮演着"管理者"的角色。

新加坡电视台在创办初期便已经实现了两个频道的多语种播出，英语、华语、马来语和泰米尔语四种语言都有对应的电视节目可供观众收看。其中，5 频道主要播出英语和马来语节目，8 频道则播出华语和泰米尔语节目，两个电视频道每周共播出 113 小时。[③] 在当时，获得申请许可

[①] Lee Chun Wah. "Culture Influences in Television Commercials: A Study of Singapore and Malaysia". *Journal of Promotion Management*, 2005, p. 12.

[②] Yap Koon See. *The Press in Malaysia & Singapore*. Kuala Lumpur: Perniagaan Yakin, 1996, p. 296.

[③] 程曼丽：《海外华文传媒研究》，新华出版社 2001 年版，第 196 页。

证是收看电视节目的前提条件,根据可考的资料显示,1976年,新加坡政府共核准发放了309276张电视收视许可证,平均每百户家庭拥有77张。① 由于每个拥有许可证的家庭都可在家中拥有超过一台电视机,足见当时电视机在新加坡的普及率已相当高。新加坡亚洲传播与信息研究中心于1977年开展的抽样调查显示,新加坡三大族群对电视媒体的接触状况不一。由于节目编排需要顾及不同语种的需求,导致传统意义上的电视黄金时段被不同语言的节目编排分割,其中,马来族与印度族的黄金收视时间为晚上7:00—9:00,华族则为晚上8:00—10:00,超过一半的被调查者表示,晚上8:00—10:00是其主要收视时间(见表3-2)。在节目内容层面,当时电视台开办的节目类型有新闻时事、体育、电视剧、戏剧、综艺、青少年节目等,其中,新闻、体育、电视剧、综艺类节目最受观众喜爱。受众将电视媒体作为娱乐性媒介,但电视媒体却将自身视作教育民众的载体,并试图实现教育与娱乐功能之间的平衡。②

表3-2 新加坡不同族群的电视媒体接触情况（$N=612$）

族群	日接触率/%	重度收视（≥3 h）/%	黄金时段接触率/%
华族	61.9	15.4	70.4
马来族	76.5	28.4	75
印度族	55.3	21.7	56.6

资料来源:Chen P, Kuo E. *Mass Media and Communication Patterns in Singapore*. Singapore:Asia Mass Communication Research and Information Center, 1978, p.4.

吉姆·麦圭根（Jim McGuigan）认为,通信与媒体政策同国家的文化政策一样,与民族国家之间的历史关系非常密切是其重要特征。作为国家文化政策的重要组成部分,通信与媒体政策一般以调和不同民族和民族认同间的相互关系为目标。③ 在新加坡这样一个多元族群国家,电视媒体不

---

① Chen P, Kuo E. *Mass Media and Communication Patterns in Singapore*. Singapore:Asia Mass Communication Research and Information Center, 1978, p.4.
② Kuo E. "Television and language planning in Singapore:International Journal of the Sociology of Language". *London Carousel Books*,1984, 44 (4), p.52.
③ [英]吉姆·麦圭根:《文化政策的三种话语》,见[英]尼克·史蒂文森著、陈志杰译《文化与公民身份》,吉林出版集团有限责任公司2007年,第181页。

单纯是传达信息和娱乐消遣的工具，电视频道资源与播出资源的分配和国家政治与政策话语紧密相关。虽然英语被确定为新加坡的通用语，但在电视业发展的起步阶段，新加坡电视台就将英语和不同族群的语言共同列为播出语言，并努力实现四种语言在资源分配上的平衡。新加坡电视台期望达到的比例是英语节目占35%、华语节目占35%、马来语节目占20%、泰米尔语节目占10%。① 不同语言节目的时长划分大致参考各族群在人口规模中所占的比例。为了进一步维持这种微妙的平衡，电视台还提供字幕服务，英语节目会更多地配合马来语字幕，以弥补初创阶段马来语节目的不足。

20世纪80年代初，由艾哈德·海特（Erhard U. Heidt）领衔的新加坡东南亚研究中心对新加坡电视媒体的节目与收视状况开展了调查研究，这是目前能够检索到的在新加坡电视业起步阶段所进行的较为严谨的电视传播内容研究。研究者认为，新加坡民众身份具有明显的"双重指认"，即国家身份与族群身份。而电视媒体占据着当时大众文化的中心，通过对电视节目的分析，也许能够较好地呈现出国家身份与文化身份之间的关系。研究主要提出了两个问题：①新加坡电视节目中或明或暗传达的节目准则、态度以及价值导向是什么？②新加坡电视节目中的哪些元素能够被解读为对文化及国家身份的表征？② 在研究方法上，研究小组通过间隔抽样的方式，对一个合成周的节目进行了录制，然后从播出语言的时间分配、播出字幕、自制节目占比等方面进行分析（见表3-3）。

表3-3 不同语种节目的播出时长及占比

语种	播出时长（5频道）	播出时长（8频道）	总播出时长	时间占比/%
英语	59小时20分钟	10小时20分钟	69小时40分钟	60.2
华语	6小时05分钟	25小时30分钟	31小时35分钟	27.3
马来语	7小时	—	7小时	6.1

---

① Chen P, Kuo E. *Mass Media and Communication Patterns in Singapore*. Singapore: Asia Mass Communication Research and Information Center, 1978, p. 4.

② Erhard U. Heidt. *Television in Singapore: An Analysis of A Week's Viewing*. Singapore: Institute of Southeast Asia Studies, 1984, p. 2.

（续表）

语种	播出时长（5频道）	播出时长（8频道）	总播出时长	时间占比/%
泰米尔语	25 分钟	7 小时	7 小时 25 分钟	6.4
总计	72 小时 50 分钟	42 小时 50 分钟	115 小时 40 分钟	100

资料来源：Erhard U. Heidt. *Tlevision in Singapore*: *An Analysis of A Week's Viewing*. Singapore: Institute of Southeast Asia Studies, 1984, p. 13.

　　新加坡的电视媒体节目使用英语、华语、马来语和泰米尔语四种语言播出，但其中包含的却是国民对英国、中国、马来西亚与印度之外的一个国家的想象。本尼迪克特·安德森（Benedict Richard O'Gorman Anderson）在谈及印刷资本主义时曾指出，印刷品是孕育全新的同时性观念的关键，共同体的产生有赖于生产关系、传播科技和人类语言宿命的多样性这三个因素之间半偶然但又富有爆炸性的相互影响。① 尽管在安德森看来，印刷资本主义与"非凡的群众媒介接触"之间包含着关于民族国家的共同体想象，但对于与新加坡类似的在后殖民时期独立的大多数国家而言，漫长的大英帝国殖民史令其关于国家的共同体想象仍在孕育。与印刷品相比，电视媒体所蕴含的共时性观念更为强烈，它使其覆盖疆域范围内的所有受众感受到更加实时的共同体感，使共时性观念从固定的文字走向移动的影像。当一个国家共同体内的不同族群均可从覆盖范围最广、渗透力最强的电视媒体中找到各有与共有的传播语码时，基于族群与国家的双重认同也就孕育其中，并成为新加坡多元文化传播实践的重要特征。从艾哈德·海特的研究数据可以看出，四个官方语言节目的播出时长并不一致，而且也很难找到确定的依据或民意调查来佐证这一编排结构的合理性。当被问及电视媒体关于四种语言的播出时长及时段分配等问题时，他们以"历史原因"四个字一笔带过。② 直至今日，各语种时长分配结构依然保持稳定（如图 3-3 所示）。

---

　　① ［美］本尼迪克特·安德森：《想象的共同体：民族主义的起源与散布》，吴叡人译，上海人民出版社 2011 年版，第 38-42 页。

　　② Erhard U. Heidt. *Television in Singapore*: *An Analysis of A Week's Viewing*. Singapore: Institute of Southeast Asia Studies, 1984, p. 13.

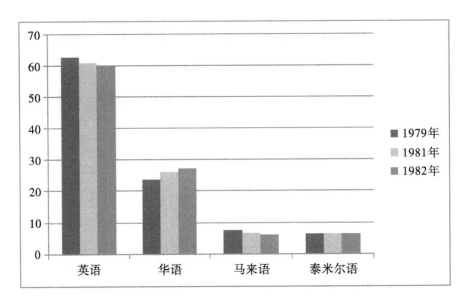

图 3-3　不同语言节目在总播出时长中的占比（%）

资料来源：Erhard U. Heidt. *Television in Singapore：An Analysis of A Week's Viewing*. Singapore：Institute of Southeast Asia Studies，1984，p. 13.

　　三大族群的语言虽然也是法定的官方语言，但基本上只在族群内部流通，很难上升到族际沟通层面。而英语作为新加坡的通用语，在其语言环境中起着统驭作用，是打通族际交流"语言通货"。新加坡的电视节目用四种官方语言以及多种中国方言（主要是粤语和福建话）播出，导致受众的族群背景与其观看的电视节目所用语言之间高度相关。[①] 基于传播语言与目标族群的电视频道资源划分，在表达"承认"的同时，却也可能加深文化间的"区隔"，跨语言、跨族群收视则有助于促进不同受众群体之间的文化流动。因此，为节目配发字幕的手段能够在一定程度上缓解播出时间分配与收视需求之间的矛盾，促进不同族群在电视传播空间的精神交往。

---

① Chen P, Kuo E. *Mass Media and Communication Patterns in Singapore*. Singapore：Asia Mass Communication Research and Information Center，1978，p. 9.

表 3-4 不同语言节目中的字幕时长与占比

节目语言	播出总时长	不同语种的字幕总时长	字幕节目时长占该语种总播出时长比例/%	字幕节目时长占所有语种总播出时长比例/%
英语	69 小时 40 分钟	12 小时 30 分钟	17.9	10.8
华语	31 小时 55 分钟	19 小时 10 分钟	60.7	16.6
马来语	7 小时	1 小时 45 分钟	25.0	1.5
泰米尔语	7 小时 25 分钟	3 小时 15 分钟	43.8	2.8
总计	115 小时 40 分钟	36 小时 40 分钟	—	31.7

资料来源：Erhard U. Heidt. *Tlevision in Singapore：An Analysis of A Week's Viewing*. Singapore：Institute of Southeast Asia Studies，1984，p. 14.

以多语种传播，通常意味着内容的重复和冗余，有时甚至代表着较高的成本与较低的质量。[①] 从表 3-4 可看出，带字幕节目的分布并不均匀，并非像电视台声称的那样以"为非英语节目配上英文字母"作为原则。依照播出时长计算，配发字幕的节目仅占播出总时长的不到 1/3。在 36 小时 40 分钟带字幕的节目中，33 小时 40 分钟（时长占比约为 91.8%）的节目为电视剧，2 小时 45 分钟（时长占比约为 7.5%）的节目为纪录片、专题片。研究还发现一个特殊的规律：几乎所有华语电视剧都配有英文字幕，5 频道播出的英语电视剧也同时配有马来语字幕。字幕作为电视传播过程中调节接受权的手段，虽然没有被电视台言明，但是观众在长期的观看中已经形成了一定的认知，即在什么时段能够看到带有其族群语言字幕的电视节目。

电视媒体通过多元语言传播，呈现了一个在英语之下、各族语言之上多元共存的文化图景，创造了一个可供族群内部与族群之间交流的公共文本空间。在这样的传播图景中，人们可以直接感受到有数以万计的人"与我相同"——说着同样的语言、观看同一语言制作的节目，还有数以万计的人跨过族群语言，收看非母语（通用语）制作播出的节目。有一群人与我相同，而有一群人与我有异，即使语言不同，也生活在同一媒体观

[①] Kuo E. "Television and language planning in Singapore：International Journal of the Sociology of Language". *London Carousel Books*，1984，44 (4)，p. 55.

照之下。在这一蕞尔小国中,数以万计的受众通过电视传播联结在一起,在其世俗的、特殊的和"可见之不可见"当中,形成了民族的想象的共同体的胚胎。①

(二) 自制节目产量及影响力逐渐提升

20世纪70年代的资料显示,新加坡广播电视台自制的电视节目时长占到总播出时长的约1/3,这一比重一直延续到80年代初期新加坡广播公司成立。新加坡广播公司的年报将引进后重新配音的节目也列入了自制节目的行列,除去这一比例,真正完全自主生产的节目占比可能低于30%。艾哈德·海特领衔的合成周节目研究发现,在新加坡广播公司引进的节目中,来自西方国家的节目有101个,时长占比为50.9%,来自亚洲的节目有30个,时长占比为22%。② 在引进的节目中,美国的节目最多,其次是中国香港地区,英国紧随其后;除香港外,引进的亚洲地区的节目主要来自日本和中国台湾地区,来自中国内地的节目很难见到。总体而言,所有的新闻资讯类节目以及超过一半的综艺节目都是本地制作,而教育节目、电视剧、纪录片等节目则大量依靠引进(如图3-4所示)。

1979年,李光耀在吴庆瑞的建议下,决定在新加坡推行"讲华语运动",在华族群众中推广汉语普通话。此举一方面是为了扭转籍贯不同的新加坡华人因使用各自方言而产生的族群内语言区隔,凝聚华族族群的共识,另一方面则为了减少汉语方言对学习华语和英语的干扰。为了配合"讲华语运动"的要求,新加坡广播电视媒体也做出了回应,停止制作和播出汉语方言节目,所有的节目全部采用汉语普通话制作播出,包括从港台地区引进的电视剧,也必须用华语普通话配音之后才能播出。③ 虽然政府的强制性措施给媒体的语言转型带来了不小的困难,但新加坡族群结构的特点决定了以汉语普通话制作的节目更容易获得更加广泛的受众,也能产生更好的经济效益。1957年的报告显示,以普通话为母语的人只占到0.1%,到了1980年,这一比例达到7.9%(在华族中占到10.3%)。在

---

① [美]本尼迪克特·安德森:《想象的共同体:民族主义的起源与散布》,吴叡人译,上海人民出版社2011年版,第43页。

② Erhard U. Heidt. *Television in Singapore: An Analysis of A Week's. Viewing*. Singapore: Institute of Southeast Asia Studies, 1984, p. 16.

③ 陈恒汉:《语言的流播和变异:以东南亚为观察点》,社会科学文献出版社2016年版,第198-199页。

华族中，普通话成为比方言（尤其是福建话）位阶更高的语言。①

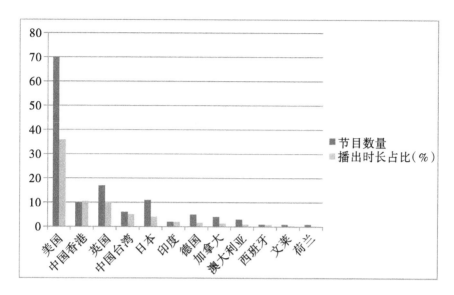

图 3-4　引进节目来源数量及占比

资料来源：Erhard U. Heidt. *Television in Singapore：An Analysis of A Week's Viewing*. Singapore：Institute of Southeast Asia Studies，1984，p. 16.

新加坡电视媒体在"讲华语运动"开展前已在为推广普通话而努力，自 1978 年 7 月起，它们就已经逐步开始淘汰方言广告，这进一步增强了新加坡政府以普通话取代方言的决心。1980 年新加坡广播公司成立后，基于其较好的普通话电视节目制作传统以及其加强本地原创剧情类节目的成立初衷，它开始着力生产普通话电视剧。1982 年，新加坡广播公司生产了本地第一部自制电视剧《实里达大劫案》，该剧虽然只有 50 分钟，却因故事情节和拍摄场景均取自新加坡，播出后引起了强烈反响。但在起步阶段，由于缺少制作经验，这时的电视剧大都以短剧为主，故事情节简单，通常只有 1~3 集。直到 1983 年香港电视制作人梁立人加入新加坡广播局并担任戏剧处处长之后，才为新加坡的电视剧生产带来新契机。这也为新加坡广播公司生产华语电视剧提供了动力，其于次年推出了 6 集电视剧《新兵小传》。1986 年，24 集经典怀旧电视剧《红头巾》播出，其后又制作成英文版本，并在 1988 年播出。而 1989 年拍摄制作的 15 集电

---

① Kuo E. "Television and language planning in Singapore：International Journal of the Sociology of Language". *London Carousel Books*，1984，44 (4)，p. 57.

视剧《启航》则首先以英文配音版本播出，1990年2月播出普通话版本。华语电视剧逐渐在新加坡本地原创电视节目中独树一帜，而马来语和泰米尔语电视剧则依然依赖进口或英语电视剧的配译，本地原创的英语电视剧，则是1994年10月播出的《海的主人》开启的先河。

20世纪80年代，新加坡电视连续剧的产量直线上升（如图3-5所示），到了1984年以后，单本剧难觅踪影，30集乃至百集以上的大型电视连续剧和室内情景剧开始出现，以《雾锁南洋》《红头巾》《奇缘》《咖啡乌》《铁警雄风》《黑凤凰》《人在旅途》《法网情天》为代表的优秀电视剧还销往海外30多个国家和地区。其中，《雾锁南洋》关注新加坡早期华人移民的生活，出口海外之后在国际上赢得了广泛关注。[①] 本地电视剧的初创过程与政府发起的"讲华语运动"交织在一起，彼时由于本地演员尚未掌握标准普通话，而播出录制现场的方言台词又不被允许，这导致制作方不得不组建后期配音组专事配音，兼为演员教授普通话。此外，新加坡作为多元族群国家，华语电视剧的生产亦处于多元族群文化并存的社会背景之下，考虑到存在跨族群收视的可能，华语电视剧在拍摄过程中还需要顾及其他族群的文化差异。因此，制作题材很少涉及暴力，灵异、淫秽内容也不被允许，电视剧的总体风格是轻松的、贴近生活的、和睦的。

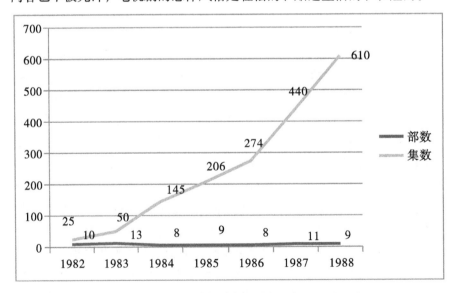

图3-5 新加坡本地华语电视剧产量（1982—1988年）

---

① David Birch. *Singapore Media: Communication Strategies and Practices*. Singapore: Longman Cheshire, 1993, p.37.

综上，在新加坡建国发展初期，电视媒体被赋予了特殊的社会功能：为一个新兴的多元族群国家建立一个基于自身认同的文化特征的宝库——其中很重要的一点是通过媒介传播告知人们这个国家的历史传统以及一系列切实的成就，进而塑造统一的价值观体系，使其看起来具有特定的地域，继而促使生活在其中的人们产生认同感与自豪感。电视传播所具备的上述功能构建了一国公民之认同的绝大部分，并在受众的观念中将这个国家同其他国家区分开来。但是，新加坡广播公司所面临的受众结构在全球电视从业领域都很特殊：规模受限的本地市场、多元复杂的族群文化、混合编排的播出方式……这可能是全球广播机构中最不经济的播出模式，仅仅是多语种新闻生产的成本就足以把任何一家私营广播电视机构拖垮。不得不承认的是，虽然本地节目制作能力不断提升，但华语节目成为本地节目生产的重点，不同族群节目及其收视状况的改善并不平均——英语节目依赖引进的状况没有得到实质性改变，尤其马来语和泰米尔语节目被日益边缘化，生产能力较弱，节目的类型及编排也较为随意，更多是作为一种象征性编排而存在，节目类型多是取决于其他语种节目的"源流"状况，甚至只有华语节目的收视行为能够从新加坡的收视调查中反映出来。[①] 尽管身处全球媒体私有化浪潮，但新加坡广播公司并不能偏离其公共媒体的本质，还须继续坚持多元文化传播。本地原创节目偏向华族的状况使新加坡广播公司面临诸多批评，其在传播资源分配中难以"一碗水端平"使得反对之声此起彼伏。

二、机制转轨与产业化提速阶段（1991—2000 年）

（一）传播全球化浪潮席卷，机制转轨全面展开

随着卫星直播技术的广泛应用以及电视节目全球化市场的日趋成熟，新加坡本地媒体面临着日益激烈的传播全球化竞争。1990 年，新加坡电视日开机人数达到 170 万人，约为日听广播人数的两倍。1991 年年初，时任新加坡广播公司总裁张松光表示，只有私有化才能帮助新加坡电视业面

---

① Erhard U. Heidt. *Television in Singapore*: *An Analysis of A Week's Viewing*. Singapore: Institute of Southeast Asia Studies, 1984, p. 24.

对更大的市场，培养竞争意识，进而具备更强的竞争力。经过政府多个部门的可行性论证后，私有化进程在1993—1994年启动，其目标不仅是与发达国家的媒体私有化进程看齐，也是在新加坡公共部门投资委员会的监督下，使传媒系统与港务局、新加坡电信、淡马锡控股等其他新加坡国内公共机构的私有化进程保持一致，其本质是借助行政力量推动新加坡全方位建立市场机制。

为了更好地应对挑战，新加坡政府从基础设施建设与体制机制配套两方面着手，对传媒产业发展环境进行优化。在机制转型方面，1994年，新加坡议会通过《广播法令》，在该法令的要求下，新加坡广播公司经过民营化与公司化改革，转型成为新加坡国际传媒有限公司（Singapore International Media Pte Ltd，SIM）。该公司的成立是为了调节板结的垄断经营，回应全球范围内的媒体内容多元化与私有化，努力将新加坡发展成为亚太地区广播与通信的区域中心，同时寻求进入电信及多媒体市场。公司由四家独立的股份公司组成，即新加坡广播公司（Radio Corporation of Singapore，RCS）、新加坡电视公司（Television Corpoation of Singapore，TCS）、新加坡12频道（Singapore Television 12，STV12）以及新加坡国际通信公司（Singapore Internation Communications Pte Ltd，SIMCOM）。① 在频道资源的分配上，新加坡电视公司负责5频道与8频道的经营，两个频道分别定位为英语频道与华语频道。STV12公司下属两个电视频道——"Prime12"频道将原先的马来语和泰米尔语节目平移过来，以减少原先多语种的编排冲突，为马来族与印度族开辟一个专属的晚间黄金时段；"Premier12"频道则主要播出英语新闻、文艺、纪录片节目。② 与此同时，《广播法令》的出台也促成了新的管理机构——新加坡广播管理局（Sinagpore Broadcasting Authority，SBA）的产生，该局除了负责对国内自制节目与引进节目进行管理之外，也监管互联网产业领域。其主要职权包括：规范广播电视服务并发放执照，控制接收设备的使用，确保持有广播

---

① 赵靳秋、郝晓鸣：《新加坡大众传媒研究：媒介融合背景下传媒监管的制度创新》，中国传媒大学出版社2012年版，第133页。

② George Yeo．*ON AIR：Untold Stories from Caldecott Hill*．Singapore：Marshall Cavendish Editions，2019，pp. 209–210．

电视执照的公司履行公共服务的义务，制定节目方针，收取执照费等。①行业管理与内容生产的分离使广播电视机构获得了较为宽松的经营空间，电视业经营者向合作化乃至私有化的逐步转变使新加坡电视业在1994年前出现了逐渐要求解束的政策语境，新加坡广播管理局则在此时承担着内容仲裁者、产业促进者、竞争调谐者三重角色。②新加坡广播管理局作为全国广播电视媒体的主管机构，一方面，加强与国外广播机构和节目制作公司的合作，不断满足新加坡本地受众对不同节目类型及不同语言节目的需求；另一方面，继续执行收视牌照收费制度，并确保牌照费能够用于公共服务广播电视节目的制作及实现本地广播电视媒体在娱乐、告知以及教育等方面的社会功能。对于新加坡电视媒体而言，这一私有化进程不是简单的国内事务，而是与新加坡在区域及国际传媒舞台上的前景密切相关，"政企分离"成为新加坡广电事业发展历史上划时代的里程碑。

（二）外延式增长提速，电视传播业态渐趋多元

除了内部的体制转型压力外，难于控制的外部影响也越来越引起政府的关注。邻国电视信号环伺，新加坡受众的接受经验日趋多样。新加坡作为一个世俗国家，不允许宗教参与政治，而在马来族看来，宗教教育却是首要且必须的，即使是在新加坡本地，也能够接收到三个马来西亚的电视频道（RTM3、RTM10以及商业电视台TV3）。尽管本地媒体努力传播能够提升本国公民发展机遇，也有利于国家发展的内容，但宗教文化与大众传播之间的冲突仍然不可避免地投射到广播电视节目中，甚至与邻国电视节目的内容取向形成反差。③如在海湾战争期间，越来越多的新加坡人（尤其是全民信奉伊斯兰教的马来族）通过马来西亚的电视媒体看到了关于战争的报道，他们认为马来西亚电视台的报道比美国CNN反对萨达姆倾向的报道要更加平衡。这不仅仅是新闻报道倾向的问题，它强化了人们

---

① 赵靳秋：《新加坡的传媒发展与研究》，见苏志武，丁俊杰主编《亚洲传媒研究》，北京广播学院出版社2004年版，第18-28页。

② Mark A. Hukill. *The Politics of Television Programming in Singapore*, by David French and Michal Richards, *Television in contemporary Asia*. London：SAGE Publications, 2000, p.185.

③ George Yeo. *ON AIR：Untold Stories from Caldecott Hill*. Singapore：Marshall Cavendish Editions, 2019, p.249.

对新闻报道的来源以及新闻报道中意识形态价值观偏向问题的认识。① 同样，由于接入私人卫星接收设施在新加坡属于违法行为，导致 CNN 在宣布海湾战争爆发时，新加坡本地的国际金融机构未能及时获知信息，金融市场严重受挫。尽管政府后来允许新加坡广播公司每天转播两小时 CNN 的直播节目，但越来越难于控制的传播环境给新加坡的电视媒体监管带来了新的课题，令新加坡广播公司反思其战略，认识到只有借助进一步的机制变革，才能在管控与疏导、行政化与市场化之间找到新的平衡。

如果将 20 世纪 80 年代的发展描述为内涵式的"盘活存量"的话，那么 90 年代以来整个行业则是逐步向着外延式的"寻求增量"迈进。为了提升传播基础扩增传播渠道、新加坡有线电视公司（Singapore Cable Vision, SCV）于 1991 年成立，新加坡广播局为其发出第一张"十年独家经营"有线电视牌照。该公司于次年建成新加坡第一个无线付费电视网，推出一个新闻频道、一个英语电影台和一个华语综合台，但由于新加坡楼宇密度高，信号传输质量不佳，其节目并未获得较好的市场认可。为了持续改善传输质量，新加坡有线电视公司于 1994 年 7 月进行重组，1995 年起在全岛敷设宽带光纤同轴混合网，意欲与卫星电视抗衡。② 新加坡有线电视公司提供超过 40 个电视频道（包括英语、汉语普通话、日语、马来语、印尼语、法语、印地语、泰米尔语、德语等多语种频道）的付费节目，为本地电视业注入新的竞争因素。1997 年年底，新加坡 84 万户居民中，有线电视用户超过 50 万户。一个包含有 20 个电视频道的基本频道套餐，每月订费为 39 新加坡元，其他的付费频道则需要单独付费。然而，有线网络节目在新加坡的推广并不理想，原因在于其提供的众多频道中，无一能比新加坡本地的公共电视频道在贴近性与本土化层面更好地满足新加坡受众的需求，也很难对新加坡本地的电视媒体构成竞争。③ 从技术方面来看，该公司于 1999 年 8 月完成了对全岛的有线电视网络覆盖，发展

---

① David Birch. *Singapore Media: Communication Strategies and Practices*. Singapore: Longman Cheshire, 1993, p. 43.

② 重组后的新加坡有线电视公司由新加坡科技持股 24%，新加坡报业控股持股 20%，新传媒持股 31%，大陆有线电视（境外公司）持股 25%，由政府主导经营。（参见刘现成《华语媒体的区域竞争》，亚太图书出版社 2004 年版，第 243 页。）

③ Mark A. Hukill. *The Politics of Television Programming in Singapore*, in David French and Michal Richards, *Television in contemporary Asia*. London: SAGE Publications, 2000, pp. 188 – 189.

的有线电视用户数量达到 90 万户,并通过"PAY TV"接入盒形成技术垄断。① 如今,有了光纤和家庭互联网,很多家庭可以轻松订阅上百个电视频道并进行数字转轨,若没有 SCV 早年的努力,这是不可能实现的。②

与此同时,改组后的新加坡电视公司和新加坡 12 频道也纷纷对公共电视的频道资源进行优化重组。新加坡电视公司将旗下的 5 频道与 8 频道由之前的多语种混合播出频道全面转型为英语频道和华语频道,并于 1995 年实现全天 24 小时播出。STV12 公司下属的两个电视频道也明确了不同的定位:"Prime12"频道主要制作播出马来语和泰米尔语节目;而"Premiere12"频道则采用 UHF 超高频传输,主要播出纪录片与艺术类节目。2000 年,STV12 公司再次对频道定位进行调整:"Prime12"频道转型为专门播出马来语节目的朝阳频道(Suria);"Premiere12"则转型为播放少儿、泰米尔语以及艺术类节目的"聚点波道"(Central),根据目标受众的差异实施板块化带状编排。1999 年,新传媒新闻私人有限公司(MediaCorp New Pte Ltd,MCN)成立,成为新加坡第三家提供无线电视服务的公司,主要负责经营本地唯一的卫星电视频道"亚洲新闻台"(Channel News Asia,CNA),并于同年更名为新加坡传媒私人有限公司(Media Corpration of Singapore)。③

机制转轨为新加坡本地的广播电视媒体发展开拓了新的空间,从 1994 年到 21 世纪初,新加坡本地广播电视媒体的资源数量上升,并奠定了今日公共广播电视资源的基本格局。其中,本地公共广播频率资源的数量从 1994 年的 14 个扩增到 2001 年的 18 个,公共电视频道资源从 3 个扩增到 6 个。在 6 个公共电视频道中,有 3 个英语频道、1 个华语频道、1 个马来语频道以及 1 个"聚点波道"。新加坡公共电视频道资源的扩大改善了过去不同族群语言的节目混排混播的局面,在三大族群语言中,除泰米尔语节目归属于"聚点波道"中的一个固定节目带之外,华族和马来族均已有

---

① Tania Lim. *Let Contests Begin*! 'singapore Slings' *Into Action*:*Singapore in the Global Television Format Business*,in Albert Moran and Michael Keane,*Television Across Asia*:*Television industries*,*Programme Formats and Globalization*. London:Routledge Curzon,2004,p. 111.

② George Yeo. *ON AIR*:*Untold Stories from Caldecott Hill*. Singapore:Marshall Cavendish Editions,2019,p. 94.

③ 赵靳秋、郝晓鸣:《新加坡大众传媒研究:媒介融合背景下传媒监管的制度创新》,中国传媒大学出版社 2012 年版,第 133 页。

独立的电视播出频道。在节目内容生产方面，新加坡积极借鉴西方国家的节目形态，进行本土化的创作，如：1994年开播了 *AM Singapore*（华语版为《早安新加坡》），此节目系由美国哥伦比亚广播公司的晨间新闻杂志类节目 *TODAY* 借鉴而来；同年还拍摄制作了新加坡第一部英语电视连续剧 *The Master of the Sea*，英文原创剧情类节目开始起步；1995年拍摄的室内情景喜剧《同一屋檐下》出口到澳大利亚、马来西亚、中国台湾、加拿大等国家和地区；1997年，新加坡电视公司还制作出全球第一部泰米尔语室内情景喜剧 *Amali Thumali*；1998年拍摄制作的新加坡版《神雕侠侣》更是在中国大陆和台湾地区赢得广泛关注。

此外，在传媒外向型战略下，为吸引国外传媒机构入驻，新加坡多个政府部门密切协作，提升对国外机构的服务水平，在海关及准证等方面简化程序，并为国外机构在新加坡入驻提供针对性帮助。这种方式营造了一种"亲商"的监管框架，促使新加坡准备好必要的基础设施、人力资源、技术资本来促进本地传媒产业的发展。自1994年以来，HBO、ABN、CNN等重要国际卫星电视频道纷纷在新加坡上链或将新加坡作为媒体区域总部，新加坡本地与境外卫星电视公司数量从3家增加到16家。这些从新加坡上链卫星传送的电视节目不受新加坡境内电视节目内容管理的限制，也无须接受新加坡当局对节目内容的审查。从这个意义上看，新加坡已经成为名副其实的"亚洲广播中心"。①

经过20世纪90年代的机制转型与行业内资源重组，新加坡顺应全球化与资本化浪潮，通过调整生产关系，在一定范围内释放了电视媒体的生产力空间，形成了（无线）公共电视、有线电视、卫星电视竞相发展的格局。此外，1997年香港回归前政治环境的不确定性，令大批国际传媒集团的亚洲分支机构纷纷从香港转移至新加坡，这为新加坡传媒业的外向型发展提供了一定的外部机遇，而新加坡靠近赤道的地理位置也使其具备发展卫星上链技术的天然优势。时任新加坡新闻、通讯及艺术部部长杨荣文认为，随着信息环境的变化，政府控制资讯流动的能力正在被削弱，随着境外信息的大量流入，本岛的信息闸门已经不可避免地被打开。为了保持新加坡自身的价值观与生活方式，只有两条路径可走：首先，确保政府能够拿出足够的资金来支持公共内容生产；其次，亚洲媒体也应当在西方主

---

① 刘现成：《华语媒体的区域竞争》，台北亚太图书出版社2004年版，第233页。

导下的媒体版图中打开缺口。但从整体上看，这一阶段的新加坡电视业更多是依托传媒技术驱动下的渠道与资源扩容，处于大规模外延扩增阶段，真正的行业竞争仍待展开。

三、跨业冲突与整合稳定阶段（2000 年至今）

（一）本地两大传媒集团的跨业竞争与握手言和

进入 21 世纪不久，美国在线"蛇吞象"般地并购时代华纳，令众多传统媒体咋舌，互联网技术成为激活传播生态变革的诱因。不同技术手段与传播平台之间相互结合衍生出的信息终端与内容产品为受众带来了更多选择，也搅动了分立经营的传媒市场。传统媒体之间、传统媒体与新媒体之间的整合既存在技术面上的可能，也存在市场面与资本面的必要。在新加坡，由于政府长期秉持开放务实和实用主义原则，以及本地传媒机构在政府主导下分立经营的稳定环境，本地报业与广播电视业的生存状况较为平稳和安逸，资本化运作仍有进一步深化的可能。基于上述考虑，新加坡政府主动介入，希望借助行政力量的干预，让本地两大传统媒体机构——新加坡报业控股与新传媒集团之间开展竞争，借此提升新加坡本地媒体的竞争实力与国际化水平。

2000 年 6 月，新加坡政府决定放松管制，给报业控股和新传媒集团分别颁发电视和报纸执照，允许他们彼此进入对方的业务领域，希望通过竞争提高新加坡报纸和电视节目的品质，并鼓励双方进军互联网业务。[①] 同年年底，新传媒出版的英文报《今日报》正式发行，这打破了新加坡报业控股长期垄断新加坡报业市场的局面，并在当地开创了免费发售报纸的先河。《今日报》每周出版六期，读者可在地铁站、公交枢纽站免费取阅，日发行量约为 70 万份，目前已成为仅次于新加坡报业控股旗下《海峡时报》的第二大英文报刊。此外，新传媒旗下还拥有自己的制作公司和出版公司，从事节目内容制作拍摄和杂志出版业务，并且和境外出版商合作，出版新加坡版本的 *ELLE* 和 *BMW* 等杂志。[②]

[①] 彭伟步：《新加坡特殊的传媒形态》，见彭伟步主编《海外华文传媒的多维审视》，暨南大学出版社 2013 年版，第 217 页。

[②] 邵泽慧：《新加坡两大媒体集团的分立时代》，载《传媒》2005 年第 2 期。

新加坡报业控股作为新加坡国内颇有影响力的传媒上市公司，在接到整合命令后便开始以进军电视业为契机成立"报业传讯公司"，开办两个电视频道和两个广播频率，并组建了"亚洲网"。在资源扩张的基础上，报业控股还对内部业务流程机制进行了战略性调整，建立了中英文部门跨业协作机制，大批记者向全能型转型，同时对报纸、电视、电台和网站供稿，以全面应对新媒体带来的挑战。2001年5月26日，报业控股旗下的两个电视频道——华语U频道和英语电视通频道（开播同年又更名为"i频道"）正式开播，被新传媒垄断38年的新加坡电视市场出现了一个崭新的经营者。① U频道与新传媒旗下的8频道，无论从内容到形式到时效，乃至播音员、主持人的风格等都面面交锋、时时交战，可谓全方位较量。② 全面竞争的态势在初期一片向好，本地观众有了更多选择的频道的同时，广告商也有了更多的投放平台。

报业控股的两个电视频道开播后，U频道因为其开播前的广泛造势和爆炸式宣传，加之节目内容品质活泼新锐，收视率扶摇直上，成为新加坡仅次于新传媒8频道的第二大电视频道，并相继从新传媒集团挖来不少当家主持人为其撑起门面。在节目编排上，U频道也从初期的错峰编排迅速过渡到与8频道硬碰硬，甚至推出"寻找辣妹""选美臀"等猎奇节目以迎合观众口味，本地两个华语频道的"收视大战"一时间打得不可开交。这些节目虽然使U频道收视率得以提升，但是节目内容的猎奇倾向也引起不少社会争议。而电视通频道（i频道）的差异化优势并不明显，且新加坡当时已有5频道与亚洲新闻台两个英语频道，致使该频道开播后收视表现与盈利能力一直欠佳。报业控股为了捍卫其报业市场，与《今日报》针锋相对而创办的免费报纸《街趣报》也一直亏损。传媒大战的火药味越来越浓，两家电视台互挖节目团队、抬高优质节目购买价格、压低广告费用等情况屡见不鲜，逐渐背离了改革的初衷。

尤其关键的是，在跨业融合经营的过程中，报业控股所面临的企业制度环境与新传媒相差很大。作为新加坡国内较大的上市公司，报业控股经营管理的一举一动都受到广大股东的监督，其经营上的任何战略（即使是出于政府行政力量的推动）都不能仅仅出于传媒自身产业多元化的利益考

---

① 唐乐：《以优为先 以你为先 新加坡优频道推广案例评析》，载《中国报业》2001年第6期。

② 金月成：《新加坡的两大传媒集团》，载《新闻实践》2007年第5期。

量，还要对广大股东的经济利益负责。报业控股的企业文化保守稳重，规避风险、追求利润是其核心目标。而在其转型过程中，报业控股面临的内部和外部环境日趋恶化：一方面，多媒体合并带来的内部压力和结构耗散过于严重，不同部门员工对跨业竞争的利弊莫衷一是，报业控股的资深老员工甚至认为报纸记者不应去做那些直观浅白的电视新闻和互联网新闻；另一方面，20世纪末，亚洲金融危机席卷东南亚，新加坡的经济也逐渐陷入低迷，新加坡报业控股和子公司亚洲网的股价一路下跌，报业控股裁减三批员工的新闻令新加坡民众大为震惊。被裁的员工主要来自公司的新媒体部门，包括互联网和电视部门。[1] 更重要的问题是，报业控股在电视领域的投资何时能够收回成本。在开办之初的第一个财年，报业控股的电视业务亏损达到4460万新元，广告收入只有2750万新元。[2]

新加坡地域狭小，市场容量有限，报业涉足电视行业的尝试被人戏称为"井水犯了河水"。李光耀面对亏损局面反思道："竞争能促进传媒的发展，但是本地市场太小，无法容纳两个大型的新闻集团，如果这种局面继续下去，两个集团肯定还要流血。"[3] 2004年，新加坡报业控股与新传媒集团达成协议，宣布双方的电视业务和免费报纸业务在同年年底合并。合并方案为：i频道在2005年1月1日停播，U频道与新传媒5频道和8频道合并，双方出资成立一家新的公司——新传媒电视控股，报业控股出资1000万新元占有其中20%的股份，不参与电视频道的经营管理，仅根据其占股提供资金支持。[4] 报纸领域则将报业控股的《街趣报》与新传媒的《今日报》合并，报业控股以1916万新元获得新传媒报业公司40%的股权并在这家公司中拥有四成董事席位，此次媒体整合从2005年1月1日起生效。[5]

之前被坊间形容为"流血冲突"的本地两大传媒巨头的相互厮杀以形

---

[1] 袁舟：《整合的风险——新加坡报业控股多媒体整合遭挫的启示》，载《中国记者》2003年第1期。

[2] 袁舟：《新加坡报业大战老牌电视台》，载《新闻爱好者》2003年第9期。

[3] 彭伟步：《新加坡特殊的传媒形态》，见彭伟步主编《海外华闻传媒的多维审视》暨南大学出版社2013年版，第218页。

[4] 刘年辉：《归核化：新加坡报业控股发展战略分析》，载《中国报业》2005年第9期。

[5] ［新加坡］兰大周：《新加坡年鉴2005（华文版）》，新加坡报业控股华文报集团2005年版，第19-20页。

成新的利益共同体而收场，新加坡的传统媒体市场形成了新传媒与报业控股之间相互参股，你中有我、我中有你的利益格局，两大传媒集团的垄断地位得到进一步巩固。这也从一个侧面说明，威权主义政治治理下的新加坡，虽然官方能够动用强有力的行政手段干预政联公司的市场行为，但归根到底，传媒市场也有其自身的经济法则。不过，报业控股与新传媒从业务双向进入转为资本双向进入，也算是经历冲突后的明智之举。

（二）整合趋稳的公共电视传播生态

两大巨头握手言和后，新加坡传统媒体业逐渐趋稳，传统公共电视的内容市场收麾于新传媒旗下，报业控股与新传媒都意识到：在地域狭小的新加坡传媒市场，守住核心业务比开展多元竞争更加重要，过度开放不仅会导致双方"规模不经济"，而且可能导致公共媒体的内容品质在逐利动机的刺激下滑坡。整合趋稳的本地传统媒体沿着各自媒体的发展路径并行不悖，基本奠定了今天新加坡传统媒体的资源与市场格局。

回顾其发展，新加坡公共电视作为多元族群国家中具有特殊功能的大众媒体，从自治邦时期的起步到新马分家后的独立建台，再到 20 世纪 80 年代之后逐步向市场化转型，其发展历程受到历史背景、政治环境、族群结构与市场动因等多种因素的影响，不同因素在其发展的不同阶段起到的作用亦不相同。但新加坡电视媒体人也意识到，如果单纯按照市场机制调节内容生产，欣欣向荣的只可能是华语节目与一部分英语节目，少数族群的节目内容很难完全按照市场规律运作。而新加坡多族群共生的社会现实又亟须营造一种基于多族群并存的国家共同体的电视象征体系，任何族群都需要在影像中被呈现和表达出来。布尔迪厄（Pierre Bourdieu）在文化研究过程中曾提出"栖习"的概念，它包括栖习地、栖习者、栖居过程，以及在这一过程中形成的思维定式、生活方式、文化品位等。新加坡报业史上的教训告诉新加坡政府和媒体从业者：新加坡大众传播媒体面对的是文化栖习难于调和的多族群受众，其在传播资源分配和内容生产中的举动同时受到不同族群的注视，少数族群在传播领地中的权益、信仰一旦被压制、遗忘或误读，都有可能带来非常严重甚至灾难性的后果。出于多元文化传播实践的实际要求，1994 年新加坡广播管理局成立后，便将新加坡广播公司拆解为新加坡电视公司与 STV12 公司，前者面向市场生产英语和华语节目，后者则以少数族群为主要对象，同时，播出高品质的英语节目来弥补少数族群节目在生产过程中所需的费用缺口。显而易见，这是在市场化需求与多元文化传播之间进行协调的一种方案。而在20世纪90年代以来全球范围内电视频道专业化改革的浪潮中，新加坡电视媒体也同样在有限的频道资源和生产能力之间进行平衡和辗转。在英语和华语节目不断创新、努力向国际化看齐的同时，也同时顾及马来族、印度族受众对节目创新的需求。继2000年将马来语频道独立设置并命名为"朝阳频道"后，"聚点波道"也于2008年独立改组为泰米尔语的"春天频道"，并在节目编排、内容创新与资源扩充等方面给予"公平"的回应（见表3-5）。

表3-5 新加坡公共电视频道资源的历史演变

时间	事件	频道数量	频道播出语言
1963	新加坡广播局（SBA）成立	2	第五波道、第八波道，采用英语、马来语、华语和泰米尔语四语种混播
1965	新马分家，新加坡广播局（SBA）改组为新加坡广播电视台（RTS）	2	同上
1980	顺应市场化需求，新加坡广播电视台（RTS）改组为新加坡广播公司（SBC）	2	同上
1994	新加坡广播公司BCS解散，管办分离，实行公司化改革，成立新加坡电视公司（TCS）与STV12公司	4	第五波道改为英语，第八波道改为华语；Prime 12采用马来语与泰米尔语混播，Premier 12为英语
1999	亚洲新闻台成立（CNA），并与新加坡电视公司（TCS）、STV12公司及新加坡广播公司（RCS）合并组建新加坡传媒私人有限公司，简称新传媒（MediaCorp）	5	亚洲新闻台成为新加坡唯一的专业新闻频道和上星频道
2000	STV12频道定位调整	5	Prime 12改为马来语朝阳频道（Suria），Premier 12改为"聚点波道"，分为泰米尔语、少儿和艺术三个节目带

（续表）

时间	事件	频道数量	频道播出语言
2001	报业控股获准进入电视业，增设U频道与i频道	7	U频道为华语频道，i频道为英语频道
2004	新传媒频道呼号调整	7	第五波道与第八波道改称5频道8频道
2005	新传媒与报业控股资源重组	6	新传媒接收U频道，i频道停播
2008	频道定位调整，新增奥多频道	7	"聚点波道"转为泰米尔语春天频道（Vasantham），随后增设面向少儿受众的奥多频道（OKTO），新加坡公共电视频道的资源格局就此稳定下来
2019	奥多频道停播	6	奥多频道停播，其原先承担的动画与体育节目并入5频道播出

注：笔者根据相关材料整理绘制。

将新加坡的公共广播媒体与电视媒体并置观之，其目前的传播资源分配形成了以英语、华语、马来语、泰米尔语四种播出语言为划分标准，在语种下根据资源数量进行二次细分的频道（频率）分布格局。如3个电视英语频道被分别划分为英语综合台、英语新闻台和英语少儿台，2个华语电视频道则被划分为华语综合台和华语青春台，马来语和泰米尔语因为受众规模较小，分别开辟一个专用频道面向这些族群进行传播。广播的运营成本相对较低，加之新加坡的公共广播资源同时由新传媒、报业传讯与国家安全部队分别占有，因此，广播的频率资源比电视富裕，多元化程度更高。[①] 总体来看，公共广播电视资源的分配格局大致与新加坡的语言与族群结构比例相协调，成为族群文化整合的力量。尤其在分设泰米尔语春天频道与奥多频道后，渐次固定的公共传播资源成为新加坡多元文化传播实践的表征（见表3-6）。

---

① 新加坡现有公共广播频率17个，其中新传媒旗下电台数量最多，达到12个。此外，国家安全部队与报业传讯也分别拥有两个公共广播频率，国家艺术理事会拥有一个广播频率，目前委托新传媒代为经营管理。

表3-6 新加坡公共广播电视频道（频率）资源分布

播出语言	资源数量	频道（频率）名称
英语	广播频率（9）	Gold 90.5、Symphony 92.4、News Radio 93.8、Class 95、Perfect 10 98.7、Lush 99.5、OneFM 91.3、Kiss 92、Power 98
	电视频道（3）	5频道、亚洲新闻台、奥多频道
华语	广播频率（5）	YES 93.3、Capital 95.8、Love 97.2、Dongli 88.3、UFM 100.3
	电视频道（2）	8频道、U频道
马来语	广播频率（2）	Ria 89.7、Warna 94.2
	电视频道（1）	朝阳频道（Suria）
泰米尔语	广播频率（1）	Oli 96.8
	电视频道（1）	春天频道（Vasantham）

注：笔者根据相关材料整理绘制。

对于大多数民族国家而言，大众传播媒介不仅是沟通世界和消遣娱乐的工具，也是文化传递和文化权利交错而成的公共领域。无论从正面还是反面看，大众传媒通常都被看作一种强大的整合力量。① 通过公共传播资源分配的演变，可窥见一个国家的意识形态与文化权利观。今天，人们愈加深刻地意识到，文化不可能凭空被"创造"或"想象"出来，它也不能完全凭借"回归传统"去获得，它的历史性的存在依附于新的生活世界的建立，它的概念轮廓只能在文化价值体系内部和它们彼此之间的交往和冲突过程中体现。② 新加坡的多元文化主义传媒实践脱胎于新加坡特殊的政治生态与多元族群社会，其实践经验表明，传播作为文化塑造与传递的途径，也需要同学校教育一样适应一个民族国家内部的语言和文化差异。新加坡将多元文化主义作为其威权政治下的一种社会话语与政治路径，从

---

① ［美］戴安娜·克兰：《文化社会学——浮现中的理论视野》，王小章、郑震译，南京大学出版社2006年版，第34页。
② 张旭东：《全球化时代的文化认同：西方普遍主义话语的历史批判》，北京大学出版社2005年版，第3页。

政策、法律、机制、技术等多方面入手,在面向历史与面对现实之间,在其倡导的"亚洲价值观"与西方自由主义之间,通过政策法律环境的完善和市场机制的逐步协调,使大众传媒尤其是电视媒体,成为该国实现社会治理目标的重要一环,进而创造出一种与新加坡政治生态及共同价值观相契合的传媒实践理性。

第四章　多元文化语境下的
新加坡华语电视传播文本

多元文化主义认为，一个国家应该有允许文化差异存在的空间，这种空间的存在有助于其本身延伸并超越私人的家庭领域，进而将这种空间扩大至社会教育、国家法规等多个层面。① 如果将大众传媒视作具有一定教化功能的"公民读本"，具有不同文化体认的民众均等使用传媒的权利也应成为公民权利的组成部分。另外，从族群"认同"角度看，其不仅需要传媒"话语政治"的支持以为其认同提供政治合法性，同时还需要一个颇为浩大的传播工程的跟进，以赋予不同族群、不同文化公开、平等的社会能见度。这种能见度的实现与维系既有赖于传媒的自主性实践，也需要权力介入下媒介资源的有效配给与调节。

新加坡是一个华人人数占据优势地位的多元族群国家，却并非"华人至上"的社会。在电视传播生态中，华语电视虽以汉语普通话为播出语言，节目文本却不能完全因应目标族群的接受习惯行事。从宏观层面看，华语电视媒体既要满足华族电视受众的需求，又要发挥其潜在的意识形态效力，建构反映族群认同、高于族群认同，并最终达致国家认同的传媒意向；从中观层面看，华语电视在建构华族族群认同的同时，还要避免制造过度区隔，规避跨语言、跨频道收视行为可能产生的传播风险；从微观层面看，华语电视节目文本在面向目标族群受众使用母语传播同时，也要包容并呈现新加坡的多元文化差异，既要处理好华族文化与他族文化之间的关系，又要不断探究华族文化如何在新加坡特殊的传播土壤中扎根。因此，新加坡华语电视的多元文化主义传媒实践既不是"温和式的"表面和谐，也不是与之相反的"批判的"革命话语，而是在新加坡特殊国情上建

---

① ［英］C. W. 沃特森：《多元文化主义》，叶兴艺译，吉林人民出版社 2005 年版，第 99 页。

构起来的、嵌入其特殊地缘政治架构的、自上而下的多元文化主义传播实践。本章将以新加坡华语电视传播内容为研究对象，对公共华语电视频道的节目内容架构进行中观刻画，并对播出时长占比较高的新闻类节目与原创剧情类节目进行内容分析与文本分析，借以呈现多元文化传播实践在新加坡华语电视节目中的体现。

第一节　多元文化主义传播实践中的华语电视生态位

一、华语电视频道的传播生态位

新加坡国土面积小、电视受众规模小，本地电视媒体的市场拓展空间先天受限。加之族群结构复杂、体制环境特殊，电视媒体难以完全按照市场规律运作，节目内容的多元化水平既无法与西方发达国家相比，也无法与华语传媒圈内的中国内地及港台地区看齐。新传媒是新加坡本地最大的广播电视传媒集团，但市场化程度却远不及中国内地的国家级媒体机构。新传媒的唯一母公司是新加坡政府持股的淡马锡控股公司，这使得新传媒虽有一定的市场运作空间，但其经营管理一定程度上仍在政府的掌控之下。虽然政府较少干涉本地电视媒体的日常管理与节目生产，但基于历史所形成的监管框架与政媒关系，使电视媒体同报业一样，需要审慎处理其在新加坡社会中扮演的角色。

近年来，新媒体平台发展迅速，为受众的媒介接触行为带来了更多新的选择，尤其是随着数字播出平台的普及，本地的星和电信与新电信开始提供数字电视付费频道订阅服务，受众可订阅自己喜爱的分众与境外电视频道。但总体看来，由于境外频道的本土化程度较低，其在收视市场上的优势远远不及本地电视媒体。新加坡媒体发展管理局开展的受众调查数据显示，新加坡本地观众还是更偏好通过免付费的公共电视频道获取新闻资讯与娱乐内容，新传媒的 7 个公共电视频道依然最受本地电视观众的青睐（如图 4-1 所示）。

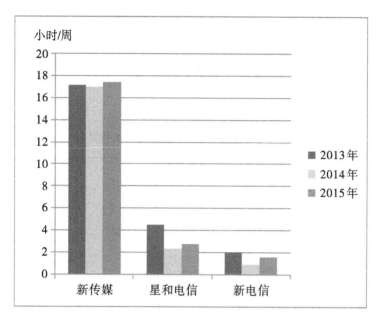

图4-1 新加坡本地居民电视收视平台与消费时长变化

新加坡媒体发展管理局公布的2013—2015年本地居民媒介消费情况调查显示,在提供电视服务的本地三大电视运营服务机构中,新传媒的公共电视频道依然是受众接触时间最长的电视播出平台。星和电信和新电信作为付费电视网络运营商,虽然分别集成并提供了一百多个来自其他国家和地区的卫星电视频道,但新传媒仍然以其本土化和免费优势牢牢占领着新加坡本地收视市场。

在新传媒旗下的7个公共电视频道中,8频道与U频道是采用华语播出的两个电视频道(见表4-1)。其中,8频道是一个全天候播放新闻与娱乐节目的华语频道,也是新加坡收视率最高的电视频道,U频道则提供极具创意的本地节目,以及最受本地观众欢迎的节目,是15~39岁观众的首选娱乐频道。[①] 尼尔森媒介市场调研公司于2015年7月到2016年6月对4660名新加坡人展开的媒体调查显示,85.5%的本地观众每周都会收看免付费电视节目,整体电视收视率有所上升。每周收看华语8频道的观众高达57%,人数是所有免付费电视频道中最高的;每周收看英语5频道的观众达到40%,其中有将近一半是专业人士、经理、执行人员和商

[①] 李宇:《海外华语电视研究》,中国社会科学出版社2011年版,第176页。

人；有超过30%的观众每周收看亚洲新闻台。① 新加坡媒体发展管理局公布的2014—2015年媒体发展年报显示，华语电视频道占据着新加坡本地规模最大的观众群。虽然英语是新加坡的通用语言，但到目前为止，能让新加坡华族演艺人员找到更大舞台的不是英文，而是自己的母语（华语）。②

表4-1　新传媒旗下电视频道播出与收视简况

播出语言	频道名称	频道定位	全天播出时段	黄金时段平均收视率与推及人数
英语	5频道	英语综合频道	全天24小时	2.2%（112 000）
	亚洲新闻台	全新闻卫视频道	全天24小时	0.7%（30 000）
	奥多频道	少儿频道	9:00—00:00（平日） 7:00—00:00（周末）	2.1%（12 000）
华语	8频道	华语综合频道	全天24小时	10.5%（543 000）
	U频道	华语青春频道	11:00—2:30（平日） 7:00—2:30（周末）	3.0%（133 000）
马来语	朝阳频道	马来语频道	15:00—00:00（平日） 12:00—00:00（周末）	10.3%（74 000）
泰米尔语	春天频道	印度语频道	15:00—00:00（平日） 10:00—00:30（周末）	8.4%（49 000）

资料来源：新加坡媒体发展管理局2014—2015财年年报。

从市场竞争状况来看，用马来语和泰米尔语播出的频道均只有一个，虽然全天播出时长均不足24小时，但由于受众规模小，且没有其他的本地电视媒体与之竞争，也基本处于"受众寡占"状态。使用英语播出的三

---

① 转引自2016年11月3日新传媒8频道《晚间新闻》。
② ［新加坡］李慧敏：《成长在李光耀时代》，玲子传媒私人有限公司2014年版，第135页。

个频道的定位相互区隔，针锋相对的空间有限。两个华语频道虽然同属新传媒运营，但"双频道并存"格局的背后有市场机制的导向作用，存在着一定的正面竞争空间，这也促使两个频道不断提升节目内容水准，在差异化竞争中实现互利共赢。从表4-1可看出，华语频道的收视率绝对值与推及人口均显著居前，受众规模几乎是英语、马来语与泰米尔语受众规模总和的2.5倍。因此，在新加坡的电视传播生态中，华语电视面对着本地最大的传播市场，相较其他频道，也更具有在市场机制导向下寻求创新的可能。

但市场驱动力也时常与多元族群的社会现实发生碰撞，甚至成为制约因素。华语电视频道的主要受众群体虽是新加坡华族，在节目生产过程中却不能完全因应目标受众与市场驱动行事。特殊的媒介运作环境，导致华语电视不断在制度约束与市场驱动之间寻求平衡，进而呈现两个鲜明特征：其一，新闻节目改革的风险较大，任何形式的创新都面临受众的检验与官方的警觉，节目形态进化迟缓，来自市场的动力与受众需求的压力难以完全释放，呈现批评立场的电视政论节目也只能在五年一次的国会选举期间以及每年国庆日期间以特别节目形式播出。可以窥见，华语电视节目的管理及创作人员需深谙政府对传媒的管制边界，既要尝试适度的创新，又要尽量避免触及"红线"，学会将"压线"行为控制在安全限度，避免推之过急。其二，华语频道的很多节目都配有英文字幕，作为强势频道也还需慎重对待"跨频道""跨文化""跨族群"收视可能带来的传播风险。21世纪初，以《谁是百万富翁》为代表的模式类竞猜节目风靡全球，新传媒也将这一模式引入并推出英语节目版本，而当该节目推出华语版本后，则引起了马来族与印度族观众的不满，甚至有观众在网络社区中发帖，认为这个节目应该直接叫作"哪个华人是百万富翁"，声称华语电视在宣扬"盎格鲁式的"华人至上主义。在节目推出第二季的时候，制作方不得不专门制作一个"多元族群特别节目"，才算平复"民愤"。

由此可见，华语频道在建构自身媒介形象的同时，也处于新加坡多元文化的传播架构中。多元族群社会以及发展新闻传播体制成为其需要时刻顾及并给予回应的基本事实。在传播全球化的语境下，新加坡内部关于"文化帝国主义"的质疑与辩论已有所减少，电视媒体历经资本化与商业化的冲刷之后，传播的自由度也稍显宽松。但禁不起任何动荡的敏感底线，也使新加坡的公共电视媒体必须扮演好"社会稳定器"的角色，华语电视仍需在多重传播目标之间调节辗转，努力协调多重传播现实。

二、华语电视频道的差异化路径与多元文化传播实践

道格拉斯·凯尔纳认为，传媒的内容提供了象征、神话和资源，并借此构建起共同的文化，媒体通过其内容生产，向我们展示了社会中的权力结构。① 电视节目编排的版面设计，既是视觉媒体外在形象的综合呈现，也是电视媒体传播思想的体现。虽然电视频道的播出内容每天都在更新，但电视节目的时间版面与内容编排体现出传播者对频道传播理念的整体把控，在较长时间内具有一定的稳定性。除了受到受众日常作息规律的影响外，胡智锋等学者认为，影响电视节目编排的主要因素还有：电视媒体的传媒特质、电视观众的心理诉求以及市场状况。② 新传媒的两个华语电视频道虽都编排有新闻类、剧情类、综艺类等节目，但各有侧重：8频道的节目编排较为综合，以整个华族为目标受众，讲求内容的大众化；而U频道则不同，大量依靠引进的真人秀、综艺节目与电视剧，表明该频道侧重于吸引年轻受众。笔者以2016年12月第一周的节目编排为例，从频道特质、受众诉求、多元文化传播等角度对两个频道的节目内容与编排进行分析（见表4-2、表4-3）。

---

① ［美］道格拉斯·凯尔纳：《文化研究、多元文化主义与媒体文化》，载《国外社会科学》2011年第5期。

② 胡智锋、周建新：《电视节目编排三论》，载《现代传播》2006年第5期。

表 4-2 新传媒 8 频道节目编排
(2016 年 12 月 1 日—2016 年 12 月 7 日)

时段	周一	周二	周三	周四	周五	周六	周日
0:00—0:30	剧情类《双雄》			剧情类《夜光神杯》			剧情类《亲爱的我爱上了别人》
0:30—1:00		综艺类《名厨出走记》	剧情类《国记交意所》	剧情类《名人，心货》		剧情类《爱拼球会赢》	剧情类《黄金路》
1:00—1:30					文化类《美差事，苦差事》		剧情类《无花果》
1:30—2:00	剧情类《变奏曲》			剧情类《钻石人生》			剧情类《我爱水浒传》
2:00—2:30							综艺类《有话好说》
2:30—3:00							剧情类《蓝色仙人掌》
3:00—3:30	剧情类《大城情事》			剧情类《爱》			综艺类《啊！是你到我家！》
3:30—4:00							
4:00—6:00					剧情类《哎呦我的妈》		
6:00—6:30	文化类《凡夫俗艺》	文化类《闪亮的年代》	纪录片《舌尖上的中国》第二季	综艺类《黄金年华之斗歌竞艺》	剧情类《另一片天空》	社教类《宝贝事儿—箩箩》	
6:30—7:00	剧情类《剪剪大家乐》						

（续表）

时段	周一	周二	周三	周四	周五	周六	周日
7:00—7:30	生活服务类《动物情缘》	纪录片《边城故事》	新闻专题《前线追踪》	生活服务类《排排站，查查看》		剧情类《幸运星》	
7:30—8:00			新闻《狮城有约精华版》				
8:00—9:00			剧情类[口]《大英雄》				
9:00—9:30			新闻类《晨光第一线》			少儿类[口]《少年师爷》	少儿类[口]《中华弟子规》
9:30—10:00			剧情类[口][口]《118 第二季》			少儿类[口]《锦绣神州奇游记》	少儿类[口]《哆啦A梦》
10:00—10:30	文化类[口]《品味广东》	综艺类《大小拍档》	生活服务类[口]《请你跟我这样过》	新闻专题[口]《财经追击》	新闻专题《焦点》	少儿类[口]《小米当家》	生活服务类[口]《生活百科大发现》
10:30—11:00			剧情类[口]《天下父母心》		戏剧类[口] 潮剧《花中君子》	社教类[口]《科学侦探团》	文化类《鲁滨逊岛屿日记》
11:00—11:30							
11:30—12:00						生活服务类[口]《客人来路》	生活服务类[口]《动物情缘》
12:00—12:30					综艺类《欢喜就好》	生活服务类[口]《健康在于你》	综艺类[口]《冰箱的秘密》

（续表）

时段	周一	周二	周三	周四	周五	周六	周日
12:30—13:00	文化类《我的导游是明星》	文化类[C]《就爱台湾味》	文化类《大脚印》	商业资讯《购物乐》	剧情类[C]《彤心絮语》	生活服务类《食在异乡》	综艺类《经典名曲歌唱大赛》
13:00—13:30	新闻专题《焦点》	社教类[C]《我的师傅是大厨》	新闻类《一点新闻》	文化类《百分百新加坡》	法制类《绳之以法》	综艺类[C]《黄金年华之斗歌竞艺》	
13:30—14:00	社教类《什么东东》	社教类[C]《数学荒岛历险记》	综艺类《衣橱密语》	生活服务类[C][E]《小毛病大问题》	社教类[C]《魔法小学堂第二季》	剧情类[C]《恋夏恋恋下》	剧情类[C][E]《少年神探狄仁杰》
14:00—14:30			少儿类[C]《哆啦A梦》	文化类《鲁滨逊岛屿日记》			
14:30—15:30	剧情类[C][E]《倾世皇妃》			剧情类[C][E]《神机妙算刘伯温》		剧情类《识货衙门》	剧情类[C][E]《骤变》
15:30—16:00	剧情类[C][E]《我们一定行》						
16:00—16:30	剧情类[C][E]《娘家》				综艺类《黄金年华之斗歌竞艺》		
16:30—17:30							
17:30—18:30	剧情类[C][E]《起飞》						

(续表)

时段	周一	周二	周三	周四	周五	周六	周日
18:30—19:30			新闻类《狮城有约》			新闻类《狮城六点半》	
19:30—20:00			剧情类[C][E]《118 第二季》				
20:00—20:30	综艺类《真的假不了》	综艺类《衣橱密语》	综艺类[C]《四大名厨》	综艺类[C]《爱心72小时》	新闻专题《前线追踪》	剧情类[C][E]《家和万事兴》	剧情类[C][E]《家和万事兴》
20:30—21:00		生活服务类[C]《动物情缘》			生活服务类[C][E]《小毛病大问题》		
21:00—22:00			剧情类[C][E]《大英雄》			综艺类《缤纷万千在早松》	
22:00—22:30				新闻类[C]《晚间新闻》			
22:30—23:00	生活服务类[C]《请你跟我这样过》		文化类《从新发现新加坡》	新闻专题[C]《焦点》	文化类《品味广东》	剧情类[C]《亲爱的我爱上了别人》	文化类[C]《爱玩客、詹姆士》
23:00—23:30	剧情类[C]《听》		剧情类[C][E]《千金女贼》				新闻专题[C]《前线追踪》
23:30—24:00							

注：笔者根据相关材料整理绘制。
注：[C]代表华语字幕，[E]代表英语字幕，无标注表示无字幕。

表4-3 新传媒U频道节目编排表
(2016年12月1日—2016年12月7日)

时段	周一	周二	周三	周四	周五	周六	周日
0:00—0:30	真人秀[C]《最强大脑》	综艺类[C]《好说，快说，一起说》	文化类《美食攻略》	文化类[C]《职场福尔摩斯》	文化类《过节》	文化类《世界一周》	真人秀[C]《我是歌手》
0:30—1:00	剧情类[C]《空中急诊英雄第二季》			剧情类[C][C]《清潭洞丑闻》			剧情类[C]《空中急诊英雄第二季》
1:00—1:30							
1:30—2:00							
2:00—2:30							
2:30—3:00							
3:00—3:30							
3:30—4:00							
4:00—6:00							
6:00—6:30							
6:30—7:00							

（续表）

时段	周一	周二	周三	周四	周五	周六	周日
7:00—7:30	商业资讯《购物乐》						
7:30—8:00							
8:00—8:30							
8:30—9:00							
9:00—9:30							
9:30—10:00							
10:00—10:30						真人秀口《天下无双》	真人秀口《中国好歌曲》
10:30—11:00							
11:00—11:30	商业资讯《购物乐》					文化类口《世界第一等》	文化类《不一般见识》
11:30—12:00							
12:00—12:30						综艺类口《好说，快说，一起说》	文化类《搜密新加坡》
12:30—13:00							
13:00—13:30							文化类《美食攻略》
13:30—14:00						文化类口《过节》	生活服务类《健康误区》
14:00—14:30						生活服务类《名厨上菜》	文化类口《职场福尔摩斯》
14:30—15:00							

（续表）

时段	周一	周二	周三	周四	周五	周六	周日
15:00—15:30	真人秀《就是爱 RUN 玩》	文化类《非常小红点》	文化类《世界一周》	文化类《明星志工队》	真人秀《最强大脑》	剧情类[C][E]《49 天》	剧情类[C][E]《49 天》
15:30—16:00							
16:00—16:30	综艺类《孩子你慢慢来》	综艺类《你在囧什么》	综艺类《我和韩星有个约会》	剧情类《同年同月同日生》		文化类《大自游》	文化类《大自游》
16:30—17:00				综艺类[C]《最佳男主角》			
17:00—17:30			剧情类[C][E]《来了，张宝利》			剧情类[E]《烧·卖》	剧情类[E]《烧·卖》
17:30—18:00	剧情类[C][E]《食为奴》	剧情类[C][E]《食为奴》				剧情类《神医》	综艺类[C]《爱玩客，阿达与 LULU》
18:00—18:30				剧情类[C][E]《神枪狙击》	剧情类[C][E]《神枪狙击》		
18:30—19:00	剧情类[C][E]《清潭洞丑闻》	剧情类[C][E]《清潭洞丑闻》	剧情类[C][E]《清潭洞丑闻》				
19:00—19:30						真人秀[C]《我是歌手》	真人秀《最强大脑》
19:30—20:00							
20:00—20:30							
20:30—21:00							

（续表）

时段	周一	周二	周三	周四	周五	周六	周日
21:00—21:30	综艺类[C]《好说，快说，一起说》	文化类《搜秘新加坡》	文化类[C]《职场福尔摩斯》	文化类[C]《过节》	文化类《世界一周》	剧情类[C][E]《好心作怪》	剧情类[C][E]《好心作怪》
21:30—22:00		生活服务类《美食攻略》					
22:00—22:30			剧情类[C][E]《法外风云》				
22:30—23:00							
23:00—23:30				新闻类[C]《晚间新闻》			
23:30—24:00	综艺类[C]《好说，快说，一起说》	文化类[C]《搜秘新加坡》	文化类[C]《职场福尔摩斯》	文化类[C]《过节》	文化类《世界一周》	真人秀[C]《我是歌手》	真人秀[C]《最强大脑》

注：笔者根据相关材料整理绘制。
注：[C]代表华语字幕，[E]代表英语字幕，无标注表示无字幕。

（一）8 频道承袭历史优势，"主频道"特质突出

新传媒 8 频道作为新加坡收视人群最庞大的公共电视频道，由新加坡电视台初创时期便存在的"第八波道"发展而来，在本地观众中（尤其是年长的华族受众中）有着很高的知名度和影响力，无论从播出时长还是内容版面的多元化来看，8 频道作为"主频道"的优势都更为突出：首先，8 频道的电视节目基本以自办节目为主，除少数来自港台的电视剧外，引进类节目占比很低，即使是每周仅播出一次的方言戏曲节目，也是由新加坡本地华族的戏曲社实景演出，新传媒现场录制后播出，黄金时段播出的电视节目已基本实现自制；其次，8 频道节目的多样化程度更高，生活服务类、文化类、少儿类节目均在节目内容编排中有所体现，涵盖了受众需求的多个层面，且同一类型节目下有各种不同定位风格的节目播出，节目形态与内容都更为丰富；最后，8 频道节目的价值观导向更为明显，大量自制节目除了内容上倡导健康积极的生活方式之外，还通过节目话语塑造国家认同，从自制电视剧到文化类节目，都渗透着传媒文本对新加坡共同价值观念的呼应，体现出 8 频道在价值观层面的"主流"特质。新加坡的 7 个公共电视频道中，完全实现全天 24 小时播出的只有 5 频道、8 频道与亚洲新闻台，8 频道也是定位族群的电视频道中唯一实现 24 小时播出的。U 频道作为后起之秀，通过大量购买国外节目版权，在本地占有一定的受众市场，但从收视数据看，仍不及 8 频道的影响力大。此外，本地受众在非黄金时段（尤其是深夜时段）收看电视的需求并不旺盛，把有限的节目资源编排在能够产生效益的时段也许更为明智。因此，U 频道在没有充足的内容供给的情况下，并不盲目追求全天 24 小时播出。

（二）契合目标受众收视诉求，节目编排各有侧重

近年来，全球电视节目日益翻新，不同节目形态之间的借鉴与杂糅越来越普遍。根据笔者观察，新加坡华语电视的内容创作尽管不乏创新之举，但节目形态与编排规律却基本保持稳定。在对新加坡华语电视节目进行梳理的基础上，我们结合目前常用的、易于理解的节目分类标准，将 8 频道与 U 频道的节目分为新闻（专题）类、剧情类、综艺类、真人秀、生活服务类、纪录片、文化类、社教类、少儿类以及其他 10 个大类。将

不同类型节目的播出时长与频道全天播出时长进行比照，计算不同类型节目的播出时长占比，进而呈现两个华语频道在节目类型与编排上的侧重点。

表4-4 华语频道各类型节目的周播总时长及占比
（2016年12月1日—2016年12月7日）

节目类型	8频道		U频道	
	播出时长/分钟	时长占比/%	播出时长/分钟	时长占比/%
新闻（专题）类	1220	12.103	210	3.004
剧情类	6450	63.988	2850	40.773
综艺类	960	9.524	480	6.867
真人秀	0	0.000	840	12.017
生活服务类	465	4.613	90	1.288
纪录片	60	0.595	0	0.000
文化类	405	4.018	960	13.734
社教类	180	1.786	0	0.000
少儿类	180	1.786	0	0.000
其他	160	1.587	1560	22.318
总计	10080	100	6990	100

注：笔者根据相关材料整理绘制。

从表4-4可见，除剧情类节目均位居两个频道播出时长之首外，8频道与U频道的节目编排有不同倾向，前者对新闻类、综艺类、生活服务类节目投入的时间资源较多，而后者则侧重于文化类、真人秀与综艺类节目。例如：从新闻类节目来看，8频道的常态新闻节目共有四档，分别是《晨光第一线》《一点新闻》《狮城有约》《晚间新闻》，还有《焦点》《前线追踪》《世界一周》等周播新闻专题类节目作为补充，而U频道则只在晚间11点重播《晚间新闻》，除此之外再无其他新闻类节目播出。虽然新传媒目前尚不具备大体量真人秀节目的制作实力，也缺乏大型真人秀节目的制作经验，但 U 频道通过引进节目版权的方式，引进了《最强大脑》《我是歌手》《中国好声音》《挑战不可能》等多档真人秀节目，且真人秀类节目的播出时长占比超过 10%。对于电视剧播出题材的编排，两个频道也有较大差异，8 频道播出的电视剧以现代剧、家庭伦理剧为主，自制剧占比较大，而 U 频道播出的电视剧则大量依赖从韩国、中国台湾、中国香港引进，偶像剧较多。此外，对于那些具有较高社会与文化公益价值的纪录片、社教类与少儿类节目，8 频道也有较为固定的播出时段安排，U 频道则几乎将这类节目排除，此举一方面可以避免与 8 频道正面交锋，实现差异化竞争，另一方面也维持了其以年轻观众为目标的传播诉求，守住了其对应的传播生态位。

（三）语言字幕成为华语电视传播特色，满足跨语言跨族群收视需求

新加坡虽然以华族为主，但在 1979 年开展"讲华语运动"之前，汉语普通话并非新加坡华族日常语用意义上的"母语"。根据郭振羽在《新加坡的语言与社会》中的论述，新加坡 1957 年针对全岛近 15 万人的语言调查显示，华族中使用最多的方言是福建话（30%）、潮州话（17%）与广东话（15.1%），此外还有海南话（5.2%）、客家话（4.6%）、福州话（1%）与兴化话（0.5%）等，讲普通话的人仅占调查人口的 0.1%。[①] 直到"讲华语运动"启动，新加坡政府要求公共广播电视节目逐步压缩直至取消方言节目后，普通话在华族中的地位才被逐渐确立起来。新加坡媒体发展管理局颁布的《无线电视节目准则》明确要求：公共广播节目应使用标准的英式英语和普通话，不鼓励使用新加坡式英语和方言，方言一般只在被采访对象不会讲普通话或者少数获准用方言拍摄的电视剧中才可使用。通过大众传媒推广通用的汉语普通话，施以来自媒介的语言整合压力，无疑有助于净化新加坡华族内部复杂的语言环境，进而促进华族内部不同方言群体之间的沟通。但华族内部对普通话的掌握水平并不一致，受到方言栖习、教育水平、代际更替、语言习得能力等多因素的影响，尤其是老一代华人学习和接受普通话的能力有限，对普通话播出的电视节目

---

① ［新加坡］郭振羽：《新加坡的语言与社会》，台北中正书局 1985 年版，第 10 页。

常常一知半解。在新加坡小贩中心，还时常能看到年长的华族受众聚在电视机前，借助字幕观看电视剧的情形。为此，新传媒通过为节目配发中文、英文以及中英文字幕的方式，让华族内部不同方言群体乃至其他族群受众能够通过语言、字幕等多种符号接受华语频道的节目。

新加坡官方的族群划分体系参照了殖民主义话语下的身份架构，即被称为"东方主义"的分类体系，但多元族群在收视空间内的共同在场与敞视流动给公共电视传播带来了潜在风险。在一个语言统一的民族国家，面向本国受众的公共电视媒体很少为其自制节目配发语言字幕，跨语种乃至多语种字幕则更罕见。但在新加坡，复杂的语言环境与有限的电视节目生产能力导致"跨语言"乃至"跨族群"收视行为在实际中确实存在。除了华族内部基于语言差异而产生的字幕依赖外，节目资源分配的不均衡，以及多元族群社会可能存在的跨族群收视也构成更加难以调和的内部张力。笔者观察发现，8频道与U频道中那些非直播的新闻节目以及绝大多数电视剧和综艺节目（少数具有显著华族文化特征以及那些可能冒犯马来族或印度族文化禁忌的节目除外）都会以配发英文字幕为原则，这是新加坡多语言社会压力对电视传播的影响。但在多元族群国家，一个以单一族群为目标受众的电视媒体受到其他族群的关注并非全然的"好事"，其中的一系列兼容与排斥机制使新加坡华语电视处于一种更加复杂的结构性张力之中，即不仅要锁定华族受众的收视习惯，满足目标受众的需求，还要寻求华族与其他族群受众在收视动机与收视偏好上的共通空间，尤其是要尽量避免触犯多元族群社会中存在的各种"文化禁忌"，尽可能生产契合新加坡共同价值观的节目内容，避免华语电视遭到"文化沙文主义"与"内部文化殖民主义"的诟病。

从新加坡华语电视的个案可以看出，在多族群共处的主权国家里，媒介体制与运作方式已不限于媒介内部的管理规约，由于当代"记忆银行"中的一部分就是根据电影电视业提供的素材建立的，因此电视传播与族群记忆和认同之间的关联愈加紧密。① 新加坡公共电视的频道资源配置既赋予了不同受众以特定的文化权利，成为国家对不同族群公民的身份承认的

---

① ［英］戴维·莫利、［英］凯文·罗宾斯：《认同的空间：全球媒介、电子世界景观与文化边界》，司艳译，南京大学出版社2001年版，第122页。

体现,同时也使公共电视成为这一蕞尔小国之中多元文化汇聚与交换的公共空间。这种传媒生态并非建立在单一种族群体内部的共同表述基础之上,而是建立在普遍权利和共和主义的公民身份基础之上。这也使新加坡华语电视呈现出与全球其他国家华语电视的本质差异,即它并非海外华人移民自发创办的华语传媒机构,而是纳入新加坡国家传播制度框架、受到政府支持与肯定的对内公共传播体系的重要组成部分,并成为该国多元文化政策与多元文化传统实践的具体体现。

第二节　华语电视新闻:
比较视角下的文本差异与意义

今天,电视媒体已难以对我们产生立竿见影的影响,但是它为人们的身份认同与建构提供了基本的支撑材料。① 格拉斯哥大学媒介研究小组于20世纪70年代对BBC的电视新闻节目进行研究后发现,电视新闻虽然受到了生产者所处社会阶层的影响,但是决定性因素仍然是电视媒体在现实中的体制定位。② 用福柯的话说,媒体是一种"权力技术",新加坡电视媒体很大程度上被用来传递国家认同脆弱的真相,它不仅是政府的"喉舌"以制造共识,而且不断通过强调国家认同缺乏的媒介话语来建构国家意识。像大多数后殖民国家一样,新加坡的民族认同感稀薄,国家认同很大程度上仍在生产进程中,推动新加坡进入国家想象的,主要是其政治领导人。而在意识形态上,媒体有助于满足政治集团的需求:帮助其唤起民众的认同自觉,提升国家意识,同时对缺乏认同感的民众开展公民教育。对电视新闻文本进行分析,能够在一定程度上呈现电视媒体的传播立场,以及潜在的塑造目标受众文化身份及认同的基本意向。本节以新加坡新传媒中文时事节目组制作的《晚间新闻》节目为研究重点,借助内容分析法

---

① [英]克里斯·巴克:《电视、全球化与文化认同》,北京大学出版社2008年版,第7页。

② [英]尼克·史蒂文森:《认识媒介文化:社会理论与大众传播》,王文斌译,商务印书馆2013年版,第56页。

对该节目的编码策略进行剖析。为了进一步比较同一电视媒体内部不同频道与不同播出语言之间可能存在的差异，笔者还将5频道播出的晚间英语新闻节目《NEWS 5》一同纳入分析范畴。

一、研究设计

（一）研究对象的确定

本研究以新加坡新传媒的华语新闻节目《晚间新闻》为主要分析对象，该节目由新传媒中文时事组制作，每天22:00—22:30在8频道直播，23:00—23:30在U频道重播。选择该节目的原因有三点。

（1）新闻内容权威，节目形态单纯。8频道系新加坡电视业初创时期的"第八波道"改组而来，也是最早实现单语种独立播出的族群频道。新传媒8频道系新加坡公共电视频道中全天收视表现最好的电视频道，新闻节目在其全天播出时长中的占比达到12%以上，仅次于剧情类节目。《晚间新闻》在全天的常态新闻节目中播出时间最晚，也是所有新闻类节目中唯一实现固定带状编排的节目，具有"梳理全天重点新闻，聚焦国际时事热点"的功能。加之原先编排在18:30播出的《狮城六点半》在2014年改版升级为"资讯"与"谈话"元素杂糅的《狮城有约》，《晚间新闻》从此便成为8频道晚间黄金时段唯一一档以传递权威资讯为主要功能的时事新闻节目。

（2）收视表现居前，受众认可度高。在新加坡，电视新闻不仅是岛内观众获取资讯的渠道，同时也是较高收入阶层较为关注的节目形态。48%具有中等教育水平的观众经常收看新闻节目，且这一比例随着受众教育水平的提升而升高，而在月收入高于3000新加坡元的人群中，收看新闻节目的比例更是高达78.3%。① 8频道播出的各档新闻节目在本地电视节目收视市场中占有同类节目的最高收视率，《狮城有约》和《晚间新闻》平均每晚吸引超过百万观众。② 社交媒体现在虽已成为人们获取信息的重要

---

① John Keshishoglou, Pieter Aquilia. *Electronic Broadcast Media In Singapore and the Region* (2nd Edition). Singapore：Thomson Learning, 2005, p. 77.

② 见新传媒8频道网站(http://www.channel8news.sg/news8/about)。

途径，但新加坡本地电视媒体依然是权威信息播发平台之一，很多华语电视受众依然保持睡前收看《晚间新闻》的习惯。

（3）节目品质稳定，内容代表性强。《晚间新闻》长期支撑晚间黄金时段收视高峰，其简洁明快的传播风格确保了受众能够在较短时间内获得较多的信息量。《晚间新闻》采取双人对播的方式（周末为单人主持），突出头条新闻、强化重点新闻，在 30 分钟左右的播出时间里，通过对本地、周边及全球其他国家和地区的报道，为新加坡本地观众描绘一幅"重点突出，详略得当"的新闻地图。它通过对新闻选题的把关与新闻话语的呈现，潜移默化地塑造着观众对国家的认知以及对外部世界的看法，具有鲜明的"拟态环境"刻画与塑造功能。以《晚间新闻》为研究对象，能够在一定程度上反映华语电视新闻多元文化传播实践观，进而析出华语电视媒体作为主流意识形态构造者，对受众观念所施加的影响。

在分析过程中，笔者采用"比较型研究设计"，将 5 频道晚间 21：00 播出的英语新闻《NEWS 5》一并作为分析对象，试图将播出频道与播出语言作为传播文本构造的影响变量，在比较维度分析华语电视新闻的编码特点及两者的共性与差异。首先，两档节目虽属于新传媒旗下不同频道播出的新闻节目，但节目形态大致相同且长期固定，播出时长也基本一致，均是以主持人口播串联起来的"硬新闻"，节目形态较单纯；其次，《晚间新闻》与《NEWS 5》分别编排于 8 频道与 5 频道的黄金时段，在新加坡电视观众中均有一定的影响力，但面向的受众却有很大差异——华语新闻的受众以华族为主，收视率最高，英语新闻的目标受众最广，囊括新加坡各个族群；最后，新加坡地域面积很小，日产本地新闻数量有限，加之传播制度环境的规约，通过公共电视渠道播出的新闻并不多，对两者的分析有助于在发现共性与差异的基础上，进一步明晰多元文化主义在新闻内容生产环节中的体现。

（二）具体节目的圈选

本研究采用复合周抽样，该方法是指在连续不同的星期里随机并按照顺序抽取周一至周日，抽取的这些样本构成一个"周"。相对来说，复合周抽样适用于较长时间跨度的研究，对于同一天有数量较多的样本的情形尤其适用,并保证了考察期间的每一天都有合乎主题的报道。① 有研究证实,一个构造周的媒介内容的均值,比任意连续一周或随机抽样的均值更接近总体的均值。② 笔者选取了 2016 年 11 月 1 日至 2017 年 1 月 31 日期间播出的《晚间新闻》与《NEWS 5》,主动回避了"新年""国庆节""哈芝节""屠妖节""圣诞节"等公共假期可能对新闻议题产生的影响,两档节目分别抽取 14 期,共 28 期。为便于比较,在抽取过程中,笔者以日期为单位,将同一天播出的《晚间新闻》与《NEWS 5》共同作为研究样本(见表 4-5)。

表 4-5　8 频道《晚间新闻》与 5 频道《NEWS 5》复合周样本

时间	第一构造周	第二构造周
周一	11 月 7 日	11 月 21 日
周二	11 月 15 日	11 月 29 日
周三	11 月 23 日	12 月 7 日
周四	12 月 1 日	12 月 15 日
周五	12 月 9 日	1 月 6 日
周六	12 月 17 日	1 月 7 日
周日	1 月 8 日	1 月 15 日

(三)分析单元的确定

对新闻节目进行分析的过程常以单条新闻作为一个分析单元,一般以主持人口播导语作为单元间隔。在节目板块设计中,均有一部分短新闻以简讯形式连续播出,但各条新闻之间的界限明显,容易辨别拆分。此外,在对节目进行观察时发现,偶有单条新闻被主持人口播隔开,从形式上被切割为两条(或两条以上),但如果为同一主题,且排除组合式报道或递进式报道的情形,在编码过程中按一条新闻计算。

---

① 周翔:《传播学内容分析研究与应用》,重庆大学出版社 2014 年版,第 113 页。
② 陈阳:《大众传播学研究方法导论》,中国人民大学出版社 2007 年版,第 200 页。

（四）研究问题与研究假设

丹尼斯·麦奎尔认为，社会是建构出来的，而不是固定的现实，媒介为现实的建构提供了原料并有选择性地制造和提供了意义，但媒介不可能客观地报道社会现实，所有的现实都是经过阐释的。①传播的社会建构理论认为，社会真实与社会关系就蕴含于话语之中，而并不仅是表面的通过话语进行表达。由于我们都处在被话语建构的社会中，自然无法摆脱充斥其中的媒体话语对我们的认知与认同的影响。②电视新闻作为具有权威性与辐射力的社会话语工具，它既向受众告知关于其所处地域的最新变化，也形塑着受众视野中的"地方"与"全球"关系。对新加坡而言，由于其区域位置、治理模式、发展模式等方面的特殊性，本地的电视新闻既要回应其在东南亚与亚太地缘政治中的现实地位，又要呈现其位居第一世界国家的傲人成绩。基于此，在对两档新闻节目进行内容分析之前，我们提出如下四个研究问题。

R_1：两档新闻节目呈现的"全球"与"地方"景象有何偏向？

R_2：多元族群社会在新闻中的呈现方式及显著性如何？

R_3：不同话语风格在新闻中的呈现是否存在差异？

R_4：国内新闻与其倡导的"共同价值观"之间的一致性如何？

戴维·莫利以及凯文·罗宾斯指出，全球化压缩了时间和空间的范围，创造了瞬即、深不见底的世界。全球空间是流的空间、电子空间、没有中心的空间、可以渗透疆界和边界的空间。但与此同时，地方主义在文

---

① [英]丹尼斯·麦奎尔：《大众传播理论》，崔保国译，清华大学出版社2010年版，第89页。

② [英]克里斯·巴克：《电视、全球化与文化认同》，北京大学出版社2008年版，第23页。

化领域也发挥着重要角色，并塑造着新的全球与地方关系。① 新加坡政府在独立后把经济发展、社会安定以及种族和睦当作首要目标，却不可避免地带来了极力全球化与锚定国家身份之间的紧张关系。新加坡领导人认为，实现这一目标的前提就是建立整体的国家意识，为国民营造一个新加坡人的身份。这种国民身份的塑造在新闻文本的生产中通常通过两种逻辑来实现：一方面，国内新闻报道要凝聚新加坡人的国家共识，提升受众对这一"城市岛国"的认同感与向心力；另一方面，国际新闻既要建构出新加坡作为全球发达经济体与英美等发达国家的对应关系，同时要在一定程度上刻画其与周边及东亚国家的信息反差，凸显新加坡在东南亚地区的比较优势。在新闻的话语风格与价值观指向方面，尽管新加坡政府认为媒体应该无条件支持政府，但事实上，基于《内部安全法》《官方枢密法》等法律制度已经成为大多数新闻从业者的行动依据和自我审查框架，只要新闻内容没有干涉政府决策，来自官方的审查并不常见。周兆呈认为，新加坡的媒体不与政府对抗，不挑战政府权威，但也不是执政党的"喉舌"。新加坡对电视资源的分配，使电视媒体一方面通过英语向所有民众发布和传播政策，另一方面也以各族群习惯的语言介绍和传播公共政策，并能够通过不同的侧重点，突出不同族群关注的课题和政策的层面。② 在新闻生产过程中，新加坡政府并不对媒体采取事先的新闻检查，也不阻止媒体刊登负面言论；媒体在报道相关政策时按照法律和规则的框架进行，一方面积极支持政府的政策，另一方面认真反映民意，提供建设性的批评。电视新闻生产的功能定位，一定程度上影响了其节目话语风格与价值观指向。因此，在提出上述研究问题的基础上，笔者结合对新加坡公共电视新闻节目的前期观察，提出如下研究假设。

H_1：国内新闻与国际新闻报道倾向有差异，国内的报道倾向更加正面。

H_2：华语新闻与英语新闻在国际新闻报道的区域选择上差异

---

① ［英］戴维·莫利、［英］凯文·罗宾斯：《认同的空间：全球媒介、电子世界景观与文化边界》，司艳译，南京大学出版社2001年版，第156－158页。

② ［新加坡］周兆呈：《新加坡公共政策传播策略：政府如何把握民意有效施政》，民主与建设出版社2015年版，第45－53页。

显著。

H_3：对东盟及周边国家的报道中，负面新闻占比较高。

此外，新传媒旗下的电视频道在多元文化社会与威权政治体系中的功能也较为特殊，新加坡媒体发展管理局颁行的《无线电视节目准则》与《对象性节目内容准则》均明确规定：电视机构有责任维护新加坡的传统道德和价值观，对于有争议的观点要进行平衡报道，并严格将新闻和评论区分开来，英语和华语频道的播出语言应以标准的英语及汉语普通话为主，避免新加坡式英语和方言出现，此外务必审慎对待涉及种族和宗教事务等敏感课题的报道。① 从播出语言层面看，多元文化主义认为，双语制的推行正在消除语言的多样性，而母语是一个族群绵延存续的关键传统，能够为族群提供心理上的安全感。② 新加坡虽然以英语为通用语，但各族群的母语也得以保留。在1979年新加坡开展"讲华语运动"前，大多数新加坡华族社群在非正式社交场合都讲祖籍方言。而近30年来，新加坡华族社群出现急剧的"语言易位"现象，英语的语用位阶明显高于族群语言，双语制对原有的混杂语言环境形成冲击：一方面，方言的长期"干扰"无法避免，在较长时间内仍有固定的使用空间；另一方面，在推广普通话过程中又遇到大量移借词的冲击，使新加坡华语逐步摆脱了正统华语的规范，形成了一套有特色的新加坡华语句法。因此，在多种语言、方言杂合的语言环境下，无论是英语还是华语，在新加坡都出现了不同语言相互混用的情况，通常被称为"杂菜式华语"或"杂菜式英语"。学者吴成英认为，混用或者转化的语码既可以在不同语言之间发生（华语、英语以及马来语），有时也可以在不同方言变体或者语体之间发生（华语、福建话、广东话、杂菜式华语）。③ 虽然新加坡媒体发展管理局在《广播电视节目播出准则》中明确规定了播出机构的播出语言，但语码混用已成为新

---

① 赵靳秋、郝晓鸣：《新加坡大众传媒研究：媒介融合背景下传媒监管的制度创新》，中国传媒大学出版社2012年版，第173－174页。

② ［英］C. W. 沃特森：《多元文化主义》，叶兴艺译，吉林人民出版社2005年版，第33页。

③ ［新加坡］吴成英：《汉语国际传播：新加坡视角》，商务印书馆2010年版，第68页。

加坡多元语言社会的表现，电视频道既要坚持以频道语言定位或族群定位为主的传播，又要容纳并适度呈现非频道播出用语的语言，从而对现实中的多元语言生态给予回应。基于此，我们提出如下假设。

H_4：在杂合语码的呈现上，华语新闻与英语新闻之间存在显著差异。

H_5：华语新闻比英语新闻的话语风格更多元。

1976 年，本杰明利用韦伯的"理想型"模式，分析了多元族群主义的"文化逻辑"，他认为：若过度强调族群之间的差异性，将会使身份固化，融合困难。对新加坡电视媒体而言，既需要在新闻文本中恰当体现多元族群事实，也需要通过新闻节目呈现基于国家认同之上的"社会整合框架"。在新传媒制作的英语和华语新闻中，对多元族群这一课题的呈现是否会因频道受众群的不同而存在差异，也是笔者想要验证的问题。此外，在新加坡推行的"共同价值观"中，排在前列的"国家至上、社会优先"无疑将国家认同、国家利益以及社会作为一个整体的共同利益置于族群利益之上，少数族群的各种需要也必须适应于国家层面的利益考虑，但又不能完全罔顾多元种族这一基本事实，这种价值观念也可能透过本地新闻的文本投射出来。基于此，我们提出如下假设。

H_6：华语新闻与英语新闻中对多元族群社会的呈现不存在显著差异。

H_7：华语新闻与英语新闻对共同价值观的呼应具有一致性。

（五）分析类目的建构

根据电视新闻节目的特点，在参照以往研究的基础上，结合新加坡多元文化主义传播实践的特点，本研究确定了如下 7 个分析类目，即报道地域、报道主题、报道立场、语码结构、话语风格、多元文化指征、共同价值观指涉。

报道地域分为本地和国际两类，本地新闻为新加坡新闻，国际新闻又分为东盟，中国，除中国、东盟外的东亚国家，亚洲其他国家和地区，亚洲以外的国家和地区，全球性及跨区域报道。

报道主题根据国内新闻与国际新闻进行分别编码，国内新闻的报道主题分为8类：政治、经济、文体、社会、健康、法制、反恐及其他。国际新闻的报道主题分为8类：政治、经济、突发事件、国际关系、国际会议与合作、军事冲突与恐怖活动、文化体育及其他。

报道立场分为"正面""中性"与"负面"3类，一般来说，对报道倾向的判断主要通过报道内容中的语义态度关键词及播音员的播报语气来确定。报道中常用的"积极""乐观""帮助"等可以使观众产生美好联想与向上态度的词语，可以归类为正面报道；而如果使用"恐怖""失望""迫害""抗议"等具有负面情绪的语汇，并让受众产生消极感受与联想的报道，则归类为负面报道，其他较为客观且不带有过多情感与价值判断的新闻报道则列入中性报道。

语码结构用来描述新闻报道中呈现的语言符码状况。新加坡媒体发展管理局要求本地英语和华语广播电视媒体须采用英式英语和汉语普通话播出，对播出语言有一定的强制性要求，但在新闻节目中，语码混用或语码转换的情形经常在同期声或记者采访中出现，这也成为新加坡社会"多元语言性"的体现。① 在对新闻节目的分析中，若该条新闻只出现汉语普通话或英语，则表明其语码结构属于"单一结构"，没有出现语码转换或掺杂的情形；若在新闻中出现非本频道规定的播出语言的情形（如：英语新闻中出现非英语语言或"杂菜式"英语，华语新闻中出现英语、其他族群语言、"杂菜式"华语以及华语方言等），表示其语码结构并不单一，属于"杂合结构"。在编码过程中，笔者将呈现单一结构与杂合语码出现的频次与比例关系，并比照中、英新闻之间的差异。

话语风格用来描述新闻内容在播出过程中的传播语态。由于新加坡公共电视媒体发挥着传递信息与凝聚共识的作用，在国家信息传播结构中扮演着特殊功能，笔者根据新闻的题材、用语及播报语态，将其国内新闻报道的话语风格分为5类：信息告知型、多元协商型、褒扬肯定型、劝慰呼

---

① 马然：《多元语言与国族想象——以邱金海三部曲为例谈当代新加坡电影》，载《艺术评论》2009年第7期。

吁型和批评忠告型。信息告知型一般侧重于向受众传递客观信息，没有过多的情感及态度投射；多元协商型表明报道的对象或记者的措辞一般并不持鲜明立场，侧重多元观点的传达与呈现，在具有争议且暂无定论的议题报道中较为常见；褒扬肯定型表达了对新闻事件或内含观点的肯定，具有正面意义以及鼓励、弘扬、传颂的社会价值；劝慰呼吁型希望通过新闻报道，劝导受众改变既有态度，配合公共政策或遵从政府所倡导的行为；批评忠告型多从负面事件出发，通过以案说理的方式，警示民众遵纪守法，共创安定有序的城市国家。

多元文化指征是指国内新闻报道对新加坡作为多元族群社会这一现实的回应与体现，它主要通过新闻报道中的语言、画面等要素呈现出来。在华族占人口75%左右的新加坡，马来族、印度族以及其他族群属于少数族群，本研究中的少数族群亦指华族之外的族群。笔者将多元文化指征归纳为5类：画面中包含少数族群人物形象或文化元素、现场同期声包含少数族群元素、现场采访对象为少数族群、新闻内容与少数族群有关、其他。少数族群形象包含少数族群的民众形象、文化形象、宗教形象等；具有少数族群特征的现场同期声包括音乐、音响等；现场采访对象中的少数族群为华族之外的群体，通过被采访对象的语言、肤色、姓名等信息进行确认；此外，新闻报道中若提及"多元种族""种族和谐"，与少数族群利益相关，或采取了"族群和谐"的报道框架，则也视作具有多元文化指征。在分析过程中，上述元素有可能在同一则报道中综合出现，因此设置为多选。

共同价值观指涉方面，笔者参照新加坡于1991年颁行的《共同价值观白皮书》，将新加坡的国内新闻报道按照其价值观指涉归入不同的类别：国家至上，社会优先；家庭为根，社会为本；扶持关怀，同舟共济；求同存异，协商共识；种族和谐，宗教宽容。但在分析过程中发现，由于新闻报道中所隐含的价值观具有一定的多元性，同一则新闻报道可能存在多个价值观指涉，因此将其设置为多选。

需要说明的是，由于本研究的重点在于分析新加坡电视新闻中的多元文化呈现，故在内容分析过程中，国内新闻与国际新闻按照不同的规则进行编码。国际新闻主要侧重于分析新闻的报道区域、报道主题及报道立场，国内新闻则主要分析其报道主题、报道立场、语码结构、话语风格、多元文化指征与共同价值观指涉。

（六）编码信度

在确定分析类目后，两名编码员针对同一天播出的两档新闻节目进行了编码，并根据编码中遇到的问题，对类目与编码说明进行了部分调整，以霍斯提公式测试后，编码员间信度为82%。

二、研究发现

在对《晚间新闻》和《NEWS 5》两个"构造周"（各14期，共28期）的节目进行采集后，共获得新闻样本469条。本研究按照编码规则，使用统计分析软件SPSS 19.0对所得样本进行数据分析。469条新闻的基本结构如下：第一，从播出时长来看，两档新闻节目并非严格按照节目表规定的30分钟时长来筹划内容，播出时长从23分钟到35分钟不等，超时播出和播出时长不足的情况均较常见。第二，从总体播发的新闻数量来看，《晚间新闻》共播发新闻240条，日平均播发新闻17条；《NEWS 5》共播发新闻229条，日平均播发新闻16条（两档节目在构造周内每天播发新闻数量的变化如图4-2所示）。第三，按照播发新闻的地域属性，两档新闻节目播发的国内新闻共279条，其中《晚间新闻》播发139条，《NEWS 5》播发140条；国际新闻共190条，其中《晚间新闻》播发101条，《NEWS 5》播发89条。

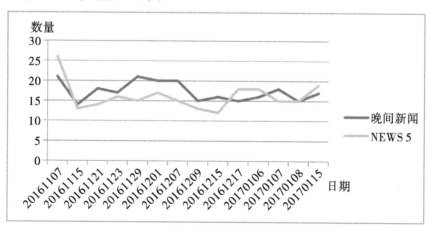

图4-2　《晚间新闻》与《NEW 5》日播发新闻数量

（一）本地新闻与国际新闻的报道倾向

两档新闻节目按照国内新闻与国际新闻两个维度和正面、中性、负面三种报道倾向分类统计，详细结果如表4-6所示。

表4-6 《晚间新闻》与《NEWS 5》的报道倾向分布

节目		国内新闻				国际新闻			
		正	中	负	合计	正	中	负	合计
《晚间新闻》	数量	88	37	14	139	18	27	56	101
	占比	63.31%	26.62%	10.07%	100%	17.82%	26.73%	55.45%	100%
《NEWS 5》	数量	84	38	18	140	4	37	48	89
	占比	60.00%	27.14%	12.86%	100%	4.49%	41.58%	53.93%	100%
合计		172	75	32	279	22	64	104	190

从表4-6可见，《晚间新闻》播发的国内新闻中，正面报道占63.31%，中性报道占26.62%，负面报道占10.07%；《NEWS 5》播发的国内新闻中，正面报道占60%，中性报道占27.14%，负面报道占12.86%。《晚间新闻》播发的国际新闻中，正面倾向占17.82%，中性倾向占26.73%，负面倾向占55.45%；《NEWS 5》播发的国际新闻报道中，正面倾向占4.49%，中性倾向占41.58%，负面倾向占53.93%。笔者对《晚间新闻》和《NEWS 5》所报道的国内新闻倾向进行了卡方检验，结果见表4-7，两档新闻节目所报道的国内新闻在倾向上无显著性差异（$P=0.740>0.05$）。由此可见，不论是华语新闻还是英语新闻，两档新闻节目在价值倾向上具有较强的一致性，对国内新闻的报道偏向正面。在国内新闻的选择与报道中，大部分报道的选题都源于政府官方信源，新加坡领导人的政治活动、国内经济发展趋势、社会发展扶持政策等是主要议题，此类信源决定了国内新闻以正面为主的报道结构，即便是类似经济下行压力增大、劳动力市场趋紧等看似负面的议题，也会通过将其纳入政府政策改善等框架，强化报道框架的建设性。

表4-7 两档新闻节目国内新闻报道倾向的卡方检验分析结果

项目	值	df	渐进 Sig.(双侧)
Pearson 卡方	0.603[a]	2	0.740
似然比	0.604	2	0.739
线性和线性组合	0.538	1	0.463
有效案例 N	279		

然而两档节目所报道的国际新闻在倾向上有显著性差异（如表4-8所示），根据 Pearson 卡方检验的结果可见 $P = 0.006 < 0.05$，其中《晚间新闻》所报道的国际新闻更倾向于正面，《NEWS 5》报道的国际新闻偏向中性。在国际新闻中，由于大部分报道均来自国际通讯社及国外媒体的"二手信源"，除了对事实本身进行把关取舍外，新传媒并无太多可发挥的空间。但由于两档新闻节目面向的受众群体有差异，《晚间新闻》以华语受众为主，《NEWS 5》以英语受众为主，后者在社会阶层的分布上包含更多的精英阶层，这可能使其在国际新闻在把关上偏于中性。

表4-8 两档新闻节目的国内新闻报道倾向的卡方检验分析结果

项目	值	df	渐进 Sig.(双侧)
Pearson 卡方	10.370[a]	2	0.006
似然比	11.063	2	0.004
线性和线性组合	1.377	1	0.241
有效案例 N	190		

（二）《晚间新闻》与《NEWS 5》国际新闻报道地域分布结构及报道倾向

新加坡在全球格局及地缘政治格局中的方位，无形中影响着本地公共电视媒体对国际新闻的把关，国际新闻的地域分布及其在各档节目播发新闻总量中的占比见表4-9。

表4-9 《晚间新闻》与《NEWS 5》国际新闻报道地域分布

地域	《晚间新闻》		《NEWS 5》	
	报道数量	占比	报道数量	占比
东盟十国	18	7.50%	25	10.92%
中国（含港澳台）	14	5.83%	8	3.49%
日本、韩国、朝鲜	13	5.42%	10	4.37%
亚洲其他国家和地区	9	3.75%	5	2.18%
亚洲以外国家和地区	25	10.42%	4	10.48%
跨区域报道	22	9.17%	17	7.42%

从表4-9可见，除了指向环境、反恐、多国外交等全球性或跨国议题的跨区域报道外，在对国际新闻报道的地域圈选上，两档新闻均以新加坡为中心，视角逐渐向东南亚国家、东亚各国以及世界发达经济体延伸，其中，对东盟国家的报道占比最高；对中国的报道也占有相当大的比重；而对亚洲以外国家和地区的报道则主要聚焦于欧美发达国家及新西兰、澳大利亚等国。从中可见，周边及东亚地区、世界发达经济体是其国际新闻关注的重点。在报道倾向上，卡方检验结果显示，两档节目针对不同区域的报道倾向并无显著性差别（$P=0.517>0.05$）。两档新闻节目的分布结构如图4-3所示。

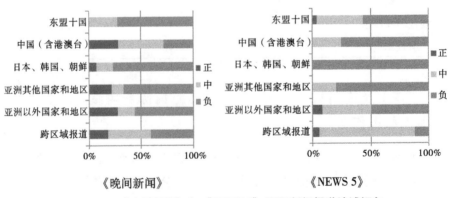

图4-3 《晚间新闻》与《NEWS 5》国际新闻报道地域倾向

由上图可见，在报道倾向方面，国际新闻报道中负面报道占比最高，在《晚间新闻》中的占比达到55.45%，在《NEWS 5》中的占比为

53.93%。从地区间差异看,与新加坡邻近的东盟十国的报道数量最多,负面新闻的绝对数也较多。对日本、朝鲜、韩国的报道几乎以负面新闻为主,例如,由"朴槿惠闺蜜干政丑闻"引发的韩国政局动荡,两档新闻节目均给予了持续报道,甚至多次将其放在头条位置播发,赋予其高于本地新闻的显著性,使这一议题成为继美国大选之后长期占据本地电视新闻显著位置的国际性议题。在对中国事务的报道中,包含如"中国北方雾霾"等相对负面的议题。由于目标受众存在差异,《晚间新闻》与《NEWS 5》对中国事务的报道倾向也有较大的差异,英语新闻更倾向于报道来自中国的负面新闻,而华语新闻则有试图达致平衡的意向,"中国经济前景向好""中国培育出海水稻""儒学私教复兴"等相对正面的内容也被华语新闻纳入报道范围。此外,印度虽不属于东盟十国范畴,但由于印度族在新加坡人口中也占有一定比重,因此在对亚洲其他国家和地区的报道中,关于印度的新闻较多,环境恶化、币值缩水等是常见的报道主题。可以看出,新闻节目中对地缘政治的关注,也是依托"危机"话语潜网来进行内容组织的,尽管这些新闻发生在新加坡之外,但依然能够触发新加坡国家建设话语中的生存与团结修辞。在与国内新闻的比照中,更加凸显了该国借助"危机"与"危机管理"创生民族主义与国家认同的话语意向。

(三)《晚间新闻》与《NEWS 5》杂合语码的显著性

杂合语码是新加坡多元语言社会的表征,虽然英语已在实践中成为该国的通用语和官方语,但华语、马来语和泰米尔语也在社会中广泛流通,并有可能通过电视新闻的同期声或现场采访体现出来。笔者通过研究发现,两档新闻节目杂合语码出现的频次差异很大(见表4-10、表4-11,$P=0.000<0.05$),其中《晚间新闻》报道的国内新闻中杂合语码出现的频次远高于《NEWS 5》中杂合语码出现的频次。

表4-10 《晚间新闻》与《NEWS 5》国内新闻中杂合语码出现的次数

单位：条

国内新闻	单条新闻中杂合语码出现的频次				合计
	1次	2次	3次	4次	
晚间新闻	34	22	1	1	58
NEWS 5	4	0	0	0	4
合计	38	22	1	1	62

表4-11 《晚间新闻》与《NEWS 5》中杂合语码出现次数的卡方检验

项目	值	df	渐进 $Sig.$（双侧）
Pearson 卡方	61.622[a]	4	0.000
似然比	74.466	4	0.000
线性和线性组合	57.718	1	0.000
有效案例 N	279		

在两个构造周内的电视新闻中，《晚间新闻》中有58条出现了杂合语码，占该节目国内新闻播发总数的41.7%；《NEWS 5》有4条新闻出现杂合语码，仅占该节目国内新闻播发总数的2.9%。华语新闻中掺杂英语以及少量华语方言是杂合语码出现的主要形式，马来语和泰米尔语在两档新闻节目中均未出现。《晚间新闻》中呈现的杂合语码主要分为两类：一类是新闻现场的英语同期声以及被采访者的英语口白；另一类是被采访者在表述过程中出现的语句内或句间语码掺杂，即杂菜式英语或杂菜式华语，但此种情形出现次数较少。虽然两档新闻都有杂合语码出现，但由于节目在播出前已经将全部文稿转换为播出语言并导入字幕系统，因此听不懂英语或华语的观众也可通过字幕理解播出内容。

而从深层次原因看，杂合语码的显著差异与电视机构多语种协同采编的生产机制有关。在新传媒内部，新闻内容生产按照不同的语种进行划分，大部分记者都具有双语采写能力。而在重大事件的采访过程中，记者一般都会考虑不同语种的播出需求，在人员配置以及现场采访过程中都会尽量以制作超过一种语言的报道为目标。在过去，由于新闻采访的记录介质为录像带，而不同语种新闻的首播时间又非常接近，导致编辑制作的时间非常紧张，无法依据不同的播出频道量身定制。但随着技术手段的进步，新传媒引进了全新的资源共享系统，通过一个中央处理器，各个单位的新闻制作人员，包括记者、编辑、主编、主播等，都能够通过自己的电脑调用新闻素材，并进行剪辑、录音等工作。① 技术平台打通后，大大提升了新闻资源的共享效率，也为各语种新闻内容的高效生产提供了更多便利与可能。在官方活动场合，由于英语是通用语言，其采访的前期素材一般以英语为主，但这些内容编排在面向不同族群的频道播出时，语码掺杂的情形也在所难免。对于非官方活动（如社会新闻、文化教育新闻、健康新闻等）的采访，中文时事组的记者则会尽量顾及目标受众的语言习惯，尽可能多地使用华语同期声或以华语进行现场采访。例如：在2017年1月15日播出的新闻中，《晚间新闻》与《NEWS 5》都报道了"政府设立教育储蓄技能奖，李显龙在德义区为获奖学生颁奖"的消息，但在制作环节，两档新闻节目分别采用了李显龙的华语同期声和英语同期声；此外，还有不少本地新闻，记者在采访过程中还会要求采访对象（大部分是政府中的华族官员或知识素养较好的公民；年长的华族公民一般使用普通话接受采访，不允许出现方言）尽可能用英语和华语分别接受采访，以便分发到不同的频道播出。在分析过程中仍可看出，除了中文时事组记者独立自采的少量新闻外，英语仍是绝大部分新闻内容的原始语言文本，在其导入华语频道的新闻制作线后，同期声与外采素材也以英语为主。此外，由于新加坡语言环境的变化，英语作为通用语的地位已毋庸置疑，接受华语新闻采访的华族，也有相当一部分人使用英语。在研究过程中，笔者能够洞见《晚间新闻》的制作团队为呈现以汉语普通话为主的新闻播出文本的各种努力，但从新加坡的社会语言环境来看，英语占强、华语趋弱、语码掺杂已是客观现实。

（四）《晚间新闻》与《NEWS 5》的话语风格

话语风格隐含在新闻表象背后，难以被直接察觉，却可被感知。马丁·巴伯罗认为，要通过大众传播媒介的信息环境建构，将"大众转化成

---

① 李宇：《海外华语电视研究》，中国社会科学出版社2011年版，第178页。

一国的国民,进而将一国的国民转换成一个民族"①。通过电视新闻实现这种认同感建构,不仅需要拿捏国内与国际、正面与负面新闻之间的比例,构造有利于国家认同感建构的信息环境,同时还要将态度与情绪注入新闻文本,使受众在接受表层信息的同时,逐渐形成对公共事务的认知模型。笔者对《晚间新闻》与《NEWS 5》中的国内新闻话语风格进行了归类,其结构分布见表4-12、表4-13。

表4-12 《晚间新闻》与《NEWS 5》的话语风格分布

话语风格	《晚间新闻》		《NEWS 5》	
	报道数量	占比	报道数量	占比
信息告知型	49	35.30%	48	34.30%
多元协商型	7	7.00%	13	9.30%
褒扬肯定型	50	36.00%	50	35.70%
劝慰呼吁型	20	14.40%	17	12.10%
批评忠告型	13	9.30%	12	8.60%
总计	139	100.00%	140	100.00%

表4-13 《晚间新闻》与《NEWS 5》的话语风格卡方检验

项目	值	df	渐进 $Sig.$(双侧)
Pearson 卡方	2.090^a	4	0.719
似然比	2.118	4	0.714
线性和线性组合	0.149	1	0.699
有效案例 N	279		

冯·戴伊克(Teun A. van Dijk)认为,话语是一种社会控制力量,各种话语无不体现着社会权势的意志,无不对应着特殊的权力结构。新闻媒体可以在自己的权势范围内决定话语的体裁,确定话语的话题、文体和表

---

① [英]戴维·莫利、[英]凯文·罗宾斯:《认同的空间:全球媒介、电子世界景观与文化边界》,司艳译,南京大学出版社2001年版,第90页。

达方式。新闻报道已成为人们接触最多的一种话语类型,它既作用于公众对各种事情的社会认知,更塑造着他们的认知结构。[①] 因此,对新闻文本的研究需要从表象向纵深开掘,在探究新闻媒介"说了什么"的同时,已成为潜藏在信息表层背后、更具灌注意义的内在文本结构的"如何言说"更不容忽视。上述五类话语风格是笔者在结合一些学者对电视新闻话语风格大致分类的基础上,对新加坡电视新闻进行观察后修正得出的。《晚间新闻》与《NEWS 5》播发的国内新闻数量基本一致,分别为139条和140条,信息告知型与褒扬肯定型的话语风格占比最大,占国内新闻报道总量的70%以上。笔者对两档新闻节目中的国内新闻话语风格进行卡方检验后发现,二者并无显著性差异($P=0.719>0.05$)。

从新闻选题上看,信息告知型新闻大都来自官方的信息通报,其中既有国家领导人的政治活动,也有政府各部门出台的公共政策介绍与解读,不论信息本身属于好消息还是坏消息,报道的过程很少加入价值判断,如"新加坡与卢森堡签署科技合作协议""本地上月私宅销量创新高""本地登革热疫情通报"等;褒扬肯定型则暗含了积极正面的价值观投射,对那些有利于社会进步与民众福祉的新闻,通常都会表达出积极肯定的话语风格,如"国会通过动议,肯定残奥健儿取得佳绩""政府通过边缘少年改造计划,帮助边缘少年改过自新""农粮局将建设新的动物收容中心"等。

除了上述两类占比最高的话语风格外,呼吁劝慰型也占有一定的比重,该类型主要指向那些吁请民众配合公共政策或声援某些社会倡议的新闻,如"李显龙敦促国人从英国脱欧及美国大选中吸取教训,回归'诚实政治'更好团结国人""总统陈庆炎就民选总统改革发表意见,促请民众从长远角度考虑国家政治制度设计"等;而多元协商型与批评忠告型在其中的占比比较低,前者主要出现在国会辩论场合(1996年起,华语频道就开始制作《今日国会》的华语版本,向观众传递国会讨论议题与议员辩论内容),媒体会选取有争议的社会议题同时呈现国会议员的观点,如"议员就是否修改民选总统制度展开辩论""议员就网络赌博治理展开辩论""个人代步工具允许带上公共交通系统首日,民众容忍度高"等。与

---

① 李彬:《符号透视:传播内容的本体诠释》,复旦大学出版社2003年版,第339-341。

之类似，批评忠告型话语风格出现的情形也相对集中，主要集中在那些被曝光的负面新闻、社会法制新闻等。新加坡的法制环境非常严明，政府在出台一些政策措施之前都会通过媒体提前告知，那些在很多媒体看来颇有噱头的触刑案例，在新加坡的电视新闻中并不会以"吊胃口"的形式进行铺垫或渲染，在报道言辞上较为客观平实，如"本地前九个月酒驾查处数量较上年减少，政府将考虑加强刑罚""网络直播风潮吹向本地，卖弄性感可能触犯法律"等具有批评忠告性质的新闻，均是通过忠告性话语传达是非观念，劝服民众遵纪守法。

（五）《晚间新闻》与《NEWS 5》中的多元族群（文化）呈现

多元文化主义认为，每个国家都存在着造就单一共同文化的压力。因此，对一种想要在现代世界生存并获得发展的文化来说，它必须成为一种社会性文化。① 社会性文化首先是一种现代的观念，它认为现代社会中的文化应当打破社会阶层与种族之间的分离，而不是将文化视作特定阶层与族群的"特属物"。在一个主权国家之内，社会性文化表现为把各种文化变成国家共同体与全民族范围的"共有物"。在现代世界，传媒已成为社会性文化的呈现者、解读者以及生产者，它同学校、经济以及政府一样，体现于在一国的文化结构中，并持续不断地被再生产，这反映了现代民主国家对一种高水平团结的需要。② 在新加坡的族群结构中，华族是人口占大多数的族群，而马来族、印度族与其他族群的规模则相对较小。对本地公共电视媒体的新闻生产来说，包容与反映多元族群这一事实也成为新闻生产的重要组成部分。这种呈现可以是少数族群的面孔、少数族群的语言以及少数族群的观点等。笔者依据少数族群在新闻文本中的呈现方式，以频次为单位对两个构造周的国内新闻进行了统计，多元族群（文化）符号的呈现频次见表4-14。

---

① ［加拿大］威尔·金里卡：《多元文化公民权：一种有关少数族群权利的自由主义理论》，杨立峰译，上海译文出版社2009年版，第100-101页。

② ［加拿大］威尔·金里卡：《多元文化公民权：一种有关少数族群权利的自由主义理论》，杨立峰译，上海译文出版社2009年版，第97页。

表4-14　《晚间新闻》与《NEWS 5》多元种族（文化）元素的呈现频次

单位：条

呈现形式	《晚间新闻》	《NEWS 5》	小计
画面中包含少数族群形象	59	74	133
同期声包含少数族群元素	10	25	35
采访对象为少数族群	8	19	27
新闻内容与少数族群有关	7	8	15
不显著或未呈现	79	65	144

扣除"不显著或未呈现"的新闻，《晚间新闻》与《NEWS 5》包含多元族群（文化）元素的新闻分别有60条和75条，占两档节目国内新闻播发总量的43.16%和53.57%。从"画面中包含少数族群形象"到"新闻内容与少数族群有关"，多元族群（文化）元素的出现频次逐渐递减，且英语新闻中的出现频次相对高于华语新闻。卡方检验结果见表4-15、表4-16。

表4-15　《晚间新闻》与《NEWS 5》"画面中包含少数族群形象"的卡方检验

项目	值	df	渐进 $Sig.$（双侧）
Pearson 卡方	3.031[a]	1	0.082
连续校正[b]	2.628	1	0.105
似然比	3.036	1	0.081
线性和线性组合	3.020	1	0.082
有效案例 N	279		

表4-16　《晚间新闻》与《NEWS 5》"新闻内容与少数族群有关"的卡方检验

项目	值	df	渐进 $Sig.$（双侧）
Pearson 卡方	0.063[a]	1	0.802
连续校正[b]	0.000	1	1.000
似然比	0.063	1	0.802
线性和线性组合	0.063	1	0.802
有效案例 N	279		

从表 4-16 可见，两档新闻节目在"画面中包含少数族群形象"上并没有显著性差异（$P=0.082>0.05$），同时，两档节目的与少数族群有关的新闻内容也没有显著性差异（$P=0.802>0.05$）。说明两档节目虽然归属不同的制作团队，但在多元族群（文化）的形象呈现与议题选择上表现出较高的一致性，没有出现明显的偏向。

但两档节目"同期声包含少数族群元素"以及"采访对象是少数族群"的卡方检验结果显示，《晚间新闻》和《NEWS 5》在"同期声包含少数族群元素"上存在显著差异（$P=0.007<0.05$），《NEWS 5》在"同期声包含少数族群元素"的频次更高；《晚间新闻》和《NEWS 5》在"采访对象为少数族群"上也存在显著差异（$P=0.027<0.05$），《NEWS 5》报道的国内新闻中"采访对象为少数族群"的频次更高（见表 4-17、表 4-18）。这表明华语新闻对少数族群的呈现手段与次数均较少，而英语新闻则更具有面向多元族群并赋予其呈现与表达空间的意识。

表 4-17 《晚间新闻》与《NEWS 5》"同期声包含少数族群元素"的卡方检验

项目	值	df	渐进 $Sig.$（双侧）
Pearson 卡方	7.228[a]	1	0.007
连续校正[b]	6.289	1	0.012
似然比	7.442	1	0.006
线性和线性组合	7.202	1	0.007
有效案例 N	279		

表 4-18 《晚间新闻》与《NEWS 5》"采访对象为少数族群"的卡方检验

项目	值	df	渐进 $Sig.$（双侧）
Pearson 卡方	4.875[a]	1	0.027
连续校正[b]	4.022	1	0.045
似然比	5.008	1	0.025
线性和线性组合	4.857	1	0.028
有效案例 N	279		

我们难以从量化角度确切判定当前的比例结构是否适宜，也没有官方标准来对目前的情形进行衡量。但从直观的视觉文本中可以察觉到，不同族群的形象、言论及观点在公共电视媒体中的自然呈现。他们可以是不同领域中的"典型人物"，也可以针对共同的社会议题发表多元化的观点，这在无形中回应了新加坡多元族群共存的社会现实，并进而创造出不同频道之间共有共享的共通文本与意义空间。种族中立的媒体立场，缓解了社会管理中的种族问题压力，也为国家留出更多解释余地来应对此类问题。

　　学者常士訚认为，如果不能通过公共文化在公民之间发展出一种共同的归属感，一个文化多元的社会就不能稳定而持久地存在。① 从直观角度看，公共电视新闻基本上做到了以选题为导向，两档新闻节目依照目标受众的族群差异，在传达新闻核心内容的同时也在兼顾多元族群元素的呈现，但不会过多碰触那些与种族事务有关的选题。即便需要呈现相关主题，媒体的报道框架也表现出必要的谨慎，如：在报道印度族屠妖节的节庆活动时，记者选择了一所由马来族设计修缮、由华族捐资的印度神庙进行实地采访，将一个本属于少数族群节日的新闻议题置于族群团结的框架下；在报道国会讨论民选总统制度改革方案时，两档新闻节目既呈现了少数族群公民当选总统的重要意义，同时也播出了时任通讯及新闻部部长雅国博士（马来族）的担忧，即预留总统位置给少数族群候选人，会给人以协助少数族群"上位"之感。笔者在对两档新闻节目中多条涉及族群议题的新闻报道进行分析后发现：新加坡公共电视新闻慎重处理此类议题，将其归入多元族群和谐与国家认同至上的范畴，使受众认识到族群身份的存在是以国家这一共同的政治共同体的存在为基础的，族群之间的和睦共处也同样是以民族国家的存在为基本前提的。这使得不论面向哪个族群、在哪个频道播出的新闻，其文本本身就包含共同的政治情感，并号召民众以不同的方式为新加坡这一政治共同体效力。

　　尽管新加坡华人占多数，但政府并不承认本国是一个华人国家，更极力避免被外界视为华人政府。只要不触犯种族主义禁区，种族便难以成为对国家提出特别要求的因素。李显龙曾表示："在种族问题上，我们所面

---

① 常士訚主编：《异中求和：当代西方多元文化主义政治思想研究》，人民出版社2009年版，第369页。

对的是根深蒂固,而且可能隔代相传的敌对本能,这需要几代人才能解决。种族情绪仍然可能被不负责任的乌合之众煽动和点燃。一旦发生流血事件,许多年的建国心血和各种族之间渐渐加强的相互信赖和谅解都将成为泡影。"① 因此,新加坡政治集团从不将自己视作任何族群的代言人,而是完全以整个国家的代理人与代议士的身份出现,并从不为某个族群的特殊利益而采取行动。在媒体传播场域,不同语种的电视新闻对国家议题与族群问题的回应,均以共识输出为要,可以适度回应其目标受众的族群差异,但并不夸大种族差异或宣扬种族优势。这种处置方式产生了"双管齐下"的效果:一方面,借助电视媒体承认多元族群社会事实;另一方面,抚平可能引致争议的族群议题,协助政府将种族问题及其争议逐出公共话语空间。

(六)《晚间新闻》与《NEWS 5》对新加坡共同价值观的呼应

与邻国马来西亚奉行以伊斯兰教文化为核心与"马来人至上"的价值观不同,新加坡独立建国后,以李光耀为首的人民行动党确立了"所有种族一律平等的原则"。为了维护国内的团结与稳定,还将"语言""种族""宗教"列为三大"课题禁区",并颁行《诽谤法令》《煽动法令》《官方枢密法令》等一系列法律条文,在法律规定的最大限度内予以干预,并借助国家权力来保证政府意图的实现。但来自国家机器的规束与压制至多是在"面和"的层面上抹平矛盾冲突,不同种族之间"心不和"的问题仍然存在。除加强教育引导外,本地大众传媒还需要发展出一种供多元族群社会共享的社会性文化,以起到一定的观念安抚作用,增进族群之间的宽容与理解。1991年,新加坡政府在长期酝酿并反复征求国民意见后颁布了《共同价值观白皮书》,将新加坡共和国的共同价值观念浓缩为"国家至上,社会优先;家庭为根,社会为本;扶持关怀,同舟共济;求同存异,协商共识;种族和谐,宗教宽容"40个字。核心价值观在通过教育系统影响新加坡公民价值观念的同时,也规划着本地新闻文本的价值取向。新加坡第七任总统陈庆炎曾任新加坡报业控股集团主席,针对新加坡

---

① 吕元礼:《亚洲价值观:新加坡政治的诠释》,江西人民出版社2002年版,第597页。

媒体的新闻报道,他曾指出:"在某些国家,新闻工作者很自然地假定政府所做的都是错的,因而跟政府对抗,他们这是因为反对而反对,我不认为这样做对新加坡会有什么益处。我们的新闻工作者和高级编辑们必须致力于专业,确保自己了解政府的观点,然后做出专业判断。"① 陈庆炎对大众传媒的认识与李光耀如出一辙,在李看来,新闻媒体的自由必须服从于国家的利益,并服从于民选政府的施政宗旨,他并不认为新闻媒体应当扮演所谓的"第四权力"角色,而应该成为促进国家共同体意识形成,进而成为推动整体发展与进步的"黏合剂"。媒体权力必须受到节制,而不应将其视作"第四权力"。笔者根据新加坡共同价值观的内容,将两档新闻节目中的国内新闻报道按照其指涉的内容进行归类,其中既存在一条新闻呼应一个或多个价值观的状况,也存在价值观指涉不明显的状况。经统计,指涉频次与分布如表4-19所示。

表4-19 《晚间新闻》与《NEWS 5》对新加坡共同价值观的指涉频次

单位:条

价值观指涉	《晚间新闻》	《NEWS 5》	小计
国家至上,社会优先	70	74	144
家庭为根,社会为本	57	50	107
扶持关怀,同舟共济	34	31	65
求同存异,协商共识	7	12	19
种族和谐,宗教宽容	4	6	10
不明显或未呈现	38	45	83

新加坡的国家与民族认同感很弱,国家认同在很大程度上仍处于形成进程中。在对共同价值观的呼应上,电视新闻有助于唤起民众的自我反省意识,提高国家观念,并对缺乏民族认同感者进行道德教育。除去"不明显或未呈现"共同价值观的新闻,在构造周内播发的国内新闻中,含有共同价值观指涉的新闻分别有101条和95条,占两档节目国内新闻播发总

---

① [新加坡]吴元华:《新加坡良治之道》,中国社会科学出版社2014年版,第251-252页。

数的72.66%和67.86%。尤其在"国家利益"与"族群利益"之间，媒体话语有意识地保持了区分。作为一个自然资源严重匮乏且易受外部环境影响的岛国，维持生存的迫切性决定了建设国家的公共辞令需要高度回应大多数国民改善生活条件的迫切需求。可以明显观察到，两档新闻节目中呼应"国家至上，社会优先"这一主题的新闻数量最多，对国家与民族共同体的回应频率最高，这也是新加坡建国以来，借助其艰难的历史处境而持续发展并强化形成的一套"生存话语"；其次是"家庭为根，社会为本"，主要体现的是政府对公民与社会公共事务的关注；"扶持关怀，同舟共济"的占比排名第三，基本上以民间的关爱扶助行动和慈善活动等为主，鼓励民众关怀老幼和其他弱势群体，营造和谐博爱的社会氛围；关于族群与宗教议题的报道数量很少，分别只有4条和6条，基本上与已故的少数族群领袖有关。那些高度呼应共同价值观的新闻一般属于较为重要的政策性议题或社会性议题，其容纳共同价值观的弹性较大，也赋予了记者较有张力的报道空间。如：两档新闻在2016年11月7日的节目中都花费大篇幅报道了"民选总统制度改革"的新闻，《晚间新闻》从"副总理张志贤表示，修宪有利于团结国人""议员就是否就民选总统改革修宪展开议会辩论""总统陈庆炎认为修宪有利于跟上时代步伐"三个层面，将这一议题纳入国家、社会、种族等多个报道框架，呼应了共同价值观的大部分内容。《NEWS 5》还专门播出了新加坡第一任总统尤索夫·伊萨克（Encik Yusof Bin Ishak，马来族）早年带领国人共同建设新加坡的影像资料，阐述少数族群总统在新加坡历史上的卓越功勋。受新加坡威权政治生态的影响，真正包含"求同存异，协商共识"价值观的新闻报道并不多见，但在涉及国家利益的重大政治制度改革中，媒体也不吝惜时间、版面、资源，将其作为教育民众认识现实国情，提升民众政治参与感和认同感的契机。对民选总统改革的报道，让观众知晓这一政治制度改革既是宏大的"国计"，也是与多元族群社会中每一位公民有关的"民生"。将国家重大政治制度改革与国民价值观塑造紧密接合，既呼应了政府的政策议程，又将政策议程向公众议程进行了转化。

新加坡政府认为，环顾世界，不同种族与宗教信仰的人们和平共居并非常态，不同种族的人们组成一个国家也并非自然。尽管这类观点听上去让人觉得悲观，但新加坡独立建国后所取得的发展成绩却很难与国民的一致性力量分开。如若以多元族群为借口来搅动国家的安定和快速发展,更会被新加坡公民认为是一种愚蠢的想法。《共同价值观白皮书》中的五条内容虽然很难被人们当作行事准则加以遵守,但大众传媒却成为社会价值观塑造过程中非常重要的一支力量。① 在新加坡的政治集团看来,尽管新加坡是全球经济版图中的亮眼"小红点",却不能完全以经济进步为基础来稳固国家认同,近30年先后发生的亚洲金融危机、恐怖袭击、SARS疫情、美国次贷危机、新冠疫情等所带来的外部不确定性,都有可能削弱建立在经济成就基础上的国家认同。多元族群社会的不稳定和脆弱是新闻报道中需要反复印证的常态主题,借此产生一种遍在的压倒性感觉,即不同族群和平共处并非天经地义,政府有必要进行干预,以促进和维护民族和谐,防止社会冲突。总体来看,透过电视新闻镜像,国内环境与国际环境之间形成了一定的"信息感知位差":国内真实而脆弱的安定环境与周边国家的动荡不安形成鲜明对比,构造出近似"内安外忧"的媒介现实。通过电视新闻的文本生产,印证并发展了新加坡的共同价值观,建构出一种乔姆斯基所认为的有利于提升国家认同与促进社会发展的"必要的幻象"。新加坡迫切需要通过这种"内外有别"的拟态环境来凝聚多元族群社会中不同族群的共同体感,这种差异也在受众的观念中将新加坡同其他国家区分开来,甚至构成了新加坡公民国家认同的绝大部分内容。

第三节 华语电视剧的文化归依:
题材的稳态与认同的浮现

新加坡是全球华人占比最高的发达国家,其因所处方位、历史而受到东西方文化交汇碰撞的影响,但内部的多元文化政治实践和地缘格局又使各族群的文化传统在一定程度上被保留和延续下来。在新加坡的文化景观中,一方面,我们看到华族文化的显著性及其在文化系统中的控制性力量;另一方面,新加坡的政治经济和地缘格局又使华族文化在多元文化的

---

① David Birch. *Singapore Media: Communication Strategies and Practices*. Singapore: Longman Cheshire, 1993, p.7.

冲击下被不断改造，并与其来自中国的原生文化保持距离。在电视剧生产与消费方面，新加坡既是华语电视剧的消费大国，从中国内地和香港、台湾地区引进大量的华语电视剧，同时也通过其本国华语电视剧的生产，不断丰富华语电视剧的地域景观。对新加坡本地生产的华语电视剧文本进行分析，能够从中发现华族文化在电视剧本文中是以何种方式被呈现的，进而洞见华族文化在媒介镜像中的特征与变迁。

一、新加坡华语电视剧的题材结构

华语电视在新加坡本地电视市场中领衔，剧情类节目的引领力不容小觑。从20世纪70年代开始，新加坡广播电视台就已经从中国香港、台湾等地区引进华语电视剧。[①] 20世纪80年代，新加坡广播公司只有两个电视频道（第五波道与第八波道）并采取多语言混合编排播出的时候，华语电视剧在华语节目中的播出时长占比就达到60%以上。[②] 1980年，新加坡电视台改组为新加坡广播公司后导入市场法则，依靠营利来支撑媒体发展。在当时的新加坡广播公司总经理郑东发看来，华族观众是最大的潜在受众资源，故尝试将内容生产重点转向尚待挖掘的华语电视剧。郑东发认为，自制电视剧不仅可以在本地流行以谋利，也能更好地推进新加坡的价值观，号召民众支持政府的社会政策。[③] 除了加大引进——从香港引进一批华语电视剧制作人才之外，还从新加坡当地话剧团入手，挖掘新加坡自身的内容生产力；按照"本地 + 引进"的联合配对模式组建艺人联络组，大批本地演艺人才得以涌现。进入20世纪90年代，伴随着全球范围内节目交易市场的蓬勃发展、节目形态的多元化以及新加坡广播公司频道资源的调整，华语电视剧的播出比重虽有小幅波动，但其播出时长与总量却不断上升。新传媒既要加强本地制作，力争黄金档电视剧完全实现自制，同

---

① 苏美妮：《消费兴趣与文化身份：华语引进剧在新加坡的电视传播研究》，载《现代传播》，2016年第8期。

② Erhard U. Heidt. *Television in Singapore: An Analysis of A Week's Viewing*. Singapore: Institute of Southeast Asia Studies, 1984, p. 13.

③ George Yeo. *ON AIR: Untold Stories from Caldecott Hill*. Singapore: Marshall Cavendish Editions, 2019, p. 79.

时也要外购大量华语电视剧，以满足受众的多元需求。笔者前文分析显示，在新传媒 8 频道与 U 频道的全天节目编排中，剧情类节目的播出时长分别占两个频道全天播出时长的 64% 和 41%，自制电视剧与引进电视剧之间的播出时长比例约为 4∶6。8 频道黄金时段电视剧基本以自制为主，在非黄金时段会播出引进电视剧，而 U 频道则基本以播出引进电视剧为主。

在新加坡，电视剧创作也在其具体的传播语境中不断变化。1994 年，新传媒的前身——新加坡广播公司设立了新加坡最高级别的广播电视节目评奖活动"新加坡红星大奖"。该奖项主要用于表彰每个年度在新加坡华语电视节目创作、演艺、技术等方面取得出色表现的传媒艺人与影视作品。多年来，奖项的设置也不断发生变化，以体现政府与本地电视机构对原创电视节目在内容设计、市场表现等方面的评价。截至 2019 年，"新加坡红星大奖"已评选出 25 部最佳电视剧、83 部入围最佳电视剧作品，以及 12 部最高收视电视剧（见表 4-20）。笔者借助中国内地对电视剧的一般分类，以新加坡 26 年来获得"红星大奖"的华语电视剧为分析对象，对其题材特点进行了分析。

表 4-20　新加坡"红星大奖"最高收视率奖、最佳电视剧奖名单（1994—2019 年）

年份	最高收视电视剧	最佳电视剧	最佳电视剧（入围）
1994	—	《双天至尊》	—
1995	—	《缘尽今生》	—
1996	—	《豆腐街》	《潮州家族》《金枕头》
1997	—	《和平的代价》	《双天至尊Ⅱ》《真命小和尚》《悲情年代》《错爱今生》
1998	—	《家人有约》	《不老传说》《欲望街车》《神雕侠侣》《卫斯理传奇》
1999	—	《出路》	《医生档案Ⅱ》《东游记》《步步为赢》《福满人间》
2000	—	《琼园咖啡香》	—
2001	—	《三个半女人》	《法医 X 档案》《我来也》《何日军再来》《星锁》

（续表）

年份	最高收视电视剧	最佳电视剧	最佳电视剧（入围）
2002	—	《九层糕》	《考试家族》《顶天立地》《豹子胆》《好儿好女》
2003	—	《荷兰村》	《孩有明天》《我家四个宝》《春到人间》《双天至尊Ⅲ》
2004	《三十风雨路》	《孩有明天2》	《无炎的爱》《三十风雨路》《囍临门Ⅰ》《真心蜜语》
2005	《阴差阳错》	《有福》	《法医X档案Ⅱ》《同心圆Ⅰ》《任我遨游》《赤子乘龙》
2006	《同心圆Ⅱ》	《星闪闪》	《刑警二人组》《爱情零度C》《蓝色仙人掌》《大男人，小男人》
2007	《宝贝父女兵》	《破茧而出》	《宝贝父女兵》《幸福双人床》《十三鞭》《最高点》
2008	—	—	—
2009	《小娘惹》	《小娘惹》	《不凡的爱》《一房半厅一水缸》《心花朵朵开Ⅰ》《一切完美》《黄金路》
2010	《煮妇的假期》	《当我们同在一起》	《企鹅爸爸》《煮妇的假期》《一切完美2》《团圆饭》
2011	《我在你左右》	《破天网》	《红白喜事》《走进走出》《最火搭档》《我在你左右》
2012	《四个门牌一个梦》	《边缘父子》	《星洲之夜》《警徽天职》《甘榜情》《拍·卖》
2013	《我们等你》	《再见单人床》	《我们等你》《千方百计》《微笑正义》《最火搭档2》
2014	《警徽天职2》	《志在四方》	《信约：唐山到南洋》《X元素》《警徽天职2》《96°C咖啡》
2015	《三个愿望》	《信约：动荡的年代》	《逆潮》《祖先保佑》《警徽天职3》《三个愿望》

(续表)

年份	最高收视电视剧	最佳电视剧	最佳电视剧（入围）
2016	《虎妈来了》	《志在四方2》	《118》《起飞》《虎妈来了》《信约：我们的家园》
2017	—	《大英雄》	《警徽天职4》《美味下半场》《绝世好工》《你也可以是天使2》
2018	—	《卫国先锋》	《相信我》《最强岳母》《知星人》《Z世代》
2019	—	《祖先保佑2》	《西瓜甜不甜》《维多利亚的模力》《给我一百万》《你也可以是天使3》

资料来源：维基百科，https://zh.wikipedia.org/wiki/%E7%B4%85%E6%98%9F%E5%A4%A7%E7%8D%8E%E7%8D%8E%E9%A0%85%E5%88%97%E8%A1%A8。

电视剧播出题材的丰富程度既体现着新加坡本地电视剧市场的活跃状况，也体现出本地电视媒体对电视剧所应承担的社会功能的观念及体认。徐舫舟、徐帆认为，中国内地的电视剧大致可分为现实题材与古装题材两大类。前者可进一步细分为主旋律剧、青春偶像剧、涉案剧、家庭伦理剧、传记类电视剧，后者可进一步分为历史剧、言情剧、武侠剧、神话剧等。[①] 但在对电视题材类型进行界定的同时，一直存在着"边界模糊"的现象。[②] 笔者结合新加坡华语电视剧的题材特征，借鉴中国内地较为通行的电视剧题材分类标准，按照题材与内容兼顾的方法，将新加坡原创华语电视剧归纳为6类，即家庭伦理剧、涉案剧、现代爱情剧、历史剧、古装剧、穿越剧（见表4-21）。

[①] 王黑特、胡怡：《中国电视剧类型研究的历时性考察》，载《当代电影》2011年第7期。

[②] 黄颖：《论类型电视剧的类型边界模糊现象》，载《南京师范大学学报（社会科学版）》2013年第6期。

表4-21 "红星大奖"获奖电视剧的题材分布与占比（1994—2019年）

题材	数量/部	占比/%
家庭伦理剧	55	50
涉案剧	16	15
现代爱情剧	18	17
历史剧	10	9
古装剧	5	4.5
穿越剧	5	4.5
总计	109	100

注：笔者根据相关材料整理绘制。

"红星大奖"对优秀电视剧的评选兼顾了"市场"与"专业"两个层面，最高收视率奖侧重考察电视剧的收视表现，最佳电视剧奖则侧重考察电视剧的专业水准与社会效益。具体来看，家庭伦理剧占获奖电视剧总量的一半，而在新加坡华语电视节目的编排中，家庭伦理剧同样占据显著位置，甚至不乏类似《富贵平安》《118》等百集以上甚至达到几百集的家庭室内情景剧，黄金时段编排的电视剧更是以家庭伦理剧占多。此外，涉案剧与现代爱情剧的比例也达到近1/3，历史题材、古装题材与穿越题材所占份额不大。1994年以来产生的25部"最佳电视剧"中，家庭伦理剧占14部，历史剧占4部，还有少数都市爱情剧与涉案剧。2004年以来的12部年度"最高收视率"电视剧中，家庭伦理剧占到10部，其余两部分别为穿越剧与涉案剧。笔者发现，由新传媒制作播出的电视剧题材相当固定，尤其在季播剧日渐风靡，娱乐化元素与商业化元素不断强化的当下，这样的电视剧题材结构甚至显得有些单调陈旧。但家庭伦理剧在占比中的突出位置，也表明此类剧集既能迎合目标受众的收视需求，是易于"拿捏"的主流题材。它在叙事情境上易于融入新加坡民众的日常生活，更易植入被政治话语建构起来的"亚洲价值观"。

二、新加坡华语电视剧的文化浮现

多元文化主义认为，人们应当正视社会中的种族、文化、宗教多样性的历史成因，克服由于文化差异引起冲突所带来的恐惧，鼓励人们延续这种差别，培养公民在差异中寻求理解与共识，使多元文化在一种被承认的框架下存在与维持。在种族、文化与宗教三因素中，文化虽不及种族与宗教那样形质突出，却是内涵范围最广、涵括人群最多，也最容易引起共鸣、互动、易位乃至冲突的因素，它既能成为族群之间弥合差异的"黏着剂"，也可能成为诱发族群之间矛盾的动因。印度裔美国人类学家阿尔君·阿帕杜莱（Arjun Appadurai）认为，当今全球互动的核心问题是文化同质化与异质化之间的张力。① 在媒体传播领域，道格拉斯·凯尔纳指出，媒体文化的图像与叙述充盈着观念和价值，因此，当代社会中的认同性可以被阐释成一种意识形态的产物、一种文化的适应造就主体性立场的途径。② 新加坡的华语电视剧虽难有强劲的对外输出能力，却需要在国家内部复杂的族群环境中寻求文化定位，让不同族群、不同形态文化之间的互动在合理的范围内发生，并处理好文化继承与文化创新之间的关系。对华语电视剧的生产来说，既要延续华族对其所属族群的文化认同，并承认族群之间既有的文化差异，又要通过电视剧文本建构对新加坡作为一个独立主权国家的全新认同。这是一个逻辑上看似连贯，但在现实中却需磨合的漫长过程。

新加坡的首部本地电视剧诞生于20世纪80年代初，第三次浪潮彼时已开始席卷全球。新加坡在着手对本地广播电视机构进行改革的同时，电视剧生产也逐渐从依靠引进转向自主原创。以区玉盛为代表的香港电视制

---

① 赵静蓉：《文化记忆与身份认同》，生活·读书·新知三联书店2015年版，第142–143页。
② ［美］道格拉斯·凯尔纳：《媒体文化——介于现代与后现代之间的文化研究、认同性与政治》，丁宁译，商务印书馆2004年版，第418页。

作人来到新加坡，开拓华语电视剧市场。① 加之80年代以来，新加坡政府在文化政策上由倡导西方价值观向复兴传统文化价值观回归，华语电视剧在产量上升的同时也呈现出特有的文化特征：既受到香港热播电视剧的题材影响，不断借鉴复制香港电视剧的创作经验，同时又立足于本土，不断生产具有新加坡符号特征的电视剧内容。尤其是历史题材与家庭伦理题材的电视剧，不仅在产量上占据优势，也成为新加坡华族维系族群身份，改造并形成新的文化认同的公共渠道。

（一）从"唐山"到"南洋"：二元之乡与在地叙事

新加坡作为在后殖民主义时代崛起的国家，其独立建国的偶然性和近代以来长期被殖民的史实，导致它既缺少可供追溯的漫长历史，更缺少基于多元族群基础的共同的历史书写。各族群的原生文化及其在新加坡落地、演化、生根的过程，便成为不断被新加坡电视剧创作加工、阐释、放大的主题。"唐山"是很多海外华人对中国的代称，在新加坡的多部历史题材电视剧中，"唐山"都作为怀乡之处而被剧中人物反复提起。"唐山"非指中国的某地或某山，而是有其特殊的来处：早期，新加坡乃至东南亚华人大都来自中国闽粤一带，这里在汉朝时虽已被中原王朝纳入统治，但直到唐朝才得到了较好的管理。唐廷派出的官员只有"越过五岭"之后才能到达其任职地域，这些官员便自称为"唐山人"，经长期治理后，其所在地域的人也逐渐被同化，也自称为"唐山人"。因此，在我国的福建、广东一带，唐山人其实就是"中国人"的另一种称谓。新加坡大量历史题材与怀旧题材的电视剧中，"唐山"都是剧中人物对故土中国的别称，借以表达怀乡之情。从20世纪80年代热播的华语电视剧《红头巾》开始，"唐山"便成为怀旧题材或历史题材电视剧难以绕过的叙事起点。在中国内地播出并引起收视热潮的《雾锁南洋》，讲述的也是福建"番客"离开

---

① 区玉盛，香港著名电视制作人，曾任香港亚视高级制作总监。1980年，新加坡广播公司成立后，公司高层林海廷游说其加入新加坡电视制作业。在拍摄新加坡第一部电视剧《实里达大劫案》并大获成功后，区玉盛决定在新加坡发展电视剧制作业，并在其随后的18年从业生涯中拍摄了《雾锁南洋》《豆腐街》《和平的代价》《神雕侠侣》等一系列在新加坡乃至华语电视市场有一定影响力的电视剧作品，捧红了黄文永、王玉清、谢韶光、李铭顺等一批较有影响力的演员。2000年，区玉盛在新加坡新传媒的高层人事调整中离职。——笔者注

家乡前往南洋做工谋生，在南洋逐渐扎根的艰苦奋斗史。故事起始于20世纪20年代初英国殖民时期，历经日占、马来亚独立运动与新加坡独立建国等多个重大历史节点，投射出新加坡第一代华人从"落叶归根"到"落地生根"的心态演进史，背后折射的是其家国认同由"唐山"向"南洋"的迁移。2014年播出的"建国三部曲"之一《信约：从唐山到南洋》，更是将"唐山"作为与"南洋"对应的地理符号，其在身份认定上将早期由中国来到南洋的华人标定为移居新加坡的第一代华人，在故事情节的设计上亦从20世纪上半叶中国的动荡时局开始，塑造了三个背井离乡的男主人公在南洋艰苦谋生、逐渐扎根的经历。

在新加坡华语电视剧中，尤其是基于史实而创作的电视剧中，对故乡的怀恋、对华族文化根脉的筛选与呈现，成为新加坡本地华族通过公共媒体构建其族群认同的重要方式。这种认同又包含着非常复杂的认知情绪，其中既有对中国故土的遥望，又有对"原乡"的某种否定。从"唐山"穷困落后的故土逃离，前往"南洋"寻求新生并落地生根，"二元之乡"下的怀旧叙事构造了既要面临心灵上的"离乡"与"失乡"，又要在新的土地上"寻乡"以及"入乡"的特殊叙事语境。这种由否定走向"新生"的心路历程，在1999年播出的电视剧《出路》中表现得尤为明显。该部电视剧的背景为彼时中国局势动荡、经济萧条、列强侵扰。英国通过《南京条约》《北京条约》等迫使清政府废除海禁政策，同意中国人移民海外合法化。面对中国国内天灾、人祸、兵变频发，大量华人下南洋寻求出路。[①] 剧名《出路》，寓意"走出去就有路"。剧中将南洋描写为华工聚集、苦力谋生、资源富庶、生计可寻的地方。而"原乡"虽南音环绕、古寨错落、小桥流水，但在这些南洋"番客"眼中却战乱频仍、穷困难归。

1986年播出并引起强烈反响的电视剧《红头巾》，描述了早期下南洋在建筑工地辛苦劳作的广东三水籍妇女的艰苦生活，因这些妇女大都在建筑工地劳作，并将红头巾做成帽子佩戴，因此得名"红头巾"。她们居住在华人聚居区牛车水，却与那些经营小本生意的华人有着截然不同的生活。在剧中，她们是背井离乡外出谋生、逃离婚约自寻出路的年轻女子。这些"红头巾"身处他乡，却时时"怀乡"。她们在建筑工地上辛苦劳

---

① 张跃、张琨：《新加坡文化概论》，世界图书出版公司2014年版，第15页。

作，攒下的积蓄都寄回"唐山"，用来改善故乡家人的生活。剧中，主人公阿秀因不满包办婚姻，只身从广东三水漂泊到南洋，找到了同村的阿桂，并给阿桂带来了来自故乡的"信物"：

阿秀："对了，这是你爷爷让我交给你的，里面装的是你家门前那口井的井水，还有这个……"

阿桂："这是什么东西啊？"

阿秀："平安符啊！你爷爷知道我要来，跑了一整天，向一个老和尚求来的。他让你烧了来喝，他说可以保佑你在工地出入平安。"

族群文化的传统是一种很微妙的东西，它既可以体现在宏大的仪式上，也可以体现在微小的事物中。阿桂捧着珍贵的水瓶，双手在平安符上反复摩挲，在佛龛前将它焚入水杯，小心翼翼地捧杯喝下，一时间泪眼婆娑，又与阿秀将剩下的水一口口分饮下去。这种怀乡情结的描述与释放，充满华族的文化特质。在剧中，那些居住在牛车水的居民，无论生活习惯还是文化习俗，都凸显着华族的典型特征——豆腐摊、茶水铺、说书人……都是华族文化的典型写照。剧中的民族化符号可以是对传统节日抱有的亲切感情，可以是"唐山"一草一木的深刻烙印，有时甚至就隐藏在一双筷子、一句谚语、一首古诗的反应之中。这种文化烙印在他族眼中很难察觉，但华族却能够迅速了解它、感应它。①

在大多数历史题材的华语电视剧创作中，为了易于辨识华族所归属的文化母体指向———一个具有五千年历史文明的古代中国，影视剧创作者通常习惯于在剧中植入中国封建化符号以强化族群文化指认。如电视剧《豆腐街》，以童养媳梁四妹的命运沉浮为主线，植入了"传宗接代""包办婚姻""从一而终""私定终身"等常见的矛盾情节构造手段，传递出一种始于封建旧礼的个人终究违抗不过世俗的命运观；构造了不同社会阶层之间、代与代之间的矛盾冲突，并将其置于"二战"后新加坡的特殊历史

---

① 王列耀：《趋异与共生——东南亚华文文学新镜像》，中国社会科学出版社2011年版，第38页。

背景中，充满了"剪不断，理还乱"的人生矛盾纠葛。

本尼迪克特·安德森在其《比较的幽灵：民族主义、东南亚与世界》一书中一针见血地指出：虽然可以通过不同的语言群体来区分不同的族群，但总体来看，群体的认同是一种现代的认同，它与一个世纪之前的样子关联不大。① 电视剧作为一种立足于现代的文本创作，其播出的年代与剧情中的历史构造出两个时空，形成了巨大差异，形成了在新加坡这一新的"故乡"里被言说的遥远的"原乡"。在电视剧《出路》中，主人公陈虾的妹妹被母亲卖到妓院，不久即被折磨致死。她生前曾对哥哥陈虾说："在大海的另一边，究竟是什么样的地方，你带我去看一看好不好？"原乡困苦的生活与妹妹的死去逼迫陈虾出离故乡，走向南洋，谋求新生。无论在老一代华人眼中还是在新加坡的年轻华族眼中，电视剧构造出的"原乡"形象都带有正反两面的价值评判，既有对深厚的原乡文化的历史纵深感与丰富性的认同，却也包含了剧中抽离出来的对传统观念的抗争与排斥，进而在华族群体中萌生出一种复杂而悲情的"在地文化优越感"。

此外，与文学创作不同的是，新加坡的华语电视剧自诞生之日起便面临着"隔代传播"与"在地叙事"的特殊语境：一方面要顾及老一辈华人对中华文化的深度关切与认同；另一方面又要顾及在日趋西化的环境中逐渐成长起来的华族年轻一代对传统文化的接受能力与认可程度，避免代与代之间在文化认同上的强烈冲突。因此，新加坡华语电视剧对"乡"的记忆与塑造，便与生俱来地包含了一种忽远忽近、模糊不清的特质，在叙事心态上的隔代差异，使其文化内涵较为直观浅白，更多地体现为一种符号移植式的在地叙事。但这一情状似乎又恰好符合了新加坡的文化生态：既在一定程度上稀释了华族文化自身所具有的强烈的民族主义认同感，又能够在文化符号的呈现上形成与其他族群有异的认同区隔，进而在新加坡多元族群社会中找到其稳定的持存空间。

（二）从"新客"到"土著"：文化移植与新爱国主义生成

阿莱达·阿斯曼（Aleida Assmann）认为，新的民族国家必须与旧的

---

① ［美］本尼迪克特·安德森：《比较的幽灵：民族主义、东南亚与世界》，甘会斌译，译林出版社2012年版，第417页。

回忆告别。① 这种告别并非意味着忘记过去或彻底割断，而是要与这个国家的过去"了结或和解"。她意在说明，封建记忆用其固有的各种教条遮蔽了民族国家的大整体，而在社会发展的历程中，封建的记忆必将被历史超越，必须在新的民族国家中被扬弃，而民族国家的新的记忆也必须得到恰当的生产。尤其在进入数字媒介时代后，记忆已不再是刻写在碑文或卷轴上的符号，不再是历史遗留的痕迹或储存器，而被看作一个可塑的团块，在当下不断变化的角度中被不断重新塑形。② 由于新加坡移民社会的性质和多族群、多宗教的历史与现状，在作为英国殖民地期间，尚没有真正意义上的"民族认同"和民族主义。加之在新加坡，国家的独立早于民族主义的发展，使得国家本身成为民族认同的第一个象征。③ 在时间与历史的冲刷下，那些早年漂洋过海来到新加坡的"新客"逐渐成为"土著"，在文化层面，也需要书写新的"神话"，建立新的认同。随着20世纪80年代中期的放宽对外移民政策的出台，来自中国的新移民数量快速增长。④ 移民数量的增加给新加坡社会带来了新而持续的社会整合压力，其按照种族框架设置的内部文化边界不仅自身面临被侵蚀的危险，也会给新移民带来文化压迫感。大量中国新移民构成新加坡华语电视的潜在受众，将这一群体整合进新加坡的国家共同体成为新加坡华语电视应承担的社会功能之一，华语电视剧也成为创生族群文化联结的载体。

"石叻坡"是新加坡在独立前的旧称之一，新传媒制作的电视剧《石叻坡传奇》就以国家文物局研究员的寻访开场，引出了与"石叻坡"有关的各种民间传说，无论是红山的"林姑娘传说"还是"求子树"的典故，都是华族传统文化与世俗观念移植到新加坡之后落地生根结出的"果实"。这些神话具有典型的华族文化色彩，与中国封建社会的某些文化习俗密切牵连：多子多福、传宗接代、从一而终、众口铄金、积毁销骨等都

---

① ［德］阿莱达·阿斯曼：《回忆空间——文化记忆的形式和变迁》，潘璐译，北京大学出版社2016年版，第79页。

② ［德］阿莱达·阿斯曼：《回忆空间——文化记忆的形式和变迁》，潘璐译，北京大学出版社2016年版，第173页。

③ 陈祖洲：《新加坡"权威型"政治下的现代化》，四川人民出版社2001年版，第75页。

④ 刘宏：《新加坡的中国新移民形象：当地的视野与政策的考量》，载《南洋问题研究》2012年第2期。

成为叙事母题。在电视剧讲述的"求子树"传说中,主人公张阿公是木偶戏传人,已有三个孙女,他年事已高,希望儿媳能尽快生下男孙,让张家开枝散叶,让木偶戏后继有人:

张阿公:"我特地为你们在佛祖面前求了灵符,我们张家还要传宗接代,开枝散叶,不可以没有一个孙子啊!"

儿媳:"谁说你没有孙子啊!宝兴他们不是你的孙子吗?"

张阿公烧掉纸符,泡入杯中:"都是赔钱货,我要的是一个男孙啊!快过来喝了它!"

儿子阿海:"阿爸,男孩女孩都是一样的啦!"

张阿公:"男人和女人怎么能一样呢?别帮着你老婆说话!娶的什么老婆啊,都没为张家添一个男孙!"

儿媳:"阿公啊!生不了男孙不是我一个人的错,你也要问问你的儿子的!"

张阿公:"我儿子有什么错,是你自己没有本事!我明天就让阿海多娶一个生给你看!我才不相信我们张家会没有一个男孙。"

即使是华族传统文化中那些在现在看来应当被摈弃的内容,但由于其容易理解,易于识别,且属于文化中"根性的"部分,便也被直接移植过来,成为华语电视剧创作的主题,但在叙事框架及价值观导向上都持有或和解或批判的态度。主人公张阿木在菩萨面前忏悔,祈求有男孙降生。为了能够如愿,他带着儿子和有孕的儿媳去求子树上悬石求子,不料归来途中风浪大作,小船被打翻,儿子、儿媳和两个孙女全部殒命。张阿公却因折返寻找走丢的大孙女而幸免于难。故事的结尾,张阿公在木偶戏台为家中的亡人唱戏,大孙女在旁侧焚烧纸钱。对新生命降生的满心期待,演变为一场家破人亡的世间悲剧。用富有个性的回想与故事重构历史,用从本地文化符号中提取的象征物再现族群文化。这种的内核具有明显而深厚的华族文化的根性特征,但文化移植后的二度创作在叙事地理空间上却呈现出一定的独立性,并被赋予了"石叻坡"的文化地理标志,与原生文化"各表一枝"。

在新加坡华语电视剧中，大量的怀旧电视剧都与华族辗转迁徙在新加坡落地生根的故事有关，也有不少是基于日占时期新加坡人集体记忆的内容创作。在基于"二战"背景的电视剧生产中，1942年到1945年日占时期的历史成为新加坡不引磨灭的记忆——无论是真实经历的还是想象的，无论是老一代新加坡人亲身经历的，还是后辈从历史教科书中学习到的，这段经历都使新加坡本地的大众传媒从中收获颇丰。① 本地的电视与电影生产者十分热衷于将这一段历史通过浪漫化与怀旧化的叙事表达出来，通过各种各样的影视产品吸引新加坡人的关注。② 1997年播出的《和平的代价》、2001年播出的《何日军再来》、2014年播出的《信约：动荡的年代》便都是基于新加坡日占时期历史背景的剧情创作。其中，《和平的代价》以卢沟桥事变为叙事开端，开篇引用了大量日军侵华的档案影像。在新加坡的华人聚居区，路边贴着祖国战情的最新通报，有的华人认为遥远祖国的近况已列事不关己，多数则感到日日揪心。在剧中，新加坡新华总商会责令林谋盛策动马来亚铁矿的华族劳工罢工，以支持中国的抗日战争。林谋盛在劝说工人罢工时，除在言辞上讲明华人劳工所生产的铁矿石与日军侵华武器生产之间的关系外，在对"祖国"的表述上，则已脱离那个时代华人的历史印记，大量采用"中国"这样一个"外在"与"他指"色彩的称谓来代替"故乡"与"祖国"，在表述情感上流露出的疏离感与"界限感"与当时东南亚华人国家认同的实际情形有所不同，更多地表现为一种"人道主义"的声援。

> 林谋盛："你们在这矿山里为他们（日本人）卖命，他们却封锁了所有的消息，不让你们知道外面发生的事情。你们知道吗，成千上万的日本军队，正在中国杀害千千万万的老百姓。去年12月，日本人进攻南京城，你们知道死了多少人吗？是几十万人啊！有一个从南京逃出来的朋友告诉我，他亲眼看到的当时的情景：有两个日本军官拿着军刀，比赛杀中国人，看谁砍下的人头多，砍到连军刀也断了！那些都是活生生的人啊，一个个地

---

① 张跃、张琨：《新加坡文化概论》，世界图书出版公司2014年版，第45页。
② Catherine Gomes. *Multiculturalism Through the Lens：A Guide to Ethnic and Migrant Anxieties in Singapore.* Singapore：Ethos Books，2015，p. 80.

倒下去了，堆成一堆。有一个小孩子还活着，趴在已经死去的大人身上哭着。这些日本魔鬼，连孩子也不放过，抓起孩子往上一丢，一刀就刺进孩子的肚子里！你们知不知道，杀害中国人的枪是哪来的吗？他们用来轰炸中国土地的大炮是哪来的吗？是从你们开采出的铁矿做出来的！这些铁矿运到日本，做成武器，然后再大批大批地运到中国，杀死千千万万的中国人！我所说的都是事实！没错，我们今天在这里有饭吃，妻子儿女团聚，可是我们能保证这样的日子能永远维持下去吗？我们能保证日本兵有一天不会来杀我们吗？如果你们愿意做日本人的帮凶，如果你们愿意帮日本人杀死千千万万的中国人，你们现在就把我杀了吧！"

民族主义文化记忆在社会与文化层面的功能性保存，往往来源于民族集体所遭遇的威胁（无论是真实的还是想象的）。① 日占时期的经历是新加坡历史上灾难深重的一笔，却也使生活在这块土地上的各个族群感受到了英占时期未曾有过的"共同危机"。正如阿斯曼所说，为一个超越阶级的共同身份认同发挥新的基础作用的是爱国主义，民族国家的历史成为共同的出发点，代替了充满争端因而让人产生分歧的回忆。② 反映日占时期新加坡华人抗日运动的电视剧，成为塑造新加坡"爱国主义"的历史原点。这些电视剧多采用以历史事件为经，人物命运为纬，双线结合、明暗并进的叙事方式，"动荡历史进程中颠沛流离的凡人命运"成为通用的叙事母题。电视剧《何日军再来》中，老一辈华人看不惯全身西式装扮、满口"红毛话"（英语的别称）的儿孙，裂隙日益加深，导致华族内部对"祖国"的指认以及认同的冲撞成为代与代之间矛盾的焦点。但叙事矛盾的构造却基本停留在中西方之间在文化认知与价值上的冲突，并未直接触及那个关于"祖国"的指认核心。历史上长期存在的华族内部以及华族与马来族之间的隔阂与冲突也被略去不提。与之相反的是，通过反复讲述英殖民时期华族与马来族、印度族之间的亲密友情以及在日占时期多族群共

---

① Catherine Gomes. *Multiculturalism Through the Lens: A Guide to Ethnic and Migrant Anxieties in Singapore.* Singapore: Ethos Books, 2015, p. 89.

② ［德］阿莱达·阿斯曼：《回忆空间——文化记忆的形式和变迁》，潘璐译，北京大学出版社2016年版，第79页。

同经历的战火考验，塑造出新加坡多元族群和谐共处、患难与共的历史存证。此外，作为立足于当代而生产的电视剧文本，主创人员虽大都是新加坡华族，却缺乏"中国经验"，剧情中对历史背景的描述虽然能够与华族这一受众群体产生直接勾连，但在叙事上却缺少基于考据的文化及历史深描，故难以避免地流于浮浅，成为"文本再生产机制"下的"学舌者"。①在《何日军再来》中，主人公唐山伯到林凡家的杂货店喝茶，由于林父的杂货店在前夜被"抗日分子"泼了黑漆，唐山伯认为这些"抗日分子"的活动是受到英国人的指使。

唐山伯："说来说去，都是英国人搞的鬼。"
林凡："那些英国人得罪你啊！"
唐山伯："是啊！八国联军的时候，他们欺负我们中国人，不把我们当人，当狗啊！还当我们是二等公民，什么地方都不让我们中国人踏进去！血海深仇，怎么可以算了?！"

历史已然久远，新加坡华语电视剧作为立足于当代的文本生产，对于过往历史的发生，尤其是对华族与中国之间的情感撕裂同近代历史变迁之间关联的描述，已显得粗疏且不愿细究。抗日题材的电视剧一方面高度颂扬新加坡的爱国华侨领袖陈嘉庚，将其树立为新加坡国民敬仰的道德楷模，另一方面将那些支持中国抗日的民间组织描述为"抗日分子"，并将这一群体塑造成具有狭隘爱国主义与民族主义的激进"群氓"。这也从一个侧面说明，基于宏大历史题材的剧情，既要符合新加坡历史上被执政党所确立与对立的意识形态标准，还需要审慎处置华语电视剧中"入籍国"（新加坡）与"祖籍国"（中国）之间的认同关系。要站在当代立场构造出基于新的国家认同的历史观，既要表达有节制的"承认"，也要有意识地制造认同区隔，进而构建符合新加认同建构需求的电视文化。透过华语电视剧文本所折射出的文化观念可以看出，在经历了 20 世纪 80 年代初华语电视剧创作的起步阶段之后，今天的新加坡华语电视剧在努力塑造基于

---

① 王列耀：《趋异与共生——东南亚华文文学新镜像》，中国社会科学出版社 2011 年版，第 45 页。

新加坡国家认同的文化民族主义特征，即"它尽量在与本土发生关联的努力中，深入本土主义中去寻找文化与国族的象征主义"①。

（三）从"儒家文化"到"共同价值观"：家庭为根、社会为本的价值引导

在新加坡的历史上，华族倾向于生活在联系紧密、界限分明的区域，随着新加坡建国以来城市化进程的加速推进以及组屋政策的广泛推行，传统意义上的"华人社区"基本消失。伴随着语言政策的变化，新加坡华人又经历了从方言到普通话、从华语向英语的转变。目前，虽然英语、普通话、多种方言在新加坡被同时使用，但英语作为通用语与"中立语"，在其逐渐普及的过程中也逐渐形成了对"新加坡人"的身份认同。② 在新的国家认同的形成过程中，基于种族认知的社会性界限也依然存在，一个天生就是华人的新加坡人不可能变成非华人，不可能改变由血缘决定的种族身份，一个接受了华人文化价值观的其他族群的人也不可能被接纳为华人。③ 但不容否认的是，华族在新加坡人口中占据多数，源于华族的文化不可避免地成为新加坡文化的显著力量。从官方表述来看，新加坡社会是一个多元族群与多元文化的社会，但事实上，"中国性"的儒家文化影响是新加坡社会通行的官方价值观的基础。儒家文化被认为是日本、韩国、新加坡、中国台湾、中国香港的文化根基，是资本主义制度亚洲优越性的根本。虽然儒家文化因新加坡华人社会的特质而不断成长兴盛，但该国外向型的经济发展策略终究与儒家文化有所抵牾，因此，来自政治制度、经济动能与学术研究等方面的支撑稍显不足，便只能借助公共传媒或教育载体来发挥其影响。

斯图亚特·霍尔认为，身份从来没有统一，反而在现代晚期，越来越支离破碎：身份从来不是单一的，而是在不同的、经常交叉和对立的话

---

① 马然：《多元语言与国族想象——以邱金海三部曲为例谈当代新加坡电影》，载《艺术评论》2009 第 7 期。

② 赵靳秋、郝晓鸣：《新加坡语言教育政策影响下的〈联合早报〉与华人身份认同的变迁》，载《国际新闻界》2009 年第 12 期。

③ 陈国贲：《漂流——华人移民的身份混成与文化整合》，中华书局 2012 年版，第 195 页。

语、实践和立场上进行多重建构而来的，它们受到历史进程的激化，并处于持续不断的变化和转变过程中。1965年8月新加坡骤然被迫独立本身就是一个神话，而对这个"小岛"的"国家"构建更包含着持续的话语危机。① 尽管这个小岛资源匮乏，但政治领袖的坚忍不拔与民众的团结进取构成了新加坡建国以来引以为傲的国家精神资产。李光耀认为，新加坡必须保存自己的传统核心价值观，世界在不停变化，但是如果孩子不尊敬长辈、漠视家庭的神圣性，那么，整个社会就会岌岌可危，并将面临瓦解。没有任何东西可以取代家庭之爱，没有任何东西可以取代和睦的好邻居，没有任何东西可以取代治理国家的权威。② 从新加坡华语电视剧在起步阶段的创作题材及其传达的价值观念来看，以《红头巾》《牛车水人家》《亲心唤我心》等为代表的华语电视剧，都侧重于对儒家文化中的宗祖情怀与家庭观念的传承，对儒家文化中的积极因素给予肯定褒扬，同时也将这些积极因素融入矛盾纠葛的剧情之中。以电视剧《牛车水人家》为例，剧中的阿汉夫妇辛苦地将五个子女养大，但这五个孩子秉性各异、时有冲突，对待个人生活与家族事业的态度也大不相同。大儿子德标性格倔强身陷牢狱，二儿子阿富心胸狭窄、自私自利，三儿子德建品行端正、成绩优秀却遭遇命运不公，大女儿佩英早年出嫁一直遭受着婆家的不公对待，小女儿佩蓉一片真心却遭遇男友抛弃……不同价值观带来的人生遭际与新加坡在20世纪80年代初经历的观念冲撞极其类似，故事情节所包含的命运安排也投射出人们在面对儒家传统观念与西方个人主义价值观时的焦虑，结局的设定又回归到华族文化中"修身与齐家"对于个人于社会中立足时的根基性意义。

但随着新加坡多元文化政策的变化，原生于华族的"儒家文化"也开始逐步转变，李光耀认为，儒家文化中的精髓部分完全可以上升为一种更加契合新加坡经济社会发展的现代经济精神，赋予传统观念以充分的现代性。虽然21世纪初，李光耀在达沃斯论坛等多个场合也表示，由他倡导的"亚洲价值观"已经不太适合信息经济时代的要求，但从新加坡华语电

---

① Education A K F O. "Imagining the Singapore 'Nation' and 'Identity'". *Asia Pacific Journal of Education*, 2005, 25 (1), pp. 75-91.

② 吕元礼:《亚洲价值观:新加坡政治的诠释》，江西人民出版社2002年版，第616页。

视剧中倡导的价值观念来看,却并没有发生太大的变化,被赋予现代观念的儒家文化依然清晰可见,这个"现代意义"可表现为:重视家庭、"修身齐家"的伦理观念;服从社会、融入集体的价值取向;自强不息、厚德载物的进取意识;以义取利、戒除腐败的价值思想;吃苦耐劳、勤俭节约的生活态度;"天职"至上、敬业诚信的职业道德;精益求精、缜密认真的工作方式;等等。① 近年拍摄的电视剧中,由媒体发展管理局纳入公共广播服务计划的"建国三部曲"(《信约:从唐山到南洋》《信约:动荡的年代》《信约:我们的家园》)播出后反响较大。这三部曲在拍摄模式上与20世纪80年代热播的《雾锁南洋》隔世纪相望,都采取了"三部曲"的制作模式,反映了三代华人在新加坡辛苦谋生、历经战乱再到落地生根的心路历程。"建国三部曲"具有鲜明的历史关照,为了推动故事情节的演进,剧中典型人物的塑造都有较强的戏剧性色彩,但却并不侧重于渲染国家主义或英雄史观,而是将镜头聚焦于历史变迁进程中新加坡的家庭与人物命运。除此之外,2011年至今已经拍摄播出4季的《警徽天职》塑造了新加坡警察部队恪尽职守的正面形象,剧情中的大量情节均来自警方处置过的案件原型,除了常见的典型案件外,类似恐怖主义与宗教极端主义等在新加坡国家安全上占有显著位置的议题,也成为剧情中的重点;拍摄地点均在观众熟悉的新加坡商业区、组屋区等地,对呼吁群众提高防卫意识、共同守望家园,起到了很好的警示作用。长达170集的室内情景剧《富贵平安》将主题锁定在华人家族内部的事业传承与利益纠葛,故事围绕组屋区内的家族中药堂展开,正面人物医术精湛、待人友善、责任心强,反面人物则心胸狭隘、见利忘义、钻营多事,通过正反对比,表现了新加坡华族对家族中医事业与家庭亲情的珍视。《四个门牌一个梦》凸显了新加坡外劳群体日益庞大、组屋区居民结构日趋复杂的社会背景下,来自中国、马来西亚、英国等不同国家的"外劳"与新加坡土生家庭共处过程中的矛盾琐事。剧情不仅呼应了新加坡多元族群共生与多元文化并存的社会现实,也与新加坡当前移民增多、外劳涌入、双语并行、社会压力增大等社会议题紧密呼应。

---

① 盛邦和:《亚洲价值观与儒家文化的现代评析》,载《中州学刊》2013年第1期。

克利福德·格尔茨（Clifford Geertz）认为，新兴国家的人民同时受到两种动机的激励，一种是渴望被承认为负责任的行动主体，自身愿望、行为、希望及意见都"举足轻重"，另一种是渴望建立起一个有效率的、有活力的现代国家。这两种动机紧密地联系在一起，成为新兴国家民族发展的主要驱动力。[1] 正是基于这一点，大众传媒的文本既要避免营造一种高高在上的、不同种族之间高度陌生化的媒介景观，又要避免强制所有族群都被吸收进一个均质的、无差异的文化基质中。而要从有利于民族国家发展，从有利于实现对种族、语言、文化群体共治的角度，借助大众传媒建构一种"必要的幻象"。笔者研究发现，新加坡本地生产的大部分华语电视剧中，"故乡"已成为遥远和飘忽的能指，它既可以指向那个在历史上遥远又不可及的中国，也可能仅仅指向华族对自身文化的简单指认，而并不刻意制造与新加坡之外某个地理中心的直接的情感关联。这种遥看似有近看却无的文化叙事，有效避免了文化沙文主义式的将文化认同与固定社群乃至某个民族国家串接对应起来的固化模式。电视剧作为一种文化生产，在塑造共同体感的同时也必须极力避免强化特定族群的群团主义，目前的创作现状是文化折中在新加坡华语电视剧创作中的体现。此外，"家庭"元素向来是新加坡华语电视剧的叙事核心，对家庭核心作用的强调也成为新加坡华语电视剧故事情节的重点，对"孝顺"的突出成为华语电视剧不可违背的道德标准。电视剧中塑造的正面形象大都是工作与生活中的道德楷模，而反面形象则大都对家庭不忠。[2] 新加坡华语电视剧在日常播出与连续生产中构造出的具有价值引流功能的传媒环境，既贴合华人族群的儒家文化根基，又应和《共同价值观白皮书》所倡导的"道德基模"。它不断向公众暗示社会通行的价值评断与道德指向，并在持续而反复的传播中强化着驱使受众接受与顺从的力量。

---

[1] ［美］克利福德·格尔茨：《文化的解释》，韩莉译，译林出版社2014年版，第258页。

[2] Catherine Gomes. *Multiculturalism Through the Lens：A Guide to Ethnic and Migrant Anxieties in Singapore*. Singapore：Ethos Books, 2015, p. 87.

第五章 "结构性"视域下的新加坡电视受众

受众作为传播链条中的关键节点,是传受结构中最具选择性、能动性与响应性的群体,它既是传播内容得以通达致效的决定因素,也是下一轮传播行为得以顺畅复始的起点。在新加坡,通过本地公共电视媒体的信息传播,不同族群的受众参与并被整合进这个新兴的多元族群国家,不同族群的差异化身份又借助电视传播得以维系、加固与互通。新加坡公共电视媒体的运行状况很难说是经济运行机制发挥作用的结果,本地电视媒体对内容与受众的高度垄断也很难使市场机制充分发挥作用。在多元文化传播格局通过公共电视渠道得以兑现的同时,不同语言的播出频道也在文本生产层面呈现出政治与意识形态的同一性,这使得新加坡的公共电视媒体承担着特殊的社会宰制功能——它"制造了一个系统,不仅各个部分之间能够取得一致,各个部分在整体上也能够取得一致"①。宰制性的传播系统在向社会传达肯定逻辑的前提下,多元文化也各循其道,开展大规模的复制与再生产,进而确立起大众传媒在构造国家一致性认知中所扮演的重要角色。② 然而,宰制性的传播行为并不必然确保媒体预设的传播效果,意义生产也与受众所处的媒介环境结构和其所处地域的文化环境有关。

众所周知,媒介技术快速发展,受众已逐渐成为具有能动性并且可被传者感知的意义生产者,而非全然被大众传媒文本影响的消极"群氓"。在媒介环境加速变迁的当下,传受之间的结构性张力持续增强,这既为传媒的发展带来更多的空间,也为受众的自主性选择带来更多的可能。在对新加坡华语电视的传播图景与传播文本进行分析之后,本章转入对新加坡

---

① [德]马克斯·霍克海默等:《启蒙辩证法》,渠敬东、曹卫东译,上海人民出版社2006年版,第107页。

② 王健:《受众的再现:法兰克福批判理论中的大众、精英与公民》,广西师范大学出版社2015年版,第111页。

华语电视受众的分析。笔者将以受众的群体性分化为切入点，先从结构性受众研究层面入手，刻画新加坡华语电视的受众群像。

第一节 新加坡电视受众的结构性细分与目标导向

多元文化主义认为，在承认差异的前提下，主权与民族国家还要致力于一种所谓的共同体需要。这种共同体需要反映的不仅是人类生活与福祉的永久状态，还包括共同体特定的经济与社会环境。[①] 新加坡公共电视媒体在结合多元族群社会现实，不断生产出具有新加坡风格与特点的媒介文本的同时，也面临着新媒介环境下受众群体的日益分化。本节从结构性受众研究传统出发，结合新加坡媒体发展管理局年度受众调研的官方数据与该国媒介环境变化趋势，呈现民众对电视媒体的接触行为与态度认知。

一、收视考量既呼应多元族群特征，也强调目标观众收视

新加坡的经济发展与社会建设引人注目，但其传媒业的规模与影响力很难与该国经济的影响力相匹配。本地媒体即便存有一定的扩张动力，但限于该国所处的地缘政治环境及行业管理体制，电视媒体的内容水准难以发生实质性跃进，也无法与同处东亚的日本、韩国以及同处华语传播圈的中国内地与港台地区的媒体比肩。新传媒是新加坡本地唯一以广播电视为主业的公共广播电视制作播出机构，虽然新传媒在名义上属于具有独立性的企业，但其上级指导单位分别为媒体发展管理局与新闻、通讯及艺术部，其节目生产仍需首先满足国家发展目标与社会建设目标的需求，高水平的市场运作机制难以充分确立。在电视受众研究领域，以收视率调查为代表的结构性受众研究已在全球范围内形成了较为固定的指标体系和较为标准化的通用范式。但在新加坡，公共电视媒体的文本生产已基本上被收

[①] 常士訚主编：《异中求和：当代西方多元文化主义政治思想研究》，人民出版社2009年版，第318页。

编为国家信息环境监测与价值观塑造的工具，使对多元族群社会的呼应、传播公共价值的优先成为首要；"受众即市场"的观念需在媒介驯化功能的基本定位下寻求实践层面的突破；依照不同族群特征与政府公共传播目标有针对性地开展收视反馈，是衡量传播效果及平衡内容生态的重要手段。"电视受众"虽是早已司空见惯的传播话语，但在新加坡的电视传播架构中，媒体却需要与"能动性受众"的观念保持一定的距离，先将自身作为国家认同与社会控制的话语生产结构，在此基础上将受众视为通过传播文本施加影响的群体。

新传媒开办的 7 个公共电视频道的划分标准主要是受众的语言与族群，每个频道都有特定的目标受众。与商业电视媒体对广义受众收视率的重视不同，由于新加坡电视受众在族群与语言上的天然差异，各频道目标受众之间的兼容性很低，尤其是面向各种族的频道，频道间的受众基数几乎不可通约。与代议制的理念类似，视听率也应包含国家内部多样的"子群"，这个过程对于少数族群极其重要，尤其是在那些在政治文化秉持多元文化主义的国家。[①] 电视收视调查已经不是单纯的行业数据，它如同民主选举或民意调查结果，代表大众发声。因此，新加坡媒体发展管理局并不追求以全部收视人口为基数的广义收视率，而更加侧重各频道目标受众在黄金时段的收视表现，并以此作为频道与节目的收视评量标准。

表 5-1 新传媒旗下电视频道的目标受众与频道特征描述

频道名称	目标受众	频道特征
5 频道	4 岁以上人群	24 小时英语频道，以广义受众为目标，播出本地制作的电视节目、新闻及国外引进节目
8 频道	4 岁以上人群	24 小时普通话频道，以广义受众为目标，播出本地制作的电视节目、新闻及国外引进节目

---

① Jérme Bourdon. "Cécile Méadel. Ratings as Politics. Television Audience Measurement and the State: An International Comparison." *International Journal of Communication*, 2015, 9 (1).

(续表)

频道名称	目标受众	频道特征
U 频道	15 岁以上人群	普通话娱乐频道，以年轻人及专业人士为目标受众，播出节目以引进为主，辅以本地制作的新闻及娱乐节目
亚洲新闻台	月收入 5000 新加坡元以上专业人士及 15 岁以上人群	24 小时新闻资讯频道，以专业人士为主要目标受众
奥多频道	4—12 岁及 15 岁以上人群	特殊对象频道，在白天及晚间前半段播出少儿节目，晚间后半段播出艺术文化类节目，不定期转播重大体育赛事
朝阳频道	马来族 4 岁以上人群	马来语频道，以马来族受众为目标，播出本地制作的电视节目、新闻及国外引进节目
春天频道	印度族 4 岁以上人群	泰米尔语频道，以印度族受众为目标，播出本地制作的电视节目、新闻及国外引进节目

资料来源：依据新加坡媒体发展管理局 2014—2015 财年年报资料编制。

从表 5 – 1 可知，除 5 频道和 8 频道的目标受众被确定为 4 岁以上的广义电视观众之外，其他频道的目标受众均依照其频道特征而异。U 频道锁定的目标受众为 15 岁以上的人群，它虽然是华语普通话频道，但大部分节目都在播出前配发了英文字幕，从而确保了少数族群的收视权利。亚洲新闻台是新加坡唯一通过卫星传送的电视新闻资讯频道，收视指标主要考察月收入在 5000 新加坡元以上的专业人士收视，并建立"专业人士收视率"指标（PMEB，即 professionals、managers、executives、businessmen），同时也考察 15 岁以上电视观众的收视情况。此外需要特别强调的是，由于 U 频道及亚洲新闻台的总体收视率不高，在进行收视考核时还特别考察"周累计到达率"（CUME，即 cumulative figure of the rating of a programme telecast across one week），而马来语和泰米尔语频道的收视则以该族群的电视收视人口为目标受众。这种做法保证了不同的电视频道都能够在"相对合理"的前提下以不同受众基数分别考量收视情况，也基本上消除了频道之间横向比较和竞争的可能性，使本就处于国内垄断地位的新传媒进一步由行业垄断演变为频道垄断，收视数据除了频道自我参考外，并没有产生太多的竞争激励效果。

笔者根据新加坡媒体发展管理局公布的年度收视数据，对新传媒旗下各频道三个年度的收视表现进行了分析（如图5-1所示）。从黄金时段收视率的年度变化看，朝阳频道与春天频道的收视率增幅较大，亚洲新闻台与奥多频道基本平稳，U频道与8频道有升有降，5频道的收视率则持续走低。从收视率的绝对值来看，朝阳频道、春天频道以及华语8频道的目标观众收视率总体高于其他频道，而其他几个频道的收视率则总体偏低且相差悬殊，尤其是潜在受众规模最大的5频道和亚洲新闻台，收视率均处于较低水平。

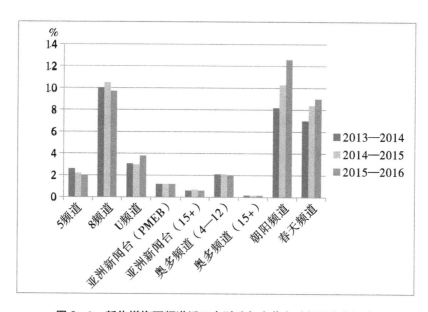

图5-1 新传媒旗下频道近三个财政年度黄金时段平均收视率

将收视数据转换为收视千人后可见，不同频道之间的受众规模差异悬殊（如图5-2所示）。华语8频道为本地受众群体最大的电视频道，U频道次之。8频道的收视人群最高在2014—2015财年达至54.3万人，U频道的收视人群最高在2015—2016财年达至17.4万人，5频道作为大众化英语频道，其收视人群最高在2013—2014财年达至13.2万人。亚洲新闻台的"PMEB"收视人群在5000人上下徘徊，"15+"的收视人群最高为3万人。

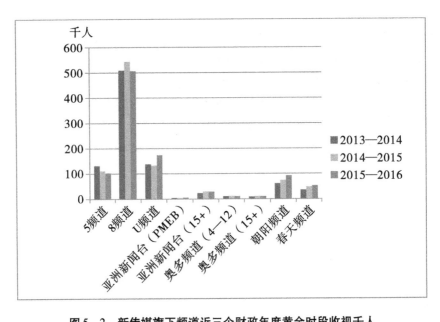

图 5-2　新传媒旗下频道近三个财政年度黄金时段收视千人

新加坡从建国初期就是一个移民大熔炉，政府采用"华族、马来族、印度族、其他族群"的简单分类来划分本地人口，并通过多种措施来推广种族融合政策，以避免社会冲突。由于不同族群的人口规模差异，各频道收视千人数并不具横向可比性，但从收视率这一竞争性指标看，面向特定族群的以华语、马来语和泰米尔语播出的电视频道的收视率普遍高于以通用语英语播出的各频道，这也许能够从一个侧面说明，在社会交往领域英语是通行于各个族群的社会通用语，但在电视传播领域，各族群的母语依然具有旺盛的生命力。

二、设立专门机构收集受众意见，监督公共电视节目

新加坡电视节目内容的变化乃至进步，并非全然依靠自上而下的行政调节。与其他国家的电视传播环境不同，新加坡本地的电视节目须直接面对境外电视媒体的激烈竞争，并力争本地节目占据优势。为了确保本地节目的制作水准，媒体发展管理局除通过常态的收视调查手段来获知节目的传播效果外，来自社会不同阶层与组织的节目观审委员会以及官方开展的

年度媒介消费调查，也对传媒内容生产尤其是节目中包含的道德标准与多元化水平进行监督。咨询机构设置方面，媒体发展管理局组建了12个不同类型的咨询建议委员会，分别为：英语节目咨询建议委员会，华文节目咨询委员会，马来语节目咨询委员会，泰米尔语节目咨询委员会，出版业咨询小组，电影申诉委员会，电影咨询小组，政治电影咨询委员会，广播、出版与艺术申诉委员会，新加坡电影委员会，媒体文化理事会。这些咨询委员会下设主席、副主席以及多位成员，咨询监督的范围涵盖广播电视、出版、电影等多个方面，咨询委员会主要负责对传媒的内容进行日常监督，并广泛收集公众意见，确保传媒生产的内容品质与新加坡的社会价值观相吻合，并能够满足受众日益增长的对多元文化产品的期待与需求。①以华文节目咨询委员会为例，其24个成员包含来自高等院校、社会教育机构、政府部门、公司的职员以及社区工作人员等。该委员会主要负责对新传媒的中文节目进行评审和反馈（不仅包括电视频道，还包括广播电台及付费电视节目），受理公众的问题建议及投诉，并向媒体发展管理局提供节目改进的方案（见表5-2）。

表5-2 华文节目咨询委员会（ACCESS）成员构成（2014—2016年）

职务	姓名	职业
主席	Lee Cheuk Yin	新加坡国立大学云茂潮中国文化研究中心主任
副主席	Leng Chin Fai	飞跃社区服务中心家庭服务部执行董事
	Wong Lin Tam	旺媒介咨询公司常务董事
成员	Chia Ti Yu	财政部财务总监
	Heng Boey Hong	南洋女高校长
	Serene Loo	壳牌（新加坡）传播总监
	Chia Tzong Hong	新加坡中央公积金管理委员会主管
	Hon Huei Min	Experia展会公司航空航天与国防小组高级经理
	Ray Ng	义安理工学院人文社科学院中国媒介传播课程主席

---

① 参见新加坡媒体发展管理局2015—2016财年报告，https://www.imda.gov.sg/~/media/imda/files/about/mda%20ar%202016/index.html?la=en。

（续表）

职务	姓名	职业
成员	Choy Long Kai	自由职业者
	Huang Xiao Jing	华社自助理事会学生教育与发展部助理主管
	Marcus Phuah Kok Liang	Marcus Phuah 私人有限公司律师
	Peggie Chua	新加坡潮州戏剧协会主席
	Hwang-Lee Poh See	莱佛士女子小学兼职辅导员
	Soh Wei Zhong Alan	布鲁尔国际东南亚有限公司行政人员
	Foo Si Hui	新电信公司网络工程师
	Lidia Ko	家庭主妇
	Tan Kah Leng	Allergan 新加坡有限公司经理
	Foo Tee Tuan	UniSim 华文学习中心副主任
	Lau Chor Eng	自由撰稿人
	Tang Mei Huey	自由编辑
	Gui Kai Chong	新加坡国立大学艺术与社会科学学院媒介研究系讲师
	Samantha Loh Seow May	新加坡公共服务学院治理与政策研究所副主任
	Tay Tze Siong	新加坡博彩公司零售网络管理部区域经理

资料来源：新加坡媒体发展管理局 2015—2016 财年年报。

以华文节目咨询委员会为例，委员会的人员任期通常为两个财年，期间召集多次会议讨论倾听委员们的意见，并在任期结束时向政府呈送《华文节目咨询委员会报告》。从近年提交的报告来看，委员们的建议主要集中在少儿与老年节目的改进方案、电视剧价值观的检讨、节目生产的跨区域合作、内容分级标准执行、华语节目的语言示范功能等方面。委员会提出的建议直观且具体，很多批评甚至直指节目内容细节。委员会的人员构成具有浓厚的新加坡"精英政治"色彩，大多数成员都属于新加坡社会阶层中的精英人士，咨询报告的内容也难免带有一定的精英主义色彩，并不能完全代表全体受众的评价。但从其建设性功能的角度看，委员会对节目价值观的考察一直是重中之重，如针对电视镜头中的暴力问题，2010—2012 年度的咨询报告曾专门提道："8 频道新剧《最火搭档2》包含了令人不安的主题，如儿童卖淫、强奸和暴力死亡等。ACCESS 指出，部分节目仍然存在不良的价值观和主题，暴力元素正成为本地电视剧中的必备元素，但委员会认为电视节目不应依靠暴力来吸引观众。"[1] 在族群语言的使用上，委员会强调华语频道应正确地使用华语，并且按照《公共电视节目准则》的相关要求来执行，在其 2008—2010 年的报告中专门提出："ACCESS 敦促媒体机构在维持良好的内容水准的同时，还应该更加谨慎地维持语言标准。例如，媒体机构应该确保节目中的人物语言及字幕使用标准华语，尽量不要出现新加坡式英语、英语及华语方言。字幕与人物语言应准确对应，并尽量避免那些非普通话短语，保证良好的语用标准，以避免误导受众尤其是儿童。"[2] 从咨询委员会近年来发布的报告中可以看出，新加坡本地电视业的产业发展与自由度也出现了"解束"的倾向，其节目内容在制作理念与风格塑造等方面呈现趋近西方媒体的态势，致使原先存在于电视媒体节目生产中的无形边界正在逐渐被外推甚至冲破。但这些对冲破边界的尝试很容易被察觉并被作为"问题"呈送，而管理部门仍倾向于从社会公共价值角度来考量节目的改进方向，这也就是为什么当 U 频道对两档收视率较低的新闻节目采取停播手段时，委员会敦促该频道采用教育或资讯类节目补充两个时段，而不是播出更多符合该频道定位的娱乐节目。由此可见，在节目生产中同时兼顾保持新加坡作为多元族群国家的政治与社会价值观，仍然是本地电视媒体时刻都不可松懈的传播母题。

三、通过公共广播服务计划维持多元有序的节目生态

民族国家作为当前世界范围内一种主要的政治、经济和文化力量，依然广泛而顽强地存在着，它是维护和强化公民身份的基石，也是提出并主张文化公民身份的核心。在多元文化主义学者看来，过多地强调文化的多

---

[1] 摘引自新加坡媒体发展管理局《华文节目咨询委员会报告（2010—2012）》，https：//www. imda. gov. sg/about/newsroom/archived/mda/media‐releases/2010/access‐urges‐freetoair‐chinese‐tv‐channels‐to‐continue‐to‐nurture‐local‐media‐industry。

[2] 摘引自新加坡媒体发展管理局《华文节目咨询委员会报告（2008—2010）》，https：//www. imda. gov. sg/~/media/imda/files/regulation%20licensing%20and%20consultations/committee%20reports/access%20report%202008‐2010. pdf？la＝en。

元性将会削弱民族国家的整体性，甚至会导致民族集团以自身利益为出发点而向国家讨价还价，以获得本族群的利益。① 近年来，"外劳"大量涌入新加坡，新传媒内部的国外雇员规模也不断上升。众多媒体专才从世界各地汇聚新加坡，分散于不同的部门、频道及岗位，也带来了来自全球不同国家的文化价值观和传播理念。在此情形下，如何凝聚媒体的价值观，使面向不同种族与目标受众的电视频道在开展对象性传播的同时能够在基本的价值观上保持一致，成为媒体内部一个至关重要的问题。新加坡政府认为，讲好本地故事至关重要，因为这关系到新加坡国民身份的塑造，并且有利于团结国人。② 从20世纪90年代初开始，新加坡政府就开始向新加坡广播公司提供公共广播津贴，用于制作、购买公共服务节目（如少数族群语言节目、新闻时事节目等）。在建国领袖李光耀看来，新闻与时事节目承担民众政治教育与国家价值观的涵化，是大众媒体非常重要的功能。李光耀不吝斥巨资购买新闻采集和生产所需的硬件，甚至从BBC聘请新闻节目制作人员，对节目质量进行把控。③ 为有效调解并稳固传播内容生态，新加坡政府推出了公共广播服务（Public Service Broadcasting，PSB）计划，通过资金扶持、委托生产、出资引进等多种形式，支持媒体使用四种通用语制作生产新闻时事、纪录片、教育、电视剧、少儿等多种类型的节目内容，力求强化新加坡公民的共同身份与多元文化，通过高质量、有吸引力和信息量的公共服务内容来建立一个有联系的社会。④ 从2007—2011财年，新加坡政府投入这一计划的财政扶持资金达到4.7亿新加坡元，2012年到2016年上升到6.3亿新加坡元。⑤ 纳入公共广播服务计划的节目应具备以下几个特征：推进有利于新加坡的社会价值观念，能够促进家庭、社区、社会的和谐，同时满足特殊受众群体的需求，如老年

---

① 常士訚主编：《异中求和：当代西方多元文化主义政治思想研究》，人民出版社2009年版，第477页。

② 参见新加坡媒体发展管理局2015–2016财年报告，https://www.imda.gov.sg/~/media/imda/files/about/mda%20ar%202016/index.html?la=en。

③ George Yeo. *ON AIR*：*Untold Stories from Caldecott Hill*. Singapore：Marshall Cavendish Editions，2019，p. 82.

④ 参见新加坡资讯通信媒体发展局网站，https://www.imda.gov.sg/programme-listing/public-service-broadcast。

⑤ 参见新加坡通讯与信息部网站，https://www.mci.gov.sg/pressroom/news-and-stories/stories/2012/5/public-service-broadcast-psb-programmes。

人及儿童等；促进新加坡的文化遗产继承，或有助于促进人们的跨文化意识（包括国外文化）；促进种族与宗教和谐；促进新加坡人的国家认同（包括公民社会责任的倡导与世界公民责任感的树立）；促进知识的传播与学习习惯的养成（主要包括以儿童为目标受众的教育节目，以及具有教化功能的以广义受众为对象的节目）；扶持具有社会告知、时事分析并能促进人们更好地了解世界的新闻资讯类节目。① 近年来，华语电视频道入选PSB项目支持的节目既有电视剧（如在本地影响较大的"建国三部曲"），也有常态播出的新闻资讯类节目（如时事谈话类节目《狮城有约》），PSB节目在8频道晚间黄金时段的播出时长占比达50%以上。2015—2016财政年，新加坡媒体发展管理局纳入PSB计划资助的节目内容累计达到4868小时，涵盖新传媒旗下7个公共电视频道。其中，5频道播出的电视剧 Tang Lin 和8频道播出的电视剧《118》都是年度计划支持的重点节目，此外还包括8频道的电视剧《虎妈来了》、U频道的文化类节目《我家在这里》、春天频道电视剧 Annamalai（第二季、第三季）、朝阳频道的电视剧 Menantu International、亚洲新闻台的纪录片 Men Have A Mission、奥多频道的少儿电视剧《下课铃声》等（如图5-3所示）。

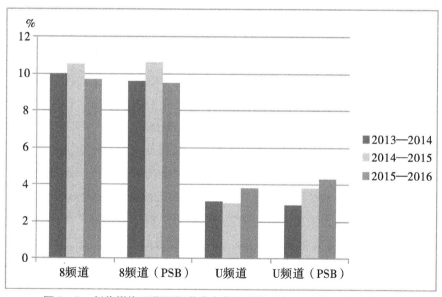

图5-3 新传媒旗下华语频道常态节目收视率与PSB节目收视率对比

---

① PSB 计划简介，摘引自新加坡媒体发展管理局网站，https://www.imda.gov.sg/industry-development/sectors/media/broadcast。

新加坡政府自 2010 年前后取消了本地民众大约每年 110 新加坡元的收视执照费，新传媒的自营收入与利润出现大幅下滑，加之本地市场有限，广告对电视行业发展的支撑能力不足。因此，PSB 计划既是新加坡政府对电视媒体发展的一项"扶持计划"，同时也是官方通过其财政转移支付，对传媒内容施加影响的有效手段。PSB 节目通常都会安排在晚间黄金时段播出，在首播结束后还会在非黄金时段重播。笔者将两个华语频道三个年度的两组收视率——"黄金时段平均收视率"与"PSB 节目收视率"进行比照后发现：8 频道播出的 PSB 节目收视率与频道黄金时段收视率之间的差异不大，平均收视表现基本一致，U 频道的 PSB 节目收视率略高于 U 频道。此外，为了回应年轻受众在新媒体平台上的收视需求，PSB 节目还会在播出后直接上传至新传媒官方视频网站"Toggle"。从 2015 年开始，PSB 计划还专门设置了对互联网原创首播视频节目的支持计划，鼓励新传媒在其新媒体平台推出原创首播节目，虽然当年的节目产量只有 30 小时，但也算是萌芽初现。根据统计，2014—2015 财年纳入 PSB 项目支持的节目的观众累计收看时长达到 473.5 万小时，这些节目在新传媒官方视频网站"Toggle"上的累计访客数达到 9300 万次，独立访客数达到 610 万。

笔者发现，受到政府财政状况及预算的影响，每年纳入 PSB 计划的节目数量存在一定的差异，2012—2015 三个财年的 PSB 节目小时数分别为 6039.5 小时、4744 小时、4868 小时。尽管这一项目对文化的控制遭到了部分媒体从业人员的反对，政府也自 2012 年开始累加推出"PSB 节目竞争性计划"（PSB Contestable Fund Scheme Evaluation Panel，PCFS），试图通过引入匿名竞评、筹建项目评估团队等方式提升入围的传播项目的多元性与趣味性，但从现实状况看，其带来的更多是向官方传播意图靠拢的内容。丹尼斯·麦奎尔曾将"传受关系"概括为三种模式，即传送模式、表现或仪式模式，以及注意模式，并进一步将受众群体阐释为"作为目标的受众""作为参与者的受众"以及"作为观看者的受众"。这三种类型的受众在现实环境中不一定完全互斥，但却有着系统而普遍的差别。① PSB 节目计划包含着政府介入公众传播的主动意识，暗含着对传播文本目标、受众目标与效果目标的多层次预设，将受众塑造为公共媒体教育的接受对

---

① ［英］丹尼斯·麦奎尔：《受众分析》，刘燕南、李颖等译，中国人民大学出版社 2006 年版，第 53 - 54 页。

象。从 PSB 计划的效果看，纳入该计划支持的节目不仅占据新加坡公共电视媒体传播内容的多数部分，同时也成为具有强暗示的"国家文化霸权"，持续影响着本地电视媒体文本的价值输出与受众认知。

第二节　新媒体环境下新加坡受众群体的媒介分化

戴维·莫利等认为，正在创造并不断进化的电子文化空间是一种"无地方特性"的图像地理和虚拟地理。① 随着互联网技术的加速迭代与扩张，更具多样性的世界性文化空间正在快速形成。这一趋势在重塑"全球—地方—公民"之间关系的同时，也使那些具有地方主义色彩的电视传播网络逐渐缩聚为受众视野下的信息网络的一个节点。在新加坡，这一进程也正在加速，处于威权政治环境下的大众传播媒体生产实践正面临越来越激烈的全球化考验，受众也逐渐从传统媒体时代的读者、观众、听众逐渐衍化为新媒体环境下的"用户"，更具自主性的媒介习惯也正在加速形成。从 2011 年开始，新加坡政府便开始着手对新加坡民众的媒介接触及消费行为开展调查，迄今已公布了 2011 年至 2015 年的调查结果。该调查以新加坡 15 岁至 65 岁公民为样本框，年度抽样规模在 1700 人到 2000 人之间，并确保入样的调查对象具有人口统计学意义上的代表性。该调查一般在每年第四季度进行，采用一对一面访的方式，单人面访的持续时间平均为 45 分钟，整个调查的持续时间大约为 3 个月。笔者以 2013—2015 年的调查为数据源，对新加坡公众的媒介接触行为进行分析。②

一、受众的电视媒体满意度及其变化

由媒体发展管理局开展的这项调查，将受众对媒体的满意度界定为五

---

① ［英］戴维·莫利、［英］凯文·罗宾斯：《认同的空间：全球媒介、电子世界景观与文化边界》，司艳译，南京大学出版社 2001 年版，第 152 页。

② 若无特别说明，以下数值分析的原始数据均来自 2013—2015 年《媒体发展管理局媒介消费行为研究报告》，https://www.imda.gov.sg/industry-development/facts-and-figures/media-consumer-experience-study。

个维度，分别为媒介内容的质量、媒介内容的多元化、媒介服务的可信任度、媒介传输的质量、受众服务水平，采用七级量表对这五个维度分别测量，并对这五项二级指标分别进行计算，最后得出总体满意度。从2013年到2015年，新加坡民众对本地电视媒体的总体满意度分别为76.1%、75.7%、76.6%，媒体发展管理局认为，满意度数值波动并不明显，本地民众对媒体的满意度依然平稳。而在五项二级指标中，民众对媒介传输的质量满意度较高，对媒介内容的质量及多元化的满意度则相对低于其他三项二级指标，也低于总体满意度。这反映出新加坡电视媒体在发展过程中的不协调——技术进步更快、更明显。

在新加坡本地提供电视服务的除了新传媒的七套免费电视节目外，还有通过pay-TV渠道接入的星和电信与新电信，他们以电信业起家，现在也负责传送经批准落地的境外电视频道，或从其他国家购买节目版权后经重新编播在其付费频道中播出电视节目，但本地化内容不多。虽然从可信任度得分看，三家电视服务供应商的得分总体上都在下滑，但就数值来看，新传媒免付费电视的可信任度得分相对最高（如图5-4所示）。

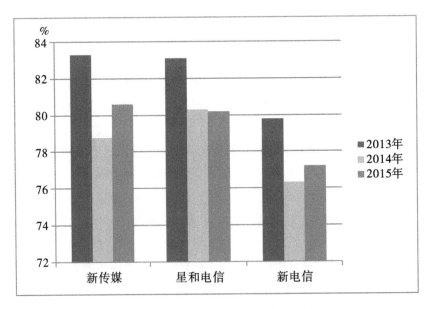

图5-4 受众对三家电视服务供应商提供的媒介服务的可信任度

新传媒从最早的新加坡广播电视台一路发展而来，是新加坡本地最早从事电视节目制作播出的准官方机构，其传输手段从最早的无线传输发展到现在的无线与有线并行,在"数字化"浪潮的驱动下,政府目前也正在大力推广由模拟电视向数字电视转换的公共服务计划。但对那些尚未实现转换且未接入其他付费频道的家庭用户来说,只能通过传统模拟信号收看新传媒提供的七套电视节目。在传输质量上,完成数字转换的家庭收看到的电视节目画质更好。而在付费电视传输网络的建设与维护上,星和电信与新电信均在优化网络建设,但也都曾出现过较大的传输故障,甚至一度导致全岛付费电视信号中断,致使媒体发展管理局启动罚则,对两家公司先后处以5万新加坡元和9万新加坡元的高额罚款。由于新加坡政府将"数码化"改造作为一项重要的公共政策强力推行,电视节目服务商的传输网络处于新旧转轨阶段,从调查数据看,三家服务供应商的覆盖及信号质量的满意度有一定的波动(如图5-5所示)。

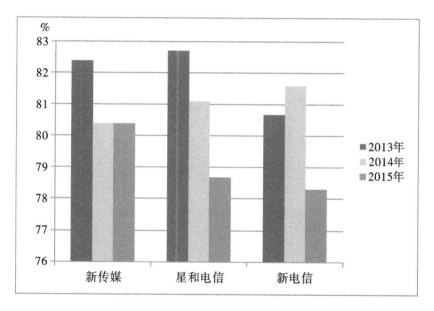

图5-5 受众对三家电视服务供应商的传输质量的满意度

在内容满意度方面,我们能够较为明显地看到免费电视与付费电视之间的差异(如图5-6所示)。由于付费电视具有明显的市场细分,受众在订购时也大都基于自身的收视兴趣与前期的收视经验,选择付费电视的目标性更强,受众对付费电视供应商的满意度高于新传媒,尤其对星和电信付费频道内容的满意度连续三年保持在相对较高的水平,这与星和电信发展该业务较早、网络敷设较为完善、内容产品较新电信更具优势等因素有关。内容多元化评分方面与满意度基本一致，星和电信的内容多元化得分高于新电信和新传媒。但从总体趋势来看，从 2014 年到 2015 年，三家服务供应商的满意度得分都出现了不同程度的下降，星和电信的满意度虽然居前，但降幅也最大。

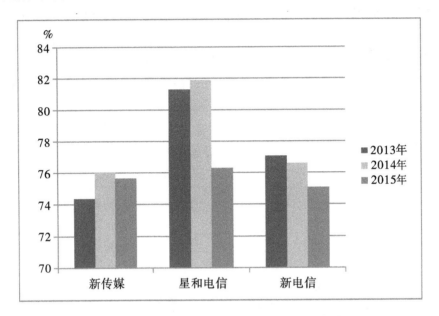

图 5-6 受众对三家电视服务供应商提供的内容的满意度

二、受众的电视媒体消费习惯及其变化

媒介谱系不断丰富、传统媒体不断进行适应性调整以及媒介环境的变化导致受众自身的变化。在丹尼斯·麦奎尔看来，传统媒介环境下被动的收听者、消费者、接受者或者传播的目标对象这些典型的受众角色将会终止，取而代之的是搜寻者、咨询者、浏览者、反馈者、对话者以及交谈者中的任何一个。① 新的技术形态赋予了受众更加宽广灵活的选择空间，它们在分流受众的同时也在分流受众的接触时间，并形塑着新的媒介接触习惯。新传媒作为新加坡国内唯一的电视台，也在通过成立社交电视小

---

① [英] 丹尼斯·麦奎尔：《受众分析》，刘燕南、李颖等译，中国人民大学出版社 2006 年版，第 158 页。

组、开展跨媒体内容设计、启动"第二屏"传播等策略来应对受众分化趋势。① 与那些专业视频网站以及具备视频传播功能的综合性网站或社交媒体相比，本地电视业面临的竞争环境也日趋激烈（如图5-7所示）。

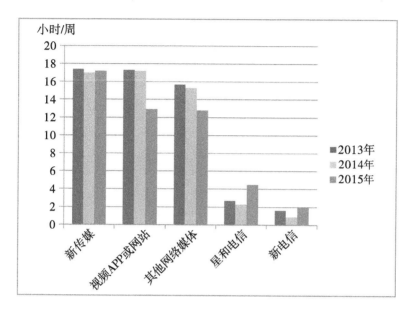

图5-7 受众每周接触不同视频载体的时长

"数码化"是新加坡政府近年来政策公文中经常出现的语汇，该国已经制定了明确的"数码化国家"战略目标。在传媒领域，由于新加坡国内的传媒市场早已按照业务范畴进行了明确划分，报业与广电均由不同的传媒集团执掌，这在一定程度上分散了市场竞争压力。加之传媒的社会功能早已在政治框架内被严格限定，这也在一定程度上削弱了本地媒体对新技术与市场力量的敏感度。从图5-7也可见，新加坡作为东南亚人流、物流、资金流、信息流的交汇之地，新媒体来袭的趋势已不可逆。尽管受众对电视媒体的接触时长看起来依然坚挺，但新媒体平台的成长速度几可与之比肩。

从图5-8可见，新加坡本地不同年龄组的受众对传统电视媒体与网络视频媒体的接触时长依照年龄呈现逆向关系，"老人看大屏，年轻人看小屏"的趋势日趋明显。尤其值得关注的是，从2014年到2015年，15—

---

① 曾繁诗、董三仁：《整合公共传播力量 推进媒体融合发展：新加坡媒体融合发展的经验与启示》，载《今日海南》2014年第11期。

19岁年龄组对网络视频媒体的接触时间显著增加,从2014年的平均每周24小时增加到2015年的平均每周33.3小时。此外,除了50岁以上的两个年龄组的网络视频媒体接触时间下降外,其他年龄组的接触时长都在上升。而受众对传统电视媒体的接触时长则有涨有跌,15—19岁、40—49岁、50—59岁以及60—65岁年龄段的受众接触时间有所增加,增加时长从0.7小时到3.3小时不等。如果不考虑年龄组差异,新加坡15—65岁受众2014年和2015年每周接触传统电视媒体的平均时长分别为17.2小时和18小时,接触网络视频媒体的平均时长分别为16.1小时和17.7小时。

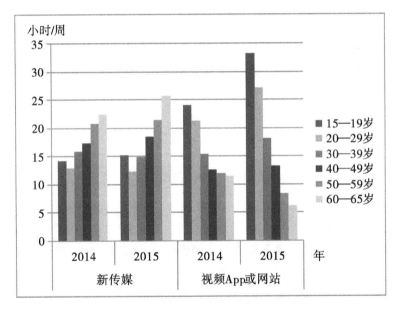

图 5-8 不同年龄组受众接触新传媒与网络视频媒体的时长

在新旧媒体并存、媒体边界逐渐被打破的媒介新生态下,受众的媒介接触行为日益走向多场景、自主碎片化和多任务整合化,"跨屏受众"正在成为学术界炙手可热的新概念和受众研究的新领域。① 在新加坡,超过60%的受众在媒介接触过程中存在多任务整合化的特征,在看电视过程中伴随移动媒体使用的受众更是高达82.3%(见表5-3)。移动媒体以其随

---

① 刘燕南、张雪静:《跨屏受众收视行为测量:现状、问题及探讨》,载《现代传播》2016年第8期。

身社交功能，已成为一个极具渗透性的媒介。加之新传媒近年来在融合媒体发展领域也采取了"多屏多终端"战略，抢占"中屏"和"小屏"成为其融合发展战略的重要组成部分。这进一步促使媒体发展管理局于2016年下半年以政府机构委托购买服务的形式与德国GfK集团合作启动了基于跨屏受众测量的"SG－TAM"计划。该计划在完成10000户新加坡家庭基础收视调查后，再以随机抽样方式在全国范围内甄选出1200户样本户，并从样本户中再次抽取2000人组成"数字媒体小组"通过同源测量手段，捕捉受众在多平台、多频道、多终端、全时段内的收视行为。该计划所调查的电视频道数量超过200个，涵盖新加坡多元族群的受众家庭，为掌握受众行为与传播效果提供了更加科学全面的参考。

表5－3　受众多媒体接触的多任务化特征

首要媒介接触行为	次要媒介接触行为	比例/%
看电视	使用移动设备（社交媒体聊天）	82.3%
使用移动设备（社交媒体聊天）	看电视	74.3%
使用笔记本电脑上网	使用移动设备（社交媒体聊天）	68.7%
听音乐/广播	使用移动设备（社交媒体聊天）	66.2%
使用移动设备上网	看电视	60.6%

三、受众对电视媒体的接触行为及满意度

虽然受众对新媒体的使用越来越频繁，但电视媒体的影响力并没有迅速式微，而是在技术进化的逻辑下不断寻找自己的传播空间，正如媒介环境学派学者保罗·莱文森（Paul Levinson）在其"媒介进化论"中所认为的那样：一切媒介的性能终将越来越人性化，并认为技术进化的趋向总体是好的。他将互联网看作一个大写的补救性媒介——是对报纸、书籍、电台和电话等媒介的改进，是对你死我活争夺媒介生存空间的观念的一种颠覆。[1] 在接触视频内容的平台上，人们虽然存在着不同年龄段的分化，但是至少眼下，受众对电视媒体的依赖仍然存在。互联网视频媒体虽正强势

---

[1] 陈功：《保罗·莱文森的媒介演进路线图谱》，载《当代传播》2012年第2期。

崛起，但从受众接触行为看，目前依然处在新旧并存、新旧融合的渐进式过程中，"颠覆式"变化也许言过其实。就新加坡民众对传统电视、全球主要视频网站 YouTube 以及新加坡本地视频网站 Toggle 三大视频媒体（平台）的接触频率而言，电视媒体依旧表现出较强的优势，民众对互联网视频媒体的接触则表现出较大的随意性。

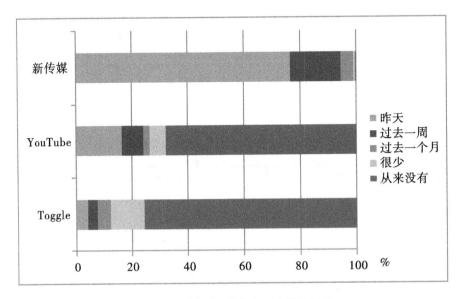

图 5 - 9　受众对不同视频平台的接触率

从图 5 - 9 可见，电视与视频网站两者之间的差异较大。在"昨天"以及"过去一周"看过新传媒免费电视节目的受众合计达到 94.7%。在对受众进行深度访谈的过程中笔者也感受到，一方面，大龄受众依然保有每天收看电视节目的习惯，这是一种常年延续下来的媒介接触习惯；另一方面，电视虽然已经不像过去那样是生活所必需，但作为"环境伴音"的功能却依然存在，尤其在家人共餐、家庭聚会、朋友来访等家庭活动中依然十分必要。有意收视与伴随性收视行为并存，使电视媒体依然嵌在受众的日常生活中。此外，在视频网站的选择上，受众对 YouTube 与 Toggle 的接触也存在差异，"昨天"以及"过去一周"接触 YouTube 与 Toggle 的受众分别为 24.2% 以及 7.8%，主流视频网站依然是受众观看视频内容的首选，本地视频网站得到的关注似乎不多，超过 3/4 的受众甚至没有登录过 Toggle 网站。对新传媒来说，Toggle 平台搭建起来却无人问津，技术支撑不断完善却缺少优质内容，如何提升网络视频内容传播力，提高其在本地电视观众和互联网用户中的受关注度，实现不同平台之间的"用户导流"，也成为新传媒向新媒体发力过程中需要解决的问题。

对于新加坡电视媒体来说，语言字幕无论对受众还是媒体自身，都有举足轻重的作用。早年（主要是20世纪80年代以前），新加坡广播电视台从英美等国家进口大量节目，配发多语种字幕成为满足受众收视需求的必须手段。随着90年代以来频道数量的扩充及定位的调整，按照族群语言等因素进行频道划分的格局基本稳定。但由于各频道的节目质量及播出时长均存在差异，尤其是面向少数族群频道的播出时长与节目质量相对较低，导致马来族有可能观赏华语频道的电视节目，华族受众也有可能观看英语频道的节目……为了满足受众跨语言收视的需求，新传媒依然会为适合各族群共同收看的节目配发字幕（以英语及英汉双语结合为主）。包括新闻直播节目，也会在直播前将播音文稿导入字幕系统，以方便受众观看。以至于记者在直播环节中发来的现场报道，制作方会因无法即时配发字幕而在屏幕下方即时向公众致歉。除了是否配发语言字幕、播出是否准时、是否双声道播出、清晰度等影响收视的传统因素外，受众对新传媒节目内容在新媒体平台的易得性需求也已萌芽，而这种需求如何继续转化为新传媒在互联网平台上的"流量"，是其需要在融合发展过程中权衡考量的问题（如图5-10所示）。

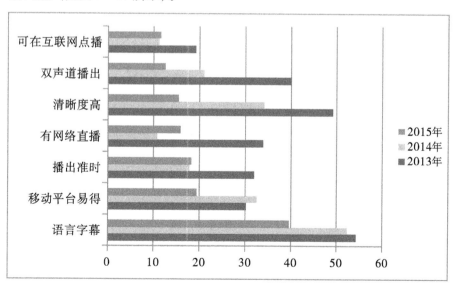

图5-10　受众收看新传媒免费电视的原因

新加坡本地的公共电视系统并不发达，仅有七套免费公共电视节目，这为付费电视业务的开展留出了一定的市场空间。从官方目前公布的数据看，订阅付费电视的用户总量逐年增长（如图 5-11 所示）。但其中也有一些微妙的变化，具体表现在新电信的用户规模有一定上升，星和电信用户规模基本稳定，但同时订阅两家服务商的用户数却在减少。"其他"选项既包含那些曾经订阅付费电视但已经退订的用户，也包含通过更为先进的 MiBox、Toggle、Netflix 互联网电视收看视频节目的受众，且这两种比例都在增长，但从中仍可看出那些没有订阅付费频道的受众依然不少。

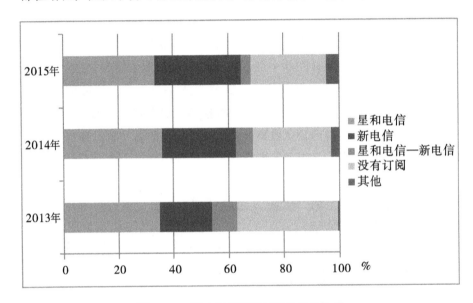

图 5-11　受众订阅不同付费电视的比例

电视媒体覆盖全球，但电视文化的形成却受到主权国家政治制度、受众结构、技术条件、市场驱动等多种因素的影响。无论从经验上、理论上或政治上，"受众"都是可以被"想象"出来的，是一种被建构出来的东西，它服务于传媒机制的整体运作结构及其需求。对新加坡而言，其社会公共福利体系与西方国家不同，在土生土长的新加坡公民尤其是年长人士的心目中，政府扮演着物质享受供给者的角色，加上李光耀执政以来长期倡导的"节俭建国"方针与实用主义原则，使人民愿意约束自己的物质欲望和闲暇时间，将时间与精力用于勤奋念书与工作。那些没有选择付费电视的受众大部分是因为没有看电视的时间，其次是对新传媒免费电视的内容充足性表示接受，然后才是价格、收看兴趣等其他因素（如图 5-12 所示)。虽然这与付费电视内容的本地化程度不高有关,但也从一个侧面说明,在生活压力大、劳动强度高、竞争环境日益激烈的新加坡,民众对电视媒体多元化的内容需求并不强烈,对本地电视节目内容也没有过高诉求。此外,互联网作为一个"大写的补救性媒介",已使受众具备了更加多元的选择,他们已经开始学着跳过电视媒体,直接进入新媒体的斑斓世界。

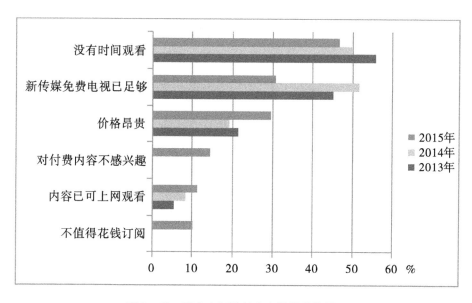

图 5-12 受众未订购付费电视频道的原因

# 第六章　新加坡华语电视受众的分群特征与文本解读

前文对新加坡电视受众的结构性特征及新媒体环境下的受众分化状况进行了分析，但受众身处复杂的社会语境之中，其文本接触与解读行为也受到具体社会历史结构的影响。尽管电视节目的文本已经可以用诸多抽象化以及类型化的话语进行概括与分析，但从受众的文本接触环节来看，文化话语、教育话语、制度性话语总是与之形影不离。[①] 克里斯·巴克（Chris Bucker）认为，对于受众来说，从电视传播的内容中分辨真伪并非难事，甚至这种分辨构成了受众收视趣味的一部分，电视传播中的意义建构过程以及电视对人们所起到的作用常常因文化之间的差异而不同，即使在统一文化群体中，也会因性别、社会阶层等因素的不同而有差异。[②] 可见，传播效果的生成并非源于传者的预设，受众对传播文本的解读方式、意义阐释乃至再生产才是传播文本在实现"物理落地"后产生一系列认知效果的关键。在受众群体加速分化的当下，其对电视媒体与电视文本的认知与解读也更趋于多元。本章将在对新加坡华语电视受众进行深度访谈的基础上，从媒介接触、媒介认知、文本理解等层面，对华语电视受众的解读特点展开分析。新加坡华族群体规模庞大，构成也日趋复杂，深度访谈对象的总体结构虽然难以具有统计学意义上的代表性，但基本涵盖了新加坡华语电视受众群体的组成部分：从深度访谈对象的国族结构看，既有新加坡本土华族，也有来自中国的移民及"外劳"；从年龄层次看，既有中老年受众，也有年轻受众；从职业分布看，既有劳工阶层，也有精英阶层。深度访谈研究的目的有三：首先，借助深度访谈，进一步解读前文结

---

① ［英］戴维·莫利：《电视、受众与文化研究》，史安斌等译，新华出版社2005年版，第69页。

② Chris Barker. *Television, Globalization and Culture Identities*. Beijing: Peking University Press, 2008, p. 110.

构性受众研究中的部分现象，以形成逻辑上的对应关系；其次，探索海外华语受众研究维度，以求进一步了解新加坡华语电视受众群体分化的现状及原因；最后，笔者将新加坡华语电视分为"本地华语电视"与"中国华语电视"两大类，透过本地华族受众对两类华语电视的不同解读，探究新加坡华族受众对华语电视的认知，并适度回应中国华语电视在新加坡华语电视受众中产生的效果。

第一节　新加坡华语电视受众的分群特征

威勒曼（P. Willeman）曾认为：真正的读者不是某个单一文本中的主体，而是历史中的主体，是生活在社会结构之中的。① 本书所指的新加坡华语电视受众并不限于新加坡公民中的华族，还包括居住在新加坡的人，如取得永久居留权的中国人，以及长期在新加坡务工的"外劳"群体等。从电视媒体传播的角度来看，这些人无疑是华语电视最需笼络的受众群，也是新加坡本地华语电视在文本生产过程中需要面向的核心群体。海外华语电视受众的媒介选择与接触可能会受到移民（移居）时间、原生文化、代际传衍、语言栖习、媒介采纳等因素的综合影响，笔者结合这些因素以及在深度访谈过程中搜集到的资料，将新加坡华语电视受众在人口学层面表现出的群体性特征归纳为以下三点。

一、"乐龄人士"：新加坡华语电视的核心受众群

"乐龄人士"是新加坡对 65 岁以上老年群体的代称，伴随着人口老龄化的加快，"乐龄人士"的群体规模也在不断上升，根据官方统计，截至 2016 年，这一群体的人数已接近 49 万，华族在其中的占比约为 83.7%，

---

① ［美］约翰·菲斯克：《电视文化》，祁阿红、张鲲译，商务印书馆 2005 年版，第 88 页。

接近 41 万。① 这一群体在新加坡华语受众群体中的位置特殊，他们见证了新加坡从殖民到独立，从第三世界国家跃升为第二世界国家的过程，当中有不少人属于"建国一代"②。他们既经历了新加坡独立前种族分治、认同向"北"的时代，也经历了建国后多元族群融合共生、建立新的国家认同的历史阶段。对于这一代群体来说，"看电视"更像是一种从历史中绵延形成的生活习惯。

> 我们每天都有看电视，基本上晚上吃饭的时候就看，然后看到《晚间新闻》结束……很多年了，基本上就是这个样子。因为我的英文也不好，还是看第八波道多一点……节目我觉得还好吧，都是说新加坡的事，感觉还很贴近。(LF, 72 岁, 女, 土生华族, 赋闲在家)

> 新加坡刚刚建国的时候家里面还没有电视，好像大概是 75 年的时候有了电视机。从那个时候开始就看第八波道，主要是看新闻和电视剧，还有很多方言的节目。不过那个时候节目都是混在一起的，不像现在这样，有专门的华语频道……节目好不好看你也没得选啊，这么多年反正也都习惯了……U 频道我不是很喜欢看，太吵闹了！(WCH, 68 岁, 女, 土生华族, 清洁工人)

"第八波道"是新传媒 8 频道的别称，它是从新加坡广播电视台建台之初的"第八波道"延用而来，与之并存的还有最初的"第五波道"。20 世纪 90 年代初，随着频道资源的扩增与频道定位的调整，尤其是传输方式从过去的无线电波传送转向有线传输与今日的数字化传输，"波道"的概念已经无法涵盖电视媒体的传播特点。21 世纪初，新传媒为了实现频道专业名称与国际的接轨，将"第八波道"与"第五波道"分别改称为"8 频道"与"5 频道"。但在深度访谈中，笔者感受到"乐龄人士"对

---

① 数据来源于新加坡政府数据官方网站，https://data.gov.sg/dataset/resident-population-by-ethnicity-gender-and-age-group/resource/d5d35678-cd15-4f43-b347-d671d1870655?view_id=324b27b1-3fe5-4306-8d91-653fcc1d660a。

② "建国一代配套"是新加坡政府推出的一项公共福利政策，其中将那些建国前即年满 16 岁的新加坡公民称为"建国一代"，这一群体在新加坡可享受门诊医疗、终身健保、生活开支等多项优惠政策。

"第八波道"这一名称的印象依然深刻,有人依然习惯将"新传媒"简称为"新广"(20世纪80到90年代新加坡广播公司的简称)。此类记忆延续的背后,折射出"乐龄人士"对其受众身份的定位。在媒介环境迅疾变化的当下,其收视习惯仍携带着源自历史的连续性与确证感。记忆尽管很难传续他人或帮助其构建新的媒介接受身份,却可以在媒介指认中与平行世代确认彼此是拥有集体媒介记忆的社会成员。

> 我家里面也没有订星和电信的配套,平时就是看新传媒的节目。比较喜欢的就是《狮城六点半》、9点的电视剧、《晚间新闻》啦,8点档的节目有时候也会看一下,但是这个就不一定了。礼拜五还会放潮剧,因为我祖籍是潮州的嘛,还蛮喜欢听……肯定还是方言节目亲切一些,但是也没有办法,最近在放那个梁志强的《欢喜就好》,还是蛮精彩的……我不太会讲英文,现在老了,报纸看起来也很费力,就看看电视咯!(CSW,70岁,男,土生华族,国家图书馆助工)

> 方言节目现在很少看到,我不知道这个可不可以讲,但是我从小跟家人就是讲福建话,我们也没有那么高的文化,突然之间推广华语,我们是理解啦,毕竟我们是华人。但是,一下就这样把方言节目全部禁止掉,我从感情上来讲是不能接受啦,不过光耀先生说是为了下一代好,我们也就必须要理解了。现在的华语节目反正也可以看懂,感觉肯定是没有方言精彩,但是也习惯了。不习惯又有什么办法呢,只有第八波道可以看啊!(YKH,75岁,女,土生华族,小贩中心回盘工)

> 家里只能看到新传媒的频道,我和爸妈可能是看英语的比较多吧,但是爷爷奶奶会看第八波道多一点。我现在每周回去,就看到奶奶会在那边看第八波道的《家和万事兴》。第八波道通常就是给60岁以上的老人看的吧,因为他们看不懂英语节目。(RY,22岁,男,土生华族,大学生)

这些年龄较大的受众群在"成长"的过程中,经历的不仅是媒介技术与媒介内容本身的变化,新加坡语言政策的变化也对其产生了影响。在20世纪80年代前,新加坡广播电视台的大量华语节目都采用方言播出。但是自1979年推行"讲华语运动"以来，方言节目快速消失。新加坡电视台已在1978年7月停止播出方言广告，1979年11月将很受欢迎的从香港引进的粤语电视剧《倚天屠龙记》配成华语，当时，文化部同时要求新加坡各影片发行机构减少播映外地方言影片。电视台还推出一系列内容生动的语言教学节目，吸引了大量观众收看。① 1981年，电视台已在不到三年的时间里淘汰了所有的方言节目，第八波道成为一个纯粹的汉语普通话频道，整个转型的过程比政府预定的期限提前了两年。

这些"硬措施"在新加坡华人社会中引发大量争议，很多观众写信到中英文报馆，他们认为这样是"残忍"和"不近人情"的。电视媒体在语言政策"大转型"的历史运动中没有起到公共论坛作用，使得华语系统内部的语用移位成为一个事实上完全由政治力量主导的过程。而新加坡的媒体制度环境也敦促电视媒体扮演了相当重要的促进功能，尤其作为一种显著而潜移的力量，传达了一种重要的语言标准。李光耀后来表示说："我们采取这一连串'硬措施'的原因是我们发现电视的力量极大，我们为人民制造一个讲华语环境的努力，不能让讲方言的电视剧来抵消。"②由于语言、种族、宗教属于新加坡社会治理中需严肃对待的"课题禁区"，因此，民众在讨论到关于方言的问题时都显得相当谨慎，有的甚至三缄其口不愿多谈。从公共电视传播渠道强行退出的方言，尽管在实际的社会交往中的存在仍然显著，但掉出官方传播渠道的现实也令其逐渐沦为新加坡社会交往环境中的"低位阶"语言。有限的访谈信息已让笔者感受到，这些在方言环境中成长起来的电视受众，对于方言节目从视线中的断然抽离，依然抱有怀念与怜惜。潮剧等戏剧节目成为极少的可在大众传播场景中呈现的方言文化载体，在老一辈华人看来，这是仅存不多的"母语"传播。

媒介技术以相同的技术特性出现在人们的视野中，但它在人们生活中发挥的作用却各不相同。受众中的一部分群体能够顺利甚至创造性地使用这些技术，但也有相当一部分人只能对这些技术"逆来顺受"甚至"敬而远之"。总体来看，老一代华人在新加坡华语受众群中属于媒介技能较为弱势的群体：他们既不具备"双语"环境下的语言习得能力，甚至以普

---

① Kuo E. *Television and language planning in Singapore*: *International Journal of the Sociology of Language*. London Carousel Books, 1984, 44（4）, pp. 59 – 60.

② ［新加坡］李光耀：《我一生的挑战：新加坡双语之路》，联合早报出版社2011年版，第161 – 162页。

通话播出的华语电视对于他们来说并非真正意义上的母语传媒；他们也不具备较强的媒介技术适应能力，对新媒体的采纳能力仍相当有限。华语电视成为他们在内在与外在多种因素挟制下的"唯一媒体选择"，对其抱有较高的忠诚度也就顺理成章了。

二、本地年轻受众：华语电视退场，"转移""外溢"趋势明显

与年长群体对华语电视的高度依赖相反，新加坡较为年轻的群体具备更加多元的媒介接触条件，也形成了更加多元的媒介接触习惯。这恰好回应了新加坡独立建国前后"华人性"的变化：1945年至1965年间决定华人族群特性的因素已经弱化，华人族群特征的代际影响式微，而是更多地取决于外部语境。如果说老一辈还抱有对华族文化甚至中国文化的意识，那么在年轻一代华族的眼中，是否具有中国意识和故乡意识已经不是"华人性"的重要组成部分了。① 新加坡华族的地域文化特征在年轻一代身上被日渐抽离，同时抽离的还有新加坡本地的华语媒体。若非来自家庭的母语环境影响，新加坡年轻一代已经很难再系统掌握华语的语言表达体系了。华族虽然也是其族群身份标记，但其在文化层面的"先赋性"正在减弱。语言的改变直接影响到其对媒介的接触，华语电视在其视野中逐渐边缘化，他们更愿意通过国际化的新媒体平台去寻求更多具有脱域色彩的传播文本，本地电视媒体内容在其视野中黯然退场。

  父母看电视的时候，我可能会稍微看一下，但是我自己应该是不会看的，谁会看新加坡的电视，这么无聊。我觉得这边的电视剧都太简单了，太容易太好猜了，来来去去都是那些东西，也没有什么特别的内容。除了小的时候看动画片，近几年好像也没有什么固定的看电视习惯了。（MK，21岁，男，新加坡华族，大学生）

  小时候第八波道也会播动画片，比如《哆啦A梦》什么的，

---

① 陈国贲：《漂流——华人移民的身份混成与文化整合》，中华书局2012年版，第196页。

但是觉得没有那么精彩。而且我开电视之后就停留在"少儿时段",也就很少再转波道了。看普通话的节目大概是在七岁多上了小学之后吧,因为那时候要开始学华文,所以周末有空的时候就会看华文节目,基本上也是看第八波道,因为周末会放华语的动画片。但是感觉华语的没有英语的好看,大概是因为华语的那个故事线比较朴素吧,英语的节目很多都是从美国来的,迪士尼什么的……我大概是在中二中三(笔者注:07、08年)开始上视频网站,那时候就开始流行YouTube这些网站,通常会看一些MV或者打游戏,当时好像还没有很多连续剧……最近在互联网上看的节目是《美国恐怖故事》,还有中国的《我是歌手》《幻城》。(RY,22岁,男,新加坡华族,大学生)

英语作为第一语言的政策使年轻一代的媒介接触行为直接与世界接轨,外界的媒介文本几乎无须经过任何"转译",只要一键登录,即可以越过大洋,直接与其他国家的媒介互动。而在传播全球化与技术遍在化趋势的影响下,新加坡本地的受众群体也越来越难以满足于本地媒体的内容供给,更具全球性的互联网媒体往往成为优先的选择。祝建华所提出的"新媒体权衡需求理论"指出:当且仅当受众发觉生活中某一重要需求已经无法被传统媒体满足并且认为新媒体能够满足该需求时,他们才会开始采纳并持续使用这一新媒体。[①] 和传统一辈的电视观众相比,年轻一代沉浸于更加多元、更加精彩的媒介环境,而对本地传媒单一化、训示型、灌输型的内容,则表现出越来越多的反叛。那些具备"双语"素质的年轻人,对互联网媒介的使用显得更加游刃有余,他们可以不需要任何中介而直接与世界对话,一张面孔(种族的)、多张面具(文化的)的文化认知方式正在形成,"情境中的族群性"应当成为理解海外华人的重要架构。

爷爷奶奶现在还是会看8频道,之后的爸爸妈妈他们也会看,会比较关注新闻。但是再往后还会不会有更多人看我觉得就不好讲了。其实到我也还好啦,但是再到我弟弟妹妹这一代,可

---

① 刘燕南、史利等:《国际传播受众研究》,中国传媒大学出版社2011年版,第103页。

能就不会再看了。我觉得这可能就是时代的变化吧，我跟我妹妹差8年，还是有很大差异的。到了我妹妹这一代，华语的能力是开始下降的。所以他们以后还会不会看华语的节目，是很难讲啦！她现在也会偶尔看一下华语电视节目，但是首先是选择那些有英语字幕的，因为她读英语比较快。（ZJY，21岁，女，土生华族，大学生）

本地的新闻都是说很多政府的事情，我好像不是很感兴趣，需要了解新闻我上网去看就可以了，就从BBC、CNN这些网站看。电视节目看国外的比较多，有一些BBC的，有一些电视剧我已经追了很多年了。（MRK，28岁，男，土生华族，公司文职）

上网看韩国多一些，我不爱看连续剧，你看电视剧里面那些东西，那么好那么美，但是会真的发生在生活里面吗？我喜欢看综艺，觉得比较真实……韩国综艺节目比较符合我的口味吧，但是也不会盲目地追，我喜欢的才会看，是听不懂啦，但是有华语或者英语的字幕就可以了。（MK，21岁，男，新加坡华族，大学生）

我平时看新闻主要是看《海峡时报》，但是不是报纸啦，是他们的Twitter，很多新闻上面都有，也没有太多必要去看电视新闻。而且本地的电视新闻可能是有一些审查的东西在里面吧，看起来一直都很稳定，感觉没有什么太新鲜的东西。所以你说现在谁有在看电视，我觉得就是爸妈和爷爷奶奶他们吧！但是我们年轻一代是不是还会需要电视，我就不好讲了。（ZZX，23岁，男，大学生）

在年轻受众的视野中，本地媒体与国外媒体之间的界限似乎已经消弭了，电视的确是在他们生活中"曾经"扮演过重要角色的媒介之一，但是随着能够掌握的媒介形态以及能够接触的媒介渠道越来越多，电视作为传统媒体已经在他们的生活中渐趋没落。荣格在研究记忆与回忆的时候曾经提出过一种"保存式遗忘"，认为有一些记忆会被陈列在现实中或记忆中，但是已经很难再与人的内心产生共鸣。对新加坡的年轻一代来说，电视机作为家庭中的实物一直存在，关于电视媒介接触的历史也的确存在于他们的人生经历中，但是因为不断有新的媒介以及关于媒介的记忆素材被补充进来，而曾经的那些记忆于今日看来又毫无用处，于是便将电视以及关于电视的记忆尘封起来，虽不会完全忘记，但也很少被再次唤醒。而年轻群体从传统媒体的视野中逐渐"逃逸"，带来了某些文化性的后果，甚至还产生了政治层面的现实影响。

> 看电视可能是比较重要的一种活动吧，所以那些喜欢看电视的人可能一直会关注，老一代的人还是很需要电视的，因为他们可能英语不太好，选择很少，所以电视剧、新闻都会看，而且本地的东西他们也比较喜欢。但是对我们年轻人来说，我们可能接触的媒体更多一些，也比较丰富，我虽然说不会像老年人那么关注本地的事情，但是我如果看外边的东西比较多，其实也不见得是坏事。因为你慢慢接触外界的东西多了，你的眼界会宽一些，更加清楚地知道新加坡在世界的影响。不同的一代都会有不太一样的习惯，因为世界就是在变化，我们总不能一直在原来的状态上吧！（ZZH，23岁，男，土生华族，大学生）

> 新媒体出现之前，管好了广播、电视、报纸，执政党就没问题了。但是现在有智能手机了，上上次选举，人民行动党就失掉了两个选区，主要可能就是发现主流媒体不管用了，大家也不太相信主流媒体了。中产阶层看华文媒体的人相对比较少，《联合早报》看的人更少，年轻的孩子就更少看。（WB，37岁，男，永久居留6年，大学中文系讲师）

和老一辈华人相比，年轻一代似乎身处另一"视界"，两个群体在媒介选择上的差异，也导致两代人之间在思维方式、文化认同以及价值观上的差异。约翰·汤姆林森（John Tomlinson）认为，在高度现代化的纪元中，地方化和距离性的文化体验带来了认同感和价值观的不确定性。但全球文化必然是一种"建构性的"文化，它是与历史无关的，无时间限制的和"没有记忆的"。[①] 在媒介接触行为日益走向全球化，地方性逐渐被边缘化的时候，政治系统所大力推行的"共同价值观"难免受到侵蚀，在传

---

① [英]约翰·汤姆林森：《全球化与文化》，郭英剑译，南京大学出版社2002年版，第144-145页。

统媒体时代容易奏效的信息控制手段面临威胁，文化共同体遭遇的不确定性也越来越强。

三、新移民群体：游牧特征突出，代际差异形成

新加坡虽是一个以华人占多的社会，但其政治体系与社会文化与中国有很大不同。经过建国后几十年的发展，新加坡的建设成就以及两国之间在社会制度上的差异使新加坡华族对中国的国家认同早已完成切割。对于新加坡的华人移民群体（包括那些获得永久居留权并长期生活在新加坡的人）来说，在文化适应的过程中往往需要建构双重文化身份才能获得心理和文化上的满足：一种是对所在国主流文化的认同，另一种则是对自身族裔文化的认同。[①]反映在对媒介的接触上，则表现得较为弥散：他们接触的媒介信源横跨新加坡与中国，穿梭于原生文化、落地文化与全球文化之间，具有相当明显的"跨国游牧"特征。借助多种媒体渠道，"新客"们也在自己家中、掌中实现了"远程民族主义"，对他们来说，观看祖国（母国）正在发生的事情，成为一种重要的文化身份维护形式。

> 我在租房子的时候看新传媒的电视节目比较多，但是说实话我不是很喜欢看，但是那个时候没办法，外面租房住，就只有七个频道。但是现在就不一样了，有了自己的房子，频道会多一些……我们家频道多了，七八十个应该有了。我比较喜欢看央视四套的一些文化节目，比如《远方的家》之类的。还有就是"春晚"对我们这一代当然是固定节目，每年过年都是朋友聚在一起吃饭看春晚，但是这几年也是槽点不断，但是每年都会看的，所以央四还是有作用的。我已经删了很多频道，包括Discovery、BBC，但是央四一直还保留……但是对电视的依赖可能没有那么强了，很多新闻，不管是本地的还是中国那边的，你刷一下朋友圈或者App，基本上很快就知道了。（WYX，37岁，男，新移民19年，小学教师）

[①] 肖航、纪秀生、韩愈：《软传播：华文媒体海外传播研究》，中国传媒大学出版社2013年版，第31页。

除了接触的媒介形态多样，新移民异地而生，文化与认同的冲突不仅表现于自身，也会投射在家庭环境中。海外华人的媒介接触取向的异同受到过去与当下的多种因素影响，对其受众身份的考察也须谨慎避免归于一类。尽管在民族国家看来，借助一个统一的民族身份来巩固统治是不可或缺的，但相比之下，新加坡移民家庭成员内部却呈现多重文化归属与依恋。在对电视内容的选择上，多重差异还与新加坡的语言环境、国民教育结构等多重因素纠结在一起，深刻影响着家庭环境中不同成员的媒介接触乃至文化身份的认同。戴维·莫利曾指出：电视的基本消费单位是家庭，而不是单个的观众。① 意在表明家庭环境中蕴藏着媒介的微观地理，将电视收视活动放在家庭关系中剖析，可以看出家庭内部的权力结构。在代际传衍的过程中，家庭内部对文化认同的指认差异会表现得尤为突出。

我自己也学了很多语言学的东西，一般来说做梦的时候讲什么话，可能会投射出你的第一语言是什么。我女儿说她在梦里说的都是英语，她虽然在家里跟我们用华语交流没什么问题，但是在她的潜意识里面她的第一语言、她的母语已经不是华语了。同样的一张图片，让她写作文，华文可能只能写几行字，但是用英文可以写两三页。就包括你看这边出版的新加坡本地的华文书，书里面是有信息，但是缺少意境，缺少深度和情感，就是简单地罗列事实。有一次，央四播一个电视剧，里面好像有一个"寂寞"之类的歌词，我女儿就会拿来用，有一次她就问我丈母娘："姥姥，外公出去买菜了，你寂寞吗？"我问她哪里学的，她说是电视上播放的，后来有一段时间她就会不分场合地经常问我们："你寂寞吗？你寂寞吗？"你就发现好像她大概知道这个词的意思，学到一个新词，但是语言使用的环境到底应该是怎样的，她并没有掌握……我现在虽然是新加坡公民，但是我是在中国出生长大的，所以我当然认为自己是中国人，但是我女儿就不会了，有时候我会跟她争论："你爷爷奶奶是中国人，你爸爸妈妈是中国人，你当然也是中国人。"但是她会反驳我："我是在新加坡出

---

① ［英］戴维·莫利：《英国家庭收视行为的家庭关系框架》，见［英］罗杰·迪金森等编、单波译《受众研究读本》，华夏出版社2006年版，第63页。

生的，我是新加坡人。你们回中国当然是回家，但是我回中国就是去旅游！"（WYX，37岁，男，新移民19年，小学教师）

我看得比较杂，8频道多一点，我老婆经常说我："什么烂电视剧你都看！"但是平常也没有时间看，就是周六周日会看一下。我之前还看U频道，但是U频道基本上都是买的进口节目，所以没办法用它来衡量新加坡的电视节目水平……我孩子比较喜欢看奥多频道的节目，都是英语的，但是奥多平时要到九点才开播，我儿子起床之后开电视就说："爸爸，怎么没有节目啊！"但是周六周日开播时间是早上七点，我儿子都会准时起来看。（WB，37岁，男，永久居留6年，大学中文系讲师）

我岳父在这边基本就看凤凰卫视，央视是很少看的。但是我爸妈就不一样，他们看央视比较多，所以来了这边也没什么变化，红色题材的电视剧也会接着看。（LXM，32岁，男，新移民10年，公司文员）

新移民的子女出生于新加坡，大都是新加坡公民，他们接受新加坡的教育模式，以英语为第一语言。受家庭母语环境的影响，这些孩子虽然能够比较熟练地掌握华语的日常会话，但其语言认知习惯已基本偏向英语。经过新加坡国民教育系统的熏陶，其国族认同也很难再与中国建立深度联系。而对于那些随子女来新短居的年长群体，新的传媒环境带来的影响则并不一致，依然受到其"预存立场"的影响，并在此基础上有所强化或加固。而较为年轻的移民群体或长期以"外劳"身份在新加坡生活的中国人，他们的媒介接触习惯则更加偏重新媒体，并同时受到媒介接触条件、工作闲暇等因素的影响。其媒介接触的"碎片化"特征更为明显，对电视媒体的接触意愿不强，他们到了新的国家后很难再产生接触中国华语电视的动机和需求，传统的电视媒体也已很少进入他们的视野，以往在中国形成的媒介习惯难以持续，于是在新的环境下得到"重塑"。

其实我来这边之后，正好赶上智能手机比较普及的那个阶段，尤其是iPhone 4出来之后，这边也很流行，大家慢慢都开始看小屏了，电视看得越来越少。而且那个时候我是租房子的，即便是休息的时候，好像也不会跟房东一起在客厅看电视，大部分时间就是上网或者看手机，看电视的机会其实很少……本地的新加坡人偶尔会聊起新传媒的节目，但是我们从中国来，大部分都是租房子，所以看本地电视的机会很少。（KV，29岁，男，雇佣准证7年，技术公司人事主管）

家里接了互联网电视之后，基本上都是看互联网视频了，我英语还可以，所以英语和中文的都能接受。新加坡这边的电视节目很少看，主要是节目质量实在是有点不忍直视。至于国内的电视节目……《万万没想到》，算吗？平时工作压力挺大的，看电视就是为了放松一下，感觉电视台的节目都挺死板的，还是互联网的好看一点。（CAQ，29岁，女，新移民12年，UI设计师）

因为来这边已经很多年了，中国的新闻已经比较少关心了，尤其是你说的政治方面的，只是会从微信上面看一下别人的朋友圈里面发了什么，自己会看一下，可能这就是主要的来源吧！平时的新闻主要还是通过本地的电视新闻了解一下吧，主要是看8频道，因为我英语不太好。但是他们也经常"吃螺丝"，就觉得播报的水平也不怎么样。（CQ，34岁，男，新移民12年，软件开发工程师）

文化经验与社会经验有关，这些经验是一个社会内特定的社会、文化或者亚文化的产物。① 海外华人生活在一个与其原生文化差异较大的文化环境中，其会在新的社会规范、社会习惯、社会常识与媒介环境中开启新的社会化进程。媒介接触作为个人文化经验的一部分，也在新加坡华人群体中形成了不同的模式。可见，"移民受众"也好，"族裔受众"也罢，尽管他们在概念上能够被抽象提炼，但其内部却异质多元，媒介接触习惯并非恒常，而会在多元文化板块间游走迁徙。这种习惯的形成与变化嵌套于个人社会化经验的多个层面，与其居住环境、家庭环境、社会阶层、文化观念以及社交环境等多种因素发生着微妙又复杂的互动。

---

① ［挪威］伯格塔·豪耶尔：《接受分析的社会心理学视角》，见［英］罗杰·迪金森等编、单波译《受众研究读本》，华夏出版社2006年版，第182页。

第二节　受众对新加坡本地华语电视文本的解读

从前文的结构性受众分析中已知，电视媒体作为曾经的注意力中心，其焦点位置已在受众不同的媒介认知与接触结构中被重新建构和圈选。新传媒作为新加坡本地唯一的电视制播机构，其华语频道在维系华族的种族认同与国家认同上扮演着重要的作用。但文本的生产并不意味着受众无条件地接收与接受，前文所述新加坡华族群体内部的各种差异既反映在其对媒体的接触行为层面，也同样反映在其对华语电视文本的解读过程中。斯图亚特·霍尔在其"编码—解码"理论中提出，任何一个由大众传播媒介传递出去的文本都必然包含一个"主导性的复杂结构"，无论受众是基于何种目的使用媒介或接触媒介文本，其接触使用的结果都是在受众的"解读"环节中发生的。符码之间缺乏相宜性的程度在很大程度上取决于传者与受众之间关系地位的结构性差异，也取决于传者与受众之间符码的对等性，传播中的种种扭曲和误解都是因为缺乏对等性而产生。① 新加坡华语电视受众的文本解读也存在着霍尔所提出的倾向式、妥协式与反抗式三种立场，但需要说明的是，这三种解读立场并不是对新加坡华语电视受众所开展的硬性切分，而是重在描述他们在接受本地华语电视传播文本的过程中所持有的对媒介的不同解读方式。这种解读不仅体现在具体而微的文本层面的评判，也体现在对华语电视节目从整体到局部、从宏观到微观等多个层面，是"多个话语的交叉主体"。② 三种不同的文本解读倾向既反映出传受之间结构性矛盾的加剧，也投射出在特殊地缘政治与全球化传播的相互对撞下，受众群体透过对华语电视媒体的能动性选择与解读而呈现出的反叛。

---

① ［英］斯图亚特·霍尔：《编码，解码》，见罗钢、刘象愚主编《文化研究读本》，中国社会科学出版社2000年版，第349页。

② ［英］戴维·莫利：《电视、受众与文化研究》，史安斌等译，新华出版社2005年版，第154页。

一、倾向式解读：媒介栖习延续下的文本与文化认同

为了流行于世，电视必须抓住形形色色的观众，为了被受众选择，电视必须是开放的文本，并允许各种不同类型的亚文化群体从中生发出满足自身亚文化身份认同需要的意义。因此，它必须是多义的。① 电视文本中所包含的意义在不同的受众解读中可能会不同。而受众对电视文本的解读既可以是微观的具体的传播文本，也可能是中观的乃至宏观的传播文本。霍尔认为，"社会环境或者阶级地位很自然地与主流意识形态保持一致的观众，会对文本产生起主导作用的解读"，也就是说，他们会接受文本的主导意义。② 在对深度访谈对象的材料进行梳理后发现，受众对文本的倾向式解读大致出现在传播的文本价值观的接受、对新闻文本与报道倾向的总体接纳以及对多元种族环境下媒介文本特殊性的包容等方面。

1. 对传播文本价值观的接受

新加坡在人口特征上表现为华族占绝大多数，官方的历史与价值观也都深深扎根于经过精心表述后的华族的文化根基（儒家）上。③ 李光耀所提出的"亚洲价值观"也与儒家文化的精髓有很多相似之处。新加坡华语电视节目的文本生产长期嵌套于新加坡政府推行的意识形态与价值观中，爱国爱家、家庭和睦、孝亲敬老、亲善互助等一直是其传播文本中包含的主题，这不仅体现在以剧情类节目为主的题材创作中，那些能够容纳核心价值观的文化类节目乃至生活服务类节目，也可能作为价值观的呈现载体。虽然在全球化文化的席卷下，"亚洲价值观"不断遭遇21世纪以来以互联网技术为代表的信息全球化的冲击，人们也逐渐对意识形态的灌输与控制有了一些警惕，但仍有不少受众对传播文本中那些具有"亚洲价值观"的内容表达了认同。那些对共同价值观抱有认同、对族群文化抱有好感的受众，倾向于对这些具有正面价值观导向的传播文本做出倾向式的解

---

① ［美］约翰·菲斯克：《电视：多义性与大众化》，见［英］罗杰·迪金森等编、单波译《受众研究读本》，华夏出版社2006年版，第182页。

② ［美］约翰·菲斯克：《电视文化》，祁阿红、张鲲译，商务印书馆2005年版，第90页。

③ Catherine Gomes. *Multiculturalism Through the Lens: A Guide to Ethnic and Migrant Anxieties in Singapore.* Singapore: Ethos Books, 2015, p. 97.

读。很多具有社会正能量、呼吁真善美的节目也获得了新移民的肯定。

最近在看那个《富贵平安》,每个礼拜天都有看。我觉得很好看啊,就是很贴近这边生活啦!而且一个大的家庭里面,肯定多多少少都会有一些矛盾嘛,争财产、争家产什么的,但是对长辈孝顺肯定还是很重要的咯!这个电视剧做得还蛮真实的!(LK,58岁,女,本地华族,保洁公司管理人员)

《小娘惹》应该是这些年电视剧的一个顶峰吧,就是觉得它的题材还是蛮好的!"娘惹"我们虽然都知道,但是新加坡好像没太做过这个题材的节目。虽然新加坡华人都知道娘惹是怎么一回事,但是拍成电视剧就不一样了。至少对我来说,我觉得它是和文化有关系的,我就还比较关注,算是我们的一个文化符号吧!《小娘惹》后来好像在中国也制作了一个版本,还请欧萱过去当主演,但是好像没有新加坡这边拍得好。(ZJY,21岁,女,本地华族,大学生)

《星期二特写》是有纪录片元素的节目,还是有一些深度的。还有纪录片《边城故事》我觉得也不错,讲述两个国家边境线上的故事。还有那种类似生活反串的《今天我代班》,让两个人互换角色,比如伐木工人去做一次外景旅游,主持人体验一天伐木工人的生活之类的。最大的特点就是关注边缘群体和弱势群体,我觉得这个很好。还有那些做菜的节目,经常也会把感恩的主题放进去,比如今天请人来做菜的时候,还会请护士、远航工人、巴士车长之类的不同阶层的人,让他们享用这些美食,感谢他们的辛苦付出。请的厨师都是名厨,这类节目我也喜欢看,因为我觉得这个节目是让你学会了感恩,向各种行业的平凡人致敬。(CKS,69岁,男,长期居留8年,退休)

2. 对新闻文本与报道倾向的总体接纳

新加坡本地媒体的新闻生产被限定在"发展新闻传播制度"与相关法律法规的框架内,政府虽然不会直接去操控媒体的新闻生产,但对媒体来说,基于历史沿袭与新闻生产的现实环境,可供报道的内容以及报道的方式都有定规。受众长期浸濡在本地新闻媒体的传播文本中,在定向接受路径的指引下,常常缺少横向参照的维度。

  我觉着华语新闻做得比较好的是关注民生,它的头条一般都不是李显龙,相反,车资要涨价、组屋政策调整、终身健保之类的事情反而可能好几天都放在头条,是比较侧重民生的。(WB,37岁,男,永久居留6年,大学中文系讲师)

  本地的新闻报道是不带过多立场的,也很少发评论,报道是比较平衡的。我想给你提供的信息就是这么多,但是立场怎样是你自己的事情,算是一种保守主义的体现吧!(WYX,37岁,男,新移民19年,小学教师)

3. 对多元文化传播现状的包容

  新加坡虽然以英语作为通用语,年轻一代对英语的掌握能力也越来越好,但英语逐渐通行于各族群却难以完全消除族群之间的差异。政府很注重通过大众媒体对种族主义进行预防并大力倡导族群和谐,尤其是通过各种媒体展示各种族融洽相处,成为新加坡社会生活中的显在标志。[①]"母语"的影响依然存在,族群文化依然还有自己的空间。只不过,在多个族群混杂的新加坡,由于不同族群乃至族群内部的亚文化群体的文化差异都要保存与发扬,"寻找自我"就成了新加坡人面临的身份认同的最大挑战。[②] 现有的频道结构包容了新加坡社会在语言与种族上的差异,使不同族群的受众都能找到对应的播出频道。虽然资源分配并非绝对意义上的平衡,却创造了在国家共同体下多元语言互联互通的传播空间,并在这一空间内产生了非常复杂的结果:一方面,催生了跨频道收视的受众群,他们在多种语言和文化表征之间辗转,虽然并不多见,但在现实中的确存在;另一方面,电视虽然对大部分家庭仍具有团结功能,但代际不同的语言取向却将同一家庭的成员从电视机前分离开来。

---

  ① Mark A. Hukill. *The Politics of Television Programming in Singapore*, David French and Michal Richards, *Television in contemporary Asia*. London:SAGE Publications,2000,p. 192.

  ② 陈恒汉:《语言的流播和变异:以东南亚为观察点》,社会科学文献出版社2016年版,第76页。

我爸爸妈妈是土生的华人，但是我们在家里面基本上都是讲华语的，看电视也是华语。但是后来慢慢情况会有一些变化，有了弟弟妹妹之后，他们好像偏重英语一些……但是看电视一直都是看8频道，很多年一直都是这样吧，觉得习惯了，这个可能还是和家里面的语言环境有关系吧。如果说本地华语电视最重要的功能，我觉得首先还是新闻吧，因为它可以告诉人们很多资讯，但是可能老一代的人会更需要一些……华语电视肯定也还会存在，因为政府要推广华语。就即便未来我们可能会更加偏重英语，但是中国市场很大，从新加坡的需要来说，应该也是希望我们掌握双语的。（ZJY，21岁，女，土生华族，大学生）

　　这边的电视频道除了英语之外，都是按照种族划分的。但是其实还是有不一样，华语的频道多一些，节目也多一些，但是马来语和泰米尔语的节目就比较少。这可能就是因为政府的预算的原因，毕竟看马来语和泰米尔语节目的人比较少……不会有什么不公平吧，大家也不会觉得这是一个问题。毕竟印度族他们懂英语，也会看5频道，而且8频道很多节目也有字幕，他们有兴趣的话也可以看。当初在播《荷兰村》包括《小娘惹》的时候，马来（族）的同学就有看，他们听不懂台词，但是可以看英语字幕。还有就是，这边的马来语还有泰米尔语的节目好像比较少引进，因为新加坡讲的马来语好像和马来西亚那边也有不同，泰米尔语在印度那边讲的人也不多。（ZDY，24岁，男，本地华族，大学生）

　　不一样的频道播出的时间的确不同，但是也是可以理解的吧，毕竟少数种族的人口就很少啊，按照资源分配比例的那种原则，少一点也没什么不对吧！我觉得这应该不是一个很大的问题。（ZZH，23岁，男，土生华族，大学生）

二、妥协式解读：特殊传播生态下的有限认同

　　新加坡的共同价值观是一种尝试发展的独立的、意义确定的话语概念，让这种价值观嵌入政治话语，可通过对政治话语的操控来进一步加强

社会控制。通过媒介凸显文化问题的重要性，既是快速发展的政治和经济的一部分，也是对政府采取的诸多措施的一种修辞工具。但从另一层面看，更重要的是建构一种具有结合力的文化，其代表着一种认知模型，这种认知模型告诉人们什么是可接受的，并通过电视媒体的传播确立为一种机制。① 但这种认知模型会在受众接受环节产生何种认知效果，受到多种因素的影响。霍尔认为，对于大部分受众来说，他们对主流意识形态的观点都保持间离并不断变化，既非绝对的认同，也非绝对的反对；既不保持完全一致，也不完全与之对立。他们从总体上接受主流意识形态，但是会对他们进行若干修改，为的是适应他们所处的特定环境。② 笔者在深度访谈中发现，受众对新加坡华语电视文本的妥协式解读表现为一种"知情认同条件下的有限接受"，主要集中在对华语节目内容多元化、新闻生产开放性以及价值观强化等的解读层面。

1. 对节目内容与传播方式多元化的解读

自从进入卫星电视传播时代以来，新加坡本地媒体便已面临日益激烈的媒介全球化竞争，越来越多元、广泛且人性化的媒介平台使受众经验日趋全球化。原先分立管理的印刷、广播、电影以及新媒体形态日趋融合，呼唤着政府创新管理方式，协调好产业发展与内容规制之间的关系。在政府管制与受众需求之间，电视媒体一方面要满足公众对节目内容的多元化需求，另一方面要对外界信息进行过滤，以维护本国的信息与文化安全。在这一前提下，本地华语电视传媒虽然面对着最大规模的受众市场，在节目创新与融合创新等领域也有诸多尝试，但受众对节目文本的解码却显得并不积极，对政府通过公共广播服务计划（PSB）资助的节目也持保留态度。

> 我觉得本地节目多样化的程度还是很有限，新加坡按说是东南亚蛮重要的一个国家，经济也很厉害，但是好像本地的电视发展的水平跟国家的影响力是不一样的，要低很多。当然我也大概能理解为什么 Mediacorp（新传媒）是目前的状况，毕竟他们需

---

① David Birch. *Singapore Media: Communication Strategies and Practices*. Singapore: Longman Cheshire, 1993, pp. 2-5.

② ［美］约翰·菲斯克：《电视文化》，祁阿红、张鲲译，商务印书馆2005年版，第90页。

要政府的资助，为了得到多一点资助，肯定宣传性质的内容会多一些……Mediacorp 大部分的钱应该都是政府给的吧，这个情况大多数人应该都是知道的。（RY，22 岁，男，新加坡华族，大学生）

我觉得小的时候吧，好像新传媒尝试的内容还多一些，但是好像感觉政府有预算之后，节目就不那么好看了。当然我也不是说这个里面有必然的关系，但是会不会是新传媒拿了政府的钱之后，生产的节目会朝向政府的需求，这个可能也是难以避免的吧！当然，跟大家现在的选择越来越多也会有关系。（CKS，24 岁，男，本地华族，大学生）

你要说这几年其实节目也在变化，他们也想求创新，但是总体上变化不大。比如说原来早间的新闻叫《早安你好》，现在叫《晨光第一线》，原先的《狮城六点半》现在改成了《狮城有约》，好像都是去年还是前年才变化的。只能说这种变化看起来让这些节目不太像新闻了，看起来可能会立体化一些，可能是想多元呈现一些。光是播新闻可能太死板了，你看他现在的新闻里边，找嘉宾来座谈的越来越多了，现场表演的越来越多了。比如说，前段时间不是有一个上了米其林美食榜的小贩，卖海南油鸡饭的，就把他请过来，聊十几分钟，我觉着比单纯新闻里做个普通的采访要好吧！（WB，37 岁，男，永久居留 6 年，大学中文系讲师）

Toggle 是做得还不错，但是也是你要对新传媒的节目感兴趣才会去看吧！如果你对新传媒的节目都没有兴趣，那 Toggle 其实也没有什么吸引力。……最近我妈妈好像比较喜欢看一个医疗的综艺节目（笔者注：《别让身体不开心》），就是请一些医生还有艺人，一起聊很多健康方面的问题，这个可能就跟中国大陆的《养生堂》类似吧。还有之前也做过一个模仿"跑男"的节目，忘了叫什么名字，是权怡凤和钟琴主持的，算是一种突破吧。但是还是觉得韩国和中国的会好看一些，新加坡的版本好像没有那么丰富，去的地方也没什么好玩的。当然现在如果你去买这些节目的模式的话，应该做出来的东西也不会差，但是我觉得新传媒没有去买这些模式，应该就只是自己模仿一下那种感觉，可能是预算的原因吧，所以就不是很好看咯，感觉新加坡对文化艺术之

类的好像都不是很重视。(ZJY,21岁,女,土生华族,大学生)

2. 对新闻文本控制的解读

新加坡政府在电视媒体事务中起决定作用并不奇怪,这种作用一般通过法律控制以及(或明或暗的)约束规则来进行。新加坡媒体的垄断性质以及政府授权下媒体与国家的共生关系,毫无疑问会在其节目内容的生产理念中反映出来。① 新加坡政府不承认媒体有监督和制衡政府的权力,原因在于政府是人民选举出来执政的,只有人民有权通过选票监督和制衡政府,新闻工作者并非人民的代议士,谁授权他监督、制衡政府?因此,政府不认同西方媒体自诩政府监督人角色的做法。② 新加坡民众深知人民行动党的干涉主义性质,但同时也赞赏政府在改善物质生活方面的精英治理术与官僚化成效。但与地方媒体的集中化趋势相反,该国的外向型发展定位所决定的"全球—地方"关系使得政府允许新加坡人广泛接触国际新闻。这样一来,虽然国际媒体可以是异质的、多元的,但作为国家形象核心的地方媒体必须是统一的、同质的。③ 这尽管会导致本地受众所面对的新闻景观的"视域分歧",但新加坡选民大都愿意支持政府对媒体监管的强硬立场,也很少有人认为新闻自由能够在民众认为的紧要的公共事务中名列前茅。毕竟,一个以廉洁、法制、高效著称的政府,其良性运转尚未跌落至需要媒体监督来保证的地步。

新加坡政府对媒体功能的限定在国际社会中曾引起长久争论:公共媒体似乎没有直接成为监督政府的力量。在新闻文本的生产中,关于政府的报道,与西方传播理论中的"第四权力"模式完全不同,而受众在信息全球化浪潮的冲击下,也已感受到本地新闻报道与全球其他媒体的差异。受众对电视新闻的认同或不认同,并不仅仅局限于认同与否和他所收看的某个角色或某期节目之间的——对应关系,还意味着一种总体上的认同,即

---

① Mark A. Hukill. *The Politics of Television Programming in Singapore*, David French and Michal Richards, *Television in contemporary Asia*. London: SAGE Publications, 2000, pp. 194.

② [新加坡] 吴元华:《新加坡良治之道》,中国社会科学出版社2014年版,第243页。

③ Bokhorst-Heng W. "Newspapers in Singapore: A Mass Ceremony in the Imagining of the Nation" *Media Culture & Society*, 2002, 24 (4), pp. 559 – 569.

展现在荧屏上的不同层面的内容与观众的理解和情感之间的认同关系。①受众对新闻节目的评价尤其明显，他们通常难以立刻回忆起某则具体新闻报道以及对新闻的具体看法，但对电视新闻节目的评价却往往直截了当。

  8频道和5频道、亚洲新闻台是不一样的，8频道一方面面向的可能都是年龄比较大的华人，而且8频道里面的编辑可能也有一些是有华文情结的，用词都比较谨慎，面向中国的报道少有负面新闻，而且经常是不持立场的，只是客观的援引和展现。（ZH，男，32岁，永久居留8年，补习中心教师）

  新传媒呈现的新闻基本上都是比较正面的东西，很少看到有负面，因为电视节目引起社会争议之类的情况几乎没有……最多就是前些年有过一个节目《有话大声说》，好像请了一些政府部长，主持人的问题也比较犀利，看上去好像有点锋芒。（YJL，女，32岁，永久居留8年，大学助理研究员）

  有一个时事节目叫《前线追踪》，之前他们就会有一些还蛮吸引眼球的内容，比如那个时候有人在路边诈骗，他们就去暗拍，但是现在媒体会更小心去处理这些问题。至于比较敏感的新闻，我印象中是没有的……但是我觉得多多少少的控制是有必要的，像台湾的电视新闻，看起来就觉得太八卦了。（ZJY，21岁，女，土生华族，大学生）

3. 对剧情类节目价值观投射的妥协式解读

在使用"使用与满足"这一理论范式的时候，媒介效果研究看上去一下子站住了脚，如果电视节目对于人们的收视期待、世界观、价值观等产生了影响，那么它就可以进一步认为，如果某些类型的电视节目能够反映这个社会的世界观等等，那么节目就可以通过系列化的方式持续重复其基本信息及传播形式。② 价值观的政治性体现在它充分扩散于广阔的文化中，

---

① ［美］约翰·菲斯克：《电视文化》，祁阿红、张鲲译，商务印书馆2005年版，第242页。

② Erhard U. Heidt. *Television in Singapore: An Analysis of A Week's Viewing.* Singapore：Institute of Southeast Asia Studies, 1984, pp. 21–22.

并以文化的形式体现,然后以一种理所当然的真实性与人们的日常生活结合。① 但文本毕竟不是绝对封闭的,尤其在传播生态快速变迁的当下,文本永远不可能取得意识形态上的全面封闭:其在关闭一些意义的同时,也会开启另外一些意义。② 当这些文本与受众的认知结构发生碰撞后,其多义性就会体现出来。那些收看本地华语电视剧的受众,在接受剧情本身的所传递的叙事情节的同时,对其中蕴含的价值观并不避讳。虽然价值观的硬性植入会影响叙事的张力,但受众对这种情况似乎已习以为常。

> 价值观的东西在新闻和电视剧里面比较明显,所以我就不知道是不是有赞助商。比如说春节期间播的那个电视剧《回家》,意思就是说春节要到了,我们都要回家过年。不过里面除了本地的新加坡人之外,好像也在说那些比较新的移民,在这里有了工作,结婚有了小孩,也会慢慢地把新加坡当作自己的家,所以也会有一些意识形态的东西在里面了。(CKS,24 岁,男,本地华族,大学生)

> 最近在看电视剧《梦想程式》,我觉得就是没事做的时候还可以看一下,还行了……很多节目都是在复制其他地区的概念还有节目的形式,很多应该都是嫁接来的吧,没有太多自己创新的东西。比如有一些电视剧的题材你就觉得是在模仿中国台湾或者欧美……总体来看好像比较强调亲情、家庭之类的观念吧,这个跟政府的倡导还是比较吻合的吧!(CQ,34 岁,男,新移民 12 年,高校科研人员)

4. 对语码掺杂的包容

"新加坡式英语"在新加坡人群的日常交际中被广泛使用。新加坡式英语以其熟悉、舒服以及特有的发音被新加坡人普遍认可,并糅合了经常使用的英语、马来语以及华语方言语汇,语法简单,富有情绪,但在语言

---

① Mark A. Hukill. *The Politics of Television Programming in Singapore*, in David French and Michal Richards, *Television in contemporary Asia*. London:SAGE Publications, 2000, p. 180.

② [英]尼克·史蒂文森:《认识媒介文化:社会理论与大众传播》,王文斌译,商务印书馆 2013 年版,第 127 页。

的质量层面则显得意义贫乏。然而，新加坡式英语虽然被广泛使用，却并没有受到足够的重视，在广播电视的播出语言中也被禁止。从1995年起，随着本地电视节目生产能力尤其是英语节目制作能力的提升，新加坡式英语得以在一些电视剧脚本中以人物对白的形式出现，却成为对新加坡语言实际情形的一种反应，也成为新加坡电视节目的一种辨识符号。① 这并非政府政策推动。在官方的节目制作条例中依然不允许新加坡式英语的出现，但在节目制作过程中，无论是剧情类节目的脚本还是综艺类节目的现场演绎，新加坡式英语以及华语中掺杂英语的情形已经越来越常见。媒体管理局下设的华文节目咨询委员会也曾将这一现象视作问题呈送政府，但此种情形原本就是新加坡人的生活常态，政府并没有对此过于苛责。不过，面向族群的频道出现语码掺杂的情况较为平常，英语频道掺杂族群语言的情形则相当少见，这表明，英语作为官方语言，已占据新加坡媒体传播语系的最高位阶，英语向族群频道流动既被受众接受也被官方默许，但这种流动是单向的，不能相反。

> 这种混合的情况应该很正常吧，因为这就是新加坡文化的一种体现，就好像我现在跟你讲话也是一样。我觉得用什么语言比较容易表达我就会用什么语言。而且，其实新加坡的电视台我觉得也不能说是新加坡的电视台，因为你看看那些艺人，可能不全是新加坡的，有很多是从马来西亚或者中国来的。有时候他们虽然讲的都是华语，但是有一些人就会带着马来腔，包括中国的也会带着中国腔。但是，我觉得是可以接受啦，这可能就是一种"新加坡模式"的体现吧！（ZZH，23岁，男，土生华族，大学生）

> 节目里面混合英语是很正常啦，因为英语毕竟是这边的第一语言，所以在华语频道里面听到英语也没什么。但是英语频道里面好像就很少掺杂华语，因为我们是多元族群国家，如果你要是在英语频道里面掺华语，那是不是也要把马来语和泰米尔语也掺进来？这样的话可能这个节目就比较乱了。但是英语进入到华语

---

① Mark A. Hukill. *The Politics of Television Programming in Singapore*, in David French and Michal Richards, *Television in contemporary Asia*. London：SAGE Publications, 2000, p. 190.

频道或者马来语频道我觉得就还行,因为毕竟是第一语言啊!(ZJY,21岁,女,土生华族,大学生)

三、反抗式解读:全球传播视野下的受众反拨

新加坡在发展观念上既强调"个人奋斗",但更强调"社会优先",前者促进了社会的多元化和创造力,后者则推动了团队意识、集体主义、协商共识、国家安排与效率优先等精神。而外向型发展模式带来的经济增长不可避免地带来观念分化,这体现在生活方式、价值观、地方认知等多个方面。尽管来自岛内外的争论之声并不鲜见,但新加坡受到高度认可的政党仍是人民行动党,这个政党所发出的声音在很大程度上既是人们能够听到的,长久以来也被认为是正确的。

尽管未来是什么样无可预计,但传播空间的全球环流已是不争的事实,新加坡民众对社会多个领域的潜在对立情绪也在滋长。想要维持公众对社会事务的持续参与感与认同感,灵活的传播策略就显得非常必要,但媒体在实践中的可操作性十分有限。无论执政党还是广大民众,也都担忧这种情绪会影响长久努力所铸造的社会团结,但人民行动党并没有等待这种意识形态来"侵蚀"社会肌体,而是通过明确危机话语来催生社群主义,并与之抗争。于是,"国家生存"成为政府和媒体开展公共沟通的关键话语,这既使得政府能够不断约束其自身,同时也能够要求民众保持警戒与纪律,继而为政府开展长期治理提供合法性。福柯将这种情形称为"标准化的权力",标准化权力在维系过程中所需要的话语生产,并不在于对其意义不断地进行创造性生产,而是要将现存秩序作为一种"合法的文化"并不断进行再生产,这一过程向受众强加了对文化产品和社会观点的标准化解读方式。① 但不得不承认,这种做法在传播全球化背景下常常难以为继,伴随受众的赛博化流动,新加坡本地节目的文化团结能力难免趋于式弱。

1. 对剧情类及综艺类节目的反抗式解读

新加坡的电视传播生态在全球范围内都属个案,即一个世界发达经济

---

① David Birch. *Singapore Media: Communication Strategies and Practices*. Singapore: Longman Cheshire, 1993, pp. 11 – 13.

体在全球化进程中，其大众传播是如何有序持恒而不是逐渐消解一个国家的多元文化及价值观。新传媒虽然是新加坡本地受政府控制的电视传媒，但也越来越需要面向市场，制作出更加多元化的电视节目以呼应日益分化的受众需求。近年来，新加坡的网络社群中曾经出现过激烈的关于本地节目国际化的讨论，讨论集中在国际化节目模式与本地节目模式之间的多元化比较，另一方面也掺杂着对民族主义的拥护以及对新加坡电视节目发展对全球趋势的回应的讨论。[①] 在这种情况下，本地电视节目制作机构不得不在尊重受众偏好及需求的基础上，将本地内容与国际形态杂糅。实用主义的创新策略尽管看上去成果显著，但内容混成的结果却不一定那么理想，媒体要克服的不仅仅是资金、人才、技术等硬件条件的限制，还要将大量文本限定在媒介体制所容许的范畴内，以确保媒体功能不致"跑偏"。这些节目尽管获得了部分受众的认可，但也并非所有人都会"买账"。随着受众的文本接触多元化与批判意识增强，他们很难将有限的本地节目持续纳入接受偏好，在传受双方彼此可感知的情境下，受众的接受行为与媒体的生产经验逐渐脱节。《联合早报》所开辟的"观众大声说"板块，也越来越多地看到观众对本地节目的意见。

> 电视剧《118 Ⅱ》的三大败笔——败笔一：三个喊打喊杀的香港黑道。败笔二：不知所谓美国来的保镖。败笔三：阴间来的厨房鬼。以前若有某套连续剧被观众排斥就会"腰斩"，《118 Ⅱ》播到现在70集了，观众的反应越来越不满意，难道电视台要不管"民愤"播完218集吗？剧中出现"见鬼"的、"阴阳怪气"的、"神经兮兮"的、"影响市容"的"女杀手"、"越境保镖"等人物，都不该出现在本土剧中，太离谱也太荒谬了！（摘自2017年3月8日《联合早报》"观众大声说"）

> 之前8频道播一个叫作《爱》的电视剧，我就越看越觉得闷，因为这种电视剧你不用看很多就知道重点在哪。你中间两三个星期不看，再回来也还是那个样子，也不会觉得错过什么剧

---

① Tania Lim. *Let Contests Begin! 'singapore Slings' Into Action: Singapore in the Global Television Format Business*, By Albert Moran and Michael Keane, *Television Across Asia: Television industries, Programme Formats and Globalization*. London: Routledge Curzon, 2004, p. 106.

情。(RY,22 岁,男,新加坡华族,大学生)

这些年比较有名的可能就是《小娘惹》吧!但是我也不觉得好看,总是把女主角搞成那种楚楚可怜的样子,一直被欺负,最后又把她说得很伟大,感觉这边电视剧的女主角都是这样的。而且新加坡的艺人来来去去就那几个,电视剧也是做得很具有教育意义的,我不喜欢。现在的节目越来越差,没有很多内涵。你要么就像《边城故事》那样,有深度,有教育性;要么就像《康熙来了》那种,聊八卦,很有趣。(LXM,32 岁,男,新移民 10 年,公司文员)

所谓名师出高徒,很遗憾的,本地演员一直无法自我提升和突破。提议有上进心的演员可观看中国浙江卫视的节目《我是演员》,从中也能得到许多名导的启发,不会裹足不前,得不到观众的认可。(摘自 2021 年 7 月 3 日《联合早报》"观众大声说")

新加坡综艺节目通常只有半个小时,晚上八点到九点都是综艺节目,可能八点到八点半的节目是一个主持人,然后八点半到九点他可能又出来了,还是他主持。一个小时里面,有两个节目,但是主持人都是一样的,而且搞来搞去就是比煮菜。(MK,21 岁,男,新加坡华族,大学生)

2. 对节目文本观念收编力量的反抗式解读

正如超符号理论所认为的那样,一旦对文本实行全盘收编,就难免产生超出主导意向的额外意义。霍奇(Robert Hodge)和特里普(David Tripp)认为,当电视的偏向意义与那些受众用来组织对世界的感知的意义发生冲突……将会发生的是——"非电视意义的力量足以淹没电视的意义。"这是一个非常具有现实性意义的观点,因为这种反抗式解读可能带来后继的结果:受众发展出的解读方式可能包含针对总体社会关系的宏观议题。反抗式解读既存在于土生华人群体,也存在于那些移居到新加坡的华人中。新加坡华文作家李慧敏在其《成长在李光耀时代》中这样说:"一个经济开放、人民生活水平位列发达国家行列的新加坡……媒体所享有的自由度却与经济开放的程度不成正比。"① 尽管这种对立解读已经是官方需要的、媒体可察的、受众可感的,但也是可被理解的。城市岛国生存的不确定性,令政府与媒体不得不长期生产"生存主义"与"实用主义"话语,媒体的意义输出既被受众视作"自然",也回应了国家为图生存而采取的一切必要举措。

> 电视艺人每天苦口婆心提醒国人宅在家里,出门戴口罩,打疫苗,真的用心良苦,可惜流于教条形式。建议来个歌舞式的宣导,收效或更大。记得当年"建国一代配套"宣传片,李国煌和反串女歌星的舞台剧演员陈瑞彪合唱解释建国一代配套的歌曲,至今仍让人印象深刻。(摘自 2021 年 6 月 7 日《联合早报》"观众大声说")

> 虽然说平常我们说话都是新加坡式英语,但是电视里面这样讲我会觉得很不舒服啊!比如"你吃饭了吗?"就会说"eat already?"《118》里面出现了好几次,我都觉得好奇怪,我是在看 8 频道吗?……有一些电视剧,教育你要孝顺,教育你要帮助你的邻居,都太直白了,感觉就是把意识形态放进去……但是我看美剧的时候就不会,觉得很自然,比如说我看《憨豆先生》,就是为了笑啊!(MK,21 岁,男,新加坡华族,大学生)

> 这边的节目让我觉得太模式化……我觉得新加坡的媒体有点保守,不愿意去尝试改变,总体的框架一直是很稳定的,从来都是在那个轨道上。(KV,29 岁,男,雇佣准证 7 年,公司人事主管)

凯文·罗宾斯曾认为,有关传播的问题也是关于共同体的本质与范围的问题。② 迈克·克朗(Mike Crang)则进一步指出,电视在两种层面上起到了"聚集地"的作用:第一个层面是创造现实中的观众共同体,第二个层面是创造相互并不认识的想象中的观众共同体。电视会引起社会行为

---

① [新加坡]李慧敏:《成长在李光耀时代》,玲子传媒私人有限公司 2014 年版,第 129—130 页。

② [英]戴维·莫利:《电视、受众与文化研究》,史安斌主译,新华出版社 2005 年版,第 320 页。

或社会事件，可以馈入其他场合成为原料。① 但是，迈克·克朗的这一观点是建构在电视媒体作为第一个强大的具有"联结性"的媒体的基础上的，并以其对受众群体的同质化肖像为起点。而从前文的研究可看出，新加坡华语电视受众已非一个"纯粹的""均质化的"群体，尽管仍可在族裔受众的维度上统一赋予其"海外华人受众"的概念，但实际上，他们还具有经济维度、政治维度以及文化维度等多个层面的定义。这一群体既没有绝对的均质性，认同度也要因人因地因事而论，没有定数。② 尽管多数新加坡人赞赏政府在推动发展方面的努力，也理解本地电视传播生态特殊性，但他们同时希望媒体能够尽可能生产更具多元化与创造力的内容，赋予与新加坡经济全球化坐标大体一致的文化方位。

第三节　受众对中国华语电视文本的解读

电视媒体的跨国传播面临着一对相互制衡的矛盾：一方面，一个"视听地理正逐步脱离民族文化的象征空间范围，而在国际消费者文化这一更为'普世化'的原则下加以重新调整"③。而另一方面，对于那些具有悠久文化传统的国家，其捍卫"本土化"的呼声也越来越高，这些国家的传播媒体在"走出去"的过程中也需要与发达国家主导的传播语境调和。中国华语电视就是在这样一个看似矛盾的环境中逐渐尝试以新的方式"走出去"。在研究新加坡海外华语电视受众的过程中，既要考虑受众的个体特征，也要将华人放置于其所处社会系统中进行思考。④ 新加坡人口以华人占多数，在土生华族人口规模稳中有升的同时，还有大量来自中国的新移民或永久居留者在此定居，他们构成了中国华语电视在新加坡的两大主流收视人群：那些新加坡的土生华族通过中国华语电视，以"他者眼光"看

---

① ［英］迈克·克朗著：《文化地理学》，杨淑华、宋慧敏译，南京大学出版社2005年版，第96页。
② 李宇：《海外华语电视研究》，中国社会科学出版社2011年版，第132页。
③ 黄瑚：《中国新闻事业发展史》，复旦大学出版社2001年版，第3页。
④ 李宇：《从宣到传：电视对外传播研究》，北京大学出版社2013年版，第208页。

中国，而那些从中国移居至此的新移民或"外劳"，则依然习惯采用"第一人称"对中国华语电视。在新加坡，两个群体的两种视角并存，继而形成对中国华语电视的不同视角。

一、新加坡华族对中国华语电视的解读："他者"视角下的文本差距

由于新加坡土生华族以华语为母语，在文化上也与中华文化存在着较强的联系，语言与文化两大因素决定了中国华语电视在新加坡土生华族群体中必然存在一定规模的受众群。尤其伴随着近年来中国本土华语电视节目内容品质的提升，在中国大陆热播的电视节目也越来越多地进入新加坡媒体与观众的视野：一方面，新加坡本地华语频道播出的中国电视节目越来越多，从以《步步惊心》为代表的宫斗剧到以《我是歌手》为代表的真人秀节目，中国华语电视节目经常成为8频道与U频道晚间黄金时段节目编排的主力；另一方面，在新加坡本地媒体播出的中国电视节目的牵引下，具备新媒体技能的年轻群体，也越来越多地通过全球主流视频网站观看中国的华语电视节目。

> 读了早报记者洪铭铧《好刺激的文化节目》专栏，深有同感。我也在央视观看他所提的几类文化节目，不久前刚落幕的《中国诗词大会》第二季精彩绝伦，我国学生李宜幸表现优越，8频道不妨考虑播放。星和也应继续播出这些有文化水平的好节目。（摘自2017年3月8日《联合早报》"观众大声说"）
>
> 8频道播过的《虎猫爸妈》，妈妈在看，我有时候也陪她看，很好看啊！中国那边过来的节目看起来都比较"正常"，可是新加坡本地的看起来可能不是很真实。（MRK，28岁，男，土生华族，公司文职）

新加坡土生华族在观看中国华语电视节目时，并不必然包含对中国文化或元素的某种赞赏或认同，其收视行为更多体现为中国原创节目以文化产业形式向海外的输出。在观看这些节目的时候，对传播文本的沉醉也多于对内在文化的考量。他们对中国华语电视的评价还是会经常投射到"中

新比较"的框架中，并察觉到两国华语节目在多元化程度上的差距。甚至不乏有些对中国历史感兴趣的受众，在文本接受的过程中表现出浓厚的兴趣与解读的积极性。这种比较认知或能动解读虽不至于动摇新加坡土生华族的国家与文化认同，却在一定程度上强化了地方性观念的离散与全球化视野的重聚，促使更多的受众从本土化的内容中逃逸，转而去关注更加多元的电视文本视界。

> 关注中国的电视节目，可能是《步步惊心》吧，但是也不是在电视上看的，是在网上看的。当时就是在 YouTube 上面看视频的时候，就会有推荐，然后那段时间《i 周刊》（笔者注：《i 周刊》为新传媒主办发行的电视娱乐杂志）也有推荐这部电视剧，然后就看了，我觉得很不错啊！……这边播很多中国的节目，尤其是 U 频道可能多一些，8 频道也有不少。我们在看的时候当然也会看出差别，中国的节目在规模上、题材上都比较有优势，新加坡好像就不太可能做出这样的节目。当然，这边这些年过来的移民大部分也都是从中国来，所以也有可能是因为这个原因，引进了很多中国的节目。（OPW，27 岁，女，土生华族，市场销售）

> 我们有看中国的电视，比如《最强大脑》，还有周华健参与的一个音乐节目《挑战不可能》！我们家没有预加波道，没有付费买那些，所以中国的电视节目也都是 8 频道会播，偶尔自己也会在 YouTube 上看一下。如果要比较的话，我当然是觉得中国的节目好一点，比如《最强大脑》，他们的评委有周杰伦有陶晶莹，就是有比较多能看的艺人，参加节目的人也是非常有趣的。（MK，21 岁，男，土生华族，大学生）

> 我比较喜欢《爸爸去哪儿》，但是最后一季我是没有看，还有《我是歌手》，前三季我都有看。电视剧的话，有《琅琊榜》《甄嬛传》《芈月传》，虽然只有华语，但是我能看懂。但是里面好像有版权的问题吧，所以我回到新加坡之后，中国的很多节目就不可以看了，因为爱奇艺都没有办法用，但是去中国之后就会看。看那些和历史有关的电视剧的时候，自己虽然不大明白历史到底是怎样，但是会从剧情里面去学，但是好像也不会特别影响吧！不过我如果看到什么地方，对那个历史有兴趣的话，我会去

搜一下。比如《芈月传》里面，有一个身份特殊的男主角我就还蛮感兴趣，然后就会查一下这个少数民族的相关资料。但是有时候我也会搞不懂，比如秦国、楚国等到底是在哪里。看《甄嬛传》的时候，我就会去搜索，了解是什么时候的事。好像《步步惊心》和《甄嬛传》讲的都是一个时代的故事吧，很多都是清朝的。（ZJY，21岁，女，土生华族，大学生）

二、中国移民对中国华语电视的解读：媒介环境转换下的接受移位

帕克在其对美国移民报刊的研究中曾指出："在移民对故国和对美国的情感和态度的变化方面，他们（移民报刊）扮演了一种重要的角色，因为只有通过其母语的出版物，不同种族群体才能维持联系和沟通，来保存他们的民族组织，以及他们的共同传统和他们的共通语言。"① 从中可以看出，面向移民的媒体不仅维系着母语的传播，建构人们在异国他乡的共同体感，而且能够建构现实中的人际互动关系。但在帕克对移民报刊展开研究的年代，印刷工业风头正劲，电波媒介才刚刚萌芽，全球化浪潮尚未真正开启。对于今日身处新加坡的中国移民来说，其能够接触到的不仅是来自新加坡本地的电视媒体和来自中国的电视媒体，还有早已将个体嵌入其中的全球互联网。在复杂交错的传媒环境中，来自中国的移民群体既不会被新加坡本地的华语电视垄断，也不会被来自中国的华语电视轻易割据，他们会在更具能动性的传播环境下构造更加多样化的信息接受版图。而那些在中国时建立起来的对华语电视媒体的认识，在新的社会环境与传播环境下也会被重新整合。在这一过程中，有的习惯被剥离，有的认知被颠覆，有的观念被重建，在经历文化观念与接受行为的碰撞后，又会形成新的媒介接触习惯与信息认知图式。在他们的媒介接触结构中，中国华语电视是其媒介接触平台中的一个互动节点，解读方式大致呈现出三种倾向：其一，将中国华语电视作为自己与中国产生精神交往的渠道，是维系

---

① ［美］罗伯特·E.帕克：《移民报刊及其控制》，陈静静、展江译，中国人民大学出版社2011年版，第359页。

其中国认同的重要纽带，那些具有国族象征的文本更能引起收视兴趣；其二，很多受众虽已不常接触中国华语电视，但通过以微信为代表的社交媒体的传播，对那些具有现象性的中国电视节目依然给予关注；其三，出于文化适应的现实考虑，一些受众在媒介接触习惯方面有意识地向移居国迁徙，对华语电视的接触习惯不可避免地被新的媒介现实所改造。

那些还保留着收看中国华语电视习惯的移民，深受中国电视文化的影响。中国华语电视对于维系其与中国的精神联系依然十分必要，在家庭环境中扮演着族群文化布道者的角色。移民群体并不全然是"忠实观众"，甚至在同一个家庭内部还存在着分化，但这一群体对中国华语电视的需求依然强烈，依然希望听到来自祖国的声音，看到来自中国的影像。这种接触构成了其维持对中国的了解与认知的重要渠道。

> 我岳父岳母喜欢看凤凰卫视，我爸妈和我喜欢看央视，我个人看央四多一些。我喜欢看《走遍中国》，还有像《舌尖上的中国》之类的纪录片。我太太喜欢逼着我女儿看《汉语桥》之类的节目，好像还是希望她通过节目学学华语，受点教育。(WYX, 37岁, 男, 新移民19年, 小学教师)

> 我的邻居也是中国人，有一些节目我们也是有共识的，比如《走遍中国》的反响还是不错的，对于我们这个年龄的人来说，中国的很多地方都是没有去过的，但是看了节目之后就能有很多新的认识，我就是因为看了这个节目才去的西藏。虽然看得不那么多，但是你如果说让我把来自中国的这些频道取消，我可能也不会，因为我还是需要有一个了解中国的渠道啊！虽然现在网上也能看到中国的那些节目，但是毕竟还是不同，电视还是最快捷的，你从网上去找总是不方便。(WYX, 37岁, 男, 新移民19年, 小学教师)

> 我过来之后，看国内的节目基本上就是以娱乐为主，为了消遣。新闻之类的节目很少看了，因为现在有了朋友圈，国内有什么特别大的事情大家都会转发，看一下也就知道了。但是我觉得我的根还是在中国，这个是不会变化的，到老了也一样，我觉得这个跟我看不看中国的电视没有什么太大的关联。我在这边买了组屋之后，客厅里面应该还是要有电视的，因为这种家庭装修的

格局没办法打破，觉得电视应该是家里的一部分。而且，不管看不看节目，有朋友来，就把他开在那里当作背景音也是需要的，否则会很单调很无聊。至于会不会接中国的电视频道，我觉得也会，因为我是华人，爸妈亲戚朋友过来玩，他们应该还是需要一个和中国有沟通和联系的渠道。（CQ，34 岁，男，新移民 12 年，软件开发工程师）

由上可见，在接触中国华语电视的方式上，移民群体表现出较为明显的新媒体转向。那些在中国热播，并且通过中国社交媒体平台大量转发的华语节目较容易进入他们的视野，表明这一群体在国内形成的接触习惯正在发生迁移：更加表现为对跨国内容的选择性接受、判断和权衡，而且呈现出更为丰富的多元化趋向。① 由于身处异国，他们很难与中国的电视观众同步感知国内华语电视的新亮点，传统的收看渠道也难以获得保证。但移民们的选择也呈现出自己的特点：其一，他们对中国华语电视节目的选择通常以朋友圈的筛选为前提，并将其置入更具全球视野的主流视频网站中去主动搜寻；其二，新加坡本地华人对中国华语电视节目的关注也常常成为其获取信息的来源。

来了新加坡之后还是会用微信的，朋友圈里面经常会有国内的朋友在转发一些节目的东西，自己平时关注一些娱乐新闻，也会看到有哪些娱乐节目播出。我会大概瞄一眼，觉得好看就接着看，不好看就不看呗，反正是比较随性。也不会局限于哪个平台哪个频道，觉得有点品质就会跟着看一下。但是基本上就是以文化类的和娱乐类的为主，文化类的比如有《锵锵三人行》《圆桌派》《见字如面》《中国诗词大会》，娱乐类的看过《王牌对王牌》《奇葩说》《奇葩大会》《跨界喜剧王》《喜剧总动员》《火星情报局》《金星秀》《我是歌手》《中国好声音》。（WT，32岁，女，雇佣准证 7 年，公司行政）

我们在国内的时候，电视台经常会做一些比较重磅的节目，

---

① 刘燕南、史利等：《国际传播受众研究》，中国传媒大学出版社 2011 年版，第 35 页。

然后我也会比较关注。但是到了这边之后，发现很多新加坡人，他们在讨论《中国好声音》《最强大脑》《爸爸去哪儿》之类的节目。所以我会上 YouTube 去看国内的节目，但是电视就很少看了。（KV，29 岁，男，雇佣准证 7 年，公司人事主管）

对国内一些节目的关注，可能主要还是来自朋友圈吧。国内的朋友最近都在转《我是歌手》的一些歌曲或者视频，那我就会去关注一下，加上新加坡这边的朋友也会议论这些节目，让你觉得这个节目还挺国际化的，那我作为中国人，可能就更想去看一下。加上去年新加坡不是出了一个项洋，在《中国好声音》里面表现很好，新加坡全国都很关注，那我自然也会关注，从这个里面其实你也可以看到中国电视节目在这边的影响力。身边的新加坡朋友对中国这些节目的评价就是"好看，有意思"，他们也会在 YouTube 上面追最新的节目。（CQ，34 岁，男，新移民 12 年，软件开发工程师）

对那些身处海外的中国移民来说，文化适应始终是其在异国他乡需要面对的问题。而对媒介渠道与媒介内容的选择，也成为其文化融合的一部分。虽然新加坡的多元文化社会确实存在容纳华族文化的空间，而身在海外的移民获得信息的渠道更加丰富多元，固守过去的认知只会带来更加严重的观念冲突。但来自中国的华语电视节目也需要因应中国移民文化心理的改变而做出相应的调整，尝试以文化认同理念代替民族身份认同理念，淡化民族主义色彩，用更加巧妙的方式赢得海外华人对中国华语电视的关注。这应当成为中国华语电视在对外输出过程中亟须调适的传播理念。①

我会主动去寻找一些我熟悉的"符号感"。哪怕是我看一些综艺类的节目，比如《快乐大本营》《天天向上》，当然现在看的不多了，但是这些艺人还是会活跃在别的节目里，我也会继续关注他们，我会以这种方式慢慢地去找到一些"寻根"的感觉。我觉得应该是根据个人的需求去找资讯、找节目、找内容。

---

① 肖航、纪秀生、韩愈：《软传播：华文媒体海外传播研究》，中国传媒大学出版社 2013 年版，第 45 页。

（LLY，36 岁，女，新移民 12 年，传媒公司业务主管）

  新加坡华语电视受众群体的分化已日趋明显，无论从抽象的结构性数据还是现实观察中都可觉察到。在多重因素的作用下，华人群体在代际传承进程中对华语电视的收视行为，很难作为固定的文化习惯传递给后辈，甚至那些移居海外的一代移民自身的媒介接触习惯也受到新的媒介环境的影响，这不可避免地导致华语电视对族裔原生文化的指引功能以及对华族家庭成员的团结功能逐渐式微。那些仍然关注华语电视节目的受众对节目文本的解读方式，也在互联网文本生态的影响下趋于多元。无论是新加坡本地的华族受众中，还是那些迁居至此的华人移民群体中，三种解读方式均显著存在：那些居于社会主导体制地位的以及具有强烈新媒体栖习的受众，对节目文本的批判意识更强；那些从旧的媒介环境中走来，仍倾向于生活在旧的媒介环境中的受众，则更多地表现为文本顺从。而无论对于新加坡本地的华语电视还是中国华语电视，受众的渐次离场或转场都是正在发生的事实。

第七章　结论与讨论

人民行动党宣布要把新加坡建设成为一个民主社会主义国家，但实际上，新加坡的意识形态是集合了民主社会主义、自由经济、政府导向、精英治国和社会控制等多种政治理念，根据新加坡的实际情况，选取其中合适新加坡国情的东西组合而成的，总体导向是实用主义的。① 执政党对待媒体的态度及管理手段，是其政治智慧与施政理念的观察点，它折射出全球"现代化进程"中治理艺术的差异。西方学者拉克里夫指出，在一个多民族、多文化的社会中，要解决由不同的认同生产出来的利益要求，是非常困难的。因此，容纳多元、承认多元不仅仅是态度的问题，也是一个体制的问题，一个包容的政治体制应该承认和关注社会差异，为的是获得最明智的和最公正的政治行动判断。② 本书以新加坡电视传播生态为研究对象，从多元文化主义的理论视角切入，借助传播学接受分析的研究范式，从机构、文本、受众三个层面，对新加坡电视传播生态的历史现状及华语电视在其中的生态位进行了梳理与分析，着力探究这一城市岛国多元文化主义传播实践在其多元族群社会与威权政治环境下的运行状况，华族的文化认同与国家认同在电视传播文本中的建构策略，以及受众对传播文本的认知与解读特征。通过研究，笔者主要得出如下几点结论与启示。

第一，新加坡公共电视媒体的多元文化主义传播实践个案表明，多元文化主义在该国不仅意味着一种文化观、历史观与教育观，同时也是一种传播观，它在社会系统中与大众传播体系交叉建构，进而形塑出稳定的传媒实践基模，融入并成为多元族群社会与民族国家认同机制的组成部分。

在多元文化主义盛行的西欧与北美，多元文化主义在自由主义社会思潮与民权运动的推动下，既在一定程度上推动了社会变革，也带来诸多政

---

① 魏炜：《新加坡社会政策研究》，人民出版社2020年版，第23页。
② 常士䦎主编：《异中求和：当代西方多元文化主义政治思想研究》，人民出版社2009年版，第79页。

治与社会问题。那些声称尊奉多元文化主义政策的国家，在推行多元文化主义的过程中也出现了少数族群割据、人权问题泛化、移民融入困难等问题。这导致越来越多的国家，在推行多元文化主义的过程中仅采取默认态度，并没有成为该立场的坚定信仰者。但我们应当明白，不同族群文化的存在从不同角度呈现并回答了人类生存的意义与价值。在民族国家认同的生产过程中，既要包含理性认知，又要包含感性认知，既应有对"同"的理解，也应有对"异"的包容与尊重。

新加坡独立建国后所取得的经济成就，首先是西方资本主义方式直接输出的结果，在这当中，儒家文化的若干传统因子起到协调和适应的作用，使资本主义在移植到新加坡后，发展出比西方资本主义更具增长动力的东方形态。① 文化因子与发展动能的相携互促并非一蹴而就，其在推行多元文化政策的过程中也经历了从早期的"大破大立"逐步向多元主义推进的探索。但与北美及欧洲偏向自由主义的实践语境相比，新加坡的多元文化主义政策与实践颇为殊异。它嵌套于全球东方的威权政治体系与国家法律体系之中，表现出官方的、显著的、施控与受控并存的特征，一切多元文化政策的推行都可在官方意志中找到踪迹，多元文化政策的实践也须服从国家的利益与社会的共同福祉，并被限定在"可管可控"的尺度内。"同"的部分是国家的核心利益，"异"的部分便是各族群的文化传统。以经济发展为目标是执政党与人民之间的最大共识，这是新加坡领导集团的执政基础，持续而稳定的经济增速又体现了对民众经济利益的遵从，进而稳固了威权政治的"道德正确"成分。威权政治为新加坡多元文化主义实践创造了较为稳定的内部环境与认同基础，令新加坡的多元文化主义景观带上了浓厚的"东方"色彩。新加坡人民行动党所采取的"精英政治"导向，也使该国对多元族群社会的管理模式与其邻国马来西亚及印度尼西亚形成较大反差。种族主义与文化沙文主义在建国之初就被李光耀摒弃，多元文化主义实践在国家发展进程中不断深化，也为新加坡的建设起飞与平稳发展创造了稳定的内部环境。这表明新加坡政府在对待族群文化时既存在较强的工具理性，也包含了一定的价值理性。在这一过程中，新加坡本地电视媒体虽尝试过多种形式去探索本地电视媒体的市场化路径，但从

---

① 陈祖洲：《从多元文化到综合文化——兼论儒家文化与新加坡经济现代化的关系》，载《南京大学学报（哲学·人文科学·社会科学）》2004 年第 6 期。

实际效果看，来自威权政治干预与多元种族现实的双重"挟持"成为其多元文化传播实践的重要语境。本地公共电视媒体被政治体系收编，以服从国家的至高需要和民选政府的施政目标为己任，并已成为国家稳定机制的组成部分。

第二，新加坡公共电视传播系统处于威权政治与多元文化主义实践的协作约束机制下，两者相互协同、互谋共生。威权政治为多元文化主义传播实践提供基础资源与机制保障，使其在意识形态容许的范围内运行，多元文化主义传播实践通过其文本生产实现威权政治系统运行所需国家认同的生产与再生产。

格罗斯曾指出："民主国家需要有一个公分母，一种超越种族的忠诚，这种忠诚将各个不同种族和文化背景的集团混合为一个整体，进而形成一种超越了族属认同的认同。"[1] 新加坡的公共电视体系不是孤立的传播实践系统，它与该国的地缘政治环境、国家治理结构、传媒管理体制等紧密互构，处于多个社会系统相互拉拢与压制的交锋地带。为了使公民的次级认同服从于国家认同，新加坡政府以"发展新闻传播制度"统驭媒体传播理念、健全法令体系、严肃媒体纲纪、强化顶层设计，不断匡正公共电视媒体在多元族群社会中的功能定位，促使其成为加固国家认同的工具。与此同时，还通过确立"国控商营"模式维持公共电视媒体在本国电视市场中的垄断地位。

新传媒作为新加坡国内唯一的公共电视节目制作播出机构，延续着从电波传送时代便已形成的以通用语英语为主、各族群语言为重要补充的频道资源分配格局。在本地市场狭小、经济驱动不足的情况下，官方通过"公共广播服务支持计划"，以财政拨款、委托制作等多种形式直接或间接地介入节目生产，扶持并引导公共电视节目的内容水准与传播的价值目标。新加坡政府将电视媒体的传播文本视为一种社会整合力量，并将其导入官方认可的意识形态与价值观体系，通过长期实践将其转化为电视媒体的传播自觉。这也使新加坡公共电视媒体的多元文化主义传播实践脱离了欧美式的自由主义实践语境，成为官方控制之下，具有东方色彩的、自上而下的公共电视传播体系。

---

[1] [美]菲利克斯·格罗斯：《公民与国家——民族、部族和族属身份》，王建娥等译，新华出版社2003年版，第180页。

第三，新加坡本地华语电视虽占有规模最为庞大的受众群，但其文本生产的动力机制既不完全来自受众市场，也不完全来自政府指令，却又与二者保持"暧昧"：既通过"二次售卖"模式从有限的广告市场中逐利，又通过政府转移支付生产大量肯定现存社会秩序的传播文本。通过内容分析与文本分析可见，以新闻类和剧情类为代表的传播文本，均渗透着浓厚的教化色彩。本地华语电视既生产适应华族文化认同的传播文本，又谨慎拿捏"认同"与"区隔"之间的关联，呈现出以促进族群认同为中介并最终达致国家认同的传媒意向。

在对新加坡公共电视传播结构进行分析的基础上，本地电视媒体的传播文本与族群记忆、身份认同、文化认同之间的关联依然紧密。基于族群、语言、受众等多因素考量的频道资源分配格局赋予不同族群的受众一定的多元文化接近权，使之成为国家权力对族群身份官方认可的一种体现，进而建构出种族之间既相互区隔又彼此共享的公共传播空间。

通过对新闻节目的内容分析发现，无论是华语频道播出的《晚间新闻》还是英语频道播出的《NEWS 5》，在对国内新闻的报道中，两档节目在报道倾向、共同价值观指涉、话语风格等方面保持一致，并未因播出语言与目标受众的差异而出现不同。但在杂合语码出现的频次、多元文化指征的出现方式等方面，两档新闻节目存在一定的差异，这体现出两档新闻节目在不影响核心定位的前提下，在面向不同受众群体时，有针对性地对文本生产中的某些细节进行了调整，以适应目标受众的接受习惯。而在国际新闻报道方面，无论是华语新闻还是英语新闻，都偏向于更多地呈现负面新闻，华语新闻报道的正面新闻虽然多于英语新闻，但总体的倾向结构没有太大差异。这也投射出通过电视新闻构建出的内安外患的"信息位差"，是新加坡公共电视媒体设置媒介议程、构造拟态环境、强化国家认同的重要策略。

在对新传媒自制华语电视剧进行文本分析后，笔者同样发现，其创作题材与文本中包含的价值观也长期保持稳定。在家庭伦理剧占比突出的结构背后，既有生产成本的考虑，也有价值观注入层面的原因。而在本地华语电视剧持续涌现的同时，具有华族身份塑造功能的、注入新加坡本地符号色彩的文本也成为强化受众族群认同的渠道：通过在地化叙事与新爱国主义的生成，"唐山"作为新加坡华人"身体故乡"与"文化故乡"的符号能指已模糊远去，以家庭元素为核心和以社会公德为价值引导的在地化叙事正不断强化着华语电视受众对其所处地域的文化认同与国族想象。

第四，伴随着媒介生态的快速进化，新加坡华语电视的受众群体加速分化，无论对于新加坡土生华语电视受众，还是对那些从中国移居至新加坡的"跨国受众"来说，传统电视在家庭环境中的"团结功能"逐渐式微，代际差异、媒介技术等因素正成为一种使离散不断加速的力量，年轻受众逐渐从电视机前离场，传受之间的结构性张力日益增强。

通过对新加坡电视受众的"结构性"分析，笔者发现新加坡本地电视受众的媒介接触行为日益分散。虽然新的媒介接触渠道快速涌现，互联网平台的接触时长也快速攀升，但新传媒以其长期积累的公信力与扎根本土的生产，在本地受众中依然具有较高的信任度，接触时长指标依然领先，为节目配发字幕也依然是受众高度认可的多元文化传播规则。但不容忽视的是，新平台的成长性已经初现，伴随着年轻受众群体的成长，本地电视媒体将不可避免地面临重度受众老化与年轻受众承续不足的困境。

在将华语电视与华语电视受众简单按照"新加坡华语电视""中国华语电视"与"新加坡本地华语电视受众""以中国移民为主的跨国受众"进行分割，并从移民（移居）时间、原生文化、教育职业与社会阶层、代际传衍、语言栖习等方面厘清海外华语受众的研究维度后，笔者结合对两类受众群体的深度访谈，认为新加坡本地华语电视的受众群大致形成了以"乐龄人士"为主的核心受众群、以年轻群体为主的离散受众群以及以新移民群体为代表的游牧受众群：核心受众群高度依赖电视媒介，过去形成的媒介栖习在新的传播环境下被延续；离散受众群所面向的媒介资源更加分散，接触行为逐渐脱离国家地域的限制与国家传播体系的制约，更加自主化，"跳出本地，连接世界"的接触方式更加显著；游牧受众群栖居于"中国"与"新加坡"的媒介环境与媒介接触习惯之间，在不同的文化与认同之间游走，同时还遭遇越"墙"之后所面临的信息环境冲击，媒介接触习惯与价值认同也不断被重塑。与此同时，受众洞察传播文本所包含的"主导性结构"的能力增强，媒体对受众施加的文本控制难以获得预想效果，传受位差正在不断缩小。这从侧面说明，在传播环境的快速变化下，新加坡本地华语电视的多元文化主义传播实践面临诸多挑战——威权政治体系的牵拉可以确保公共电视媒体生产出符合官方价值观的传播文本，但却并不能保证受众的全盘接受，传者对文本的"控制"与受众的能动性解读之间的张力结构不断增大。尤其在新加坡本地意识形态与全球价值观对冲日益激烈的当下，年轻受众群体所表现出的反抗式解读日益明显，这正倒逼这一群体逐渐远离那些承载官方意识形态的本地化内容文本，转而投身更加广阔的网络空间。

最后，伴随着中国华语电视外送能力的增强，中国华语电视节目在新加坡的影响力也日益浮现，但传播短板依然存在，需逐渐从"硬传播"转向"软传播"，如何善用"巧实力"依然是提升传播实效的关键。

越来越多的中国华语电视节目获得新加坡华人的关注与肯定，随着中国现象级电视节目的"井喷"，以《我是歌手》《中国好声音》《挑战不可能》等为代表的真人秀节目和华语电视剧也赢得了大批年轻受众群体的关注。但从接触平台看，视频网站已逐渐占据主流，传统电视媒体正逐渐淡出。新加坡本地华族虽然对中国华语电视节目的创作水平报以肯定，但这种肯定并不包含过多的对中国文化的认同或追寻，更多是停留在流行文化的消费层面。而那些从中国来到新加坡的"跨国受众"，其媒介接触习惯也在逐渐改变，中国华语电视节目正连同电视媒体一起，逐渐淡出他们的视线，同一家庭结构内部的媒介接触习惯加速分化，电视媒体已不再是维持其华族身份与共同体感之所必须，华语电视对华人家庭成员的团结功能及文化认同的引领功能逐渐式微；与此对应的是，互联网与社交媒体逐渐扮演更重要的功能，海外华人的文化及身份认同的渠道和强度都更趋多元。

综上，新加坡的多元文化主义传播实践为我们理解"国家—媒体—受众"之间的关系提供了具有参考价值的国别个案：从历史角度看，它有助于我们更好地审视一个主权国家的公共电视在面向多元族群受众群体时所采取的传播策略；从现实角度看，它有助于我们更深刻地反思国家公共电视媒体在传播全球化进程中所面临的危机，从而更好地采取应对之策；从国家立场看，它为我国华语电视的海外传播提供了一个来自东南亚传播地界的研究注脚。

从后续研究的角度出发，还可以从如下几个层面继续推进。

其一，继续扩充研究范围，将多元文化主义视域下的新加坡华语电视研究扩展为全面的新加坡多元文化主义传播实践研究。时间与能力所限，本书"一斑窥豹"地呈现了华语电视在新加坡电视传播生态中的生态位，以及华语电视受众对节目文本的解读方式。但无论从电视传播本身的架构还是从受众本身的结构来说，马来族与印度族、马来语频道和泰米尔语频道同样是新加坡公共电视媒体多元文化传播实践的重要组成部分。从某种程度上说，甚至是真正具有少数族群标志性文化特征的部分。将面向族群的电视频道传播文本并置观察，也许能够得出更加科学全面和令人信服的研究结论。笔者将进一步拓展研究着力点，尽可能全面地呈现新加坡多元族群电视文本与多元受众之间的"传受关系"，并探究跨族群受众在接受与解读层面的特点，实现研究对象的扩充与交叉，进一步验证多元文化传播实践的文本生产与受众解读特点。

其二，继续拓展海外华语电视研究的理论支点与研究视角，做到各得其所，因地而异。新加坡多元族群共存的社会现实，以及以李光耀为代表的政治精英所推行的威权政治体系，为多元文化主义理论之于新加坡的传媒实践研究提供了较为合宜的理论接口。但世界各国的政治系统差异很大，不同国家也面临着迥异的内部结构与外部现实，诸多内外因的协同作用都可能影响一国的传媒体制与实践，并传导至华语媒体在其传播生态中的现实处境。只有进一步转换视角，将我们对华语电视的研究从眺望式的"传者"视角逐步转化为深入文本与受众的"在地视角"，才能够更好地判定华语电视在他国乃至全球传播格局中的位置，进而深刻洞察海外传播的目标受众群体，以便更好地反推与改进我们的传播理念与传播策略。

其三，结合多元文化主义的理论价值导向与传播生态研究的现实问题导向，进一步深化理论基础与实践研究之间的深度关联。多元文化主义作为20世纪70年代之后逐渐兴起的社会思潮，虽在多个国家不同的文化环境与政治生态下被反复打磨，但至今尚未形成较为统一的理论框架与实践路径。正如前文所说，当我们运用这一理论来分析现实问题时，它至多是一个具有启发性的概念，用来帮助我们观察社会中不同文化族群对文化资源的占有状况，以及在此基础上形成的对文化差异的承认与包容的现状。在新加坡的电视传播生态中，公共电视媒体虽然赋予了国内各族群相当的能见度，并从制度设计层面赋予了各种族文化借助国家公共传播体系得以传播的权利。但随着传播全球化浪潮的快速推进，当前的新加坡公共电视传播结构与传播理念是否依然合宜，在宽容与尊重多元文化的同时如何处理"宽容"的限度，并依据内外环境的变化相机调整，依然需要长期的后续跟踪研究，实现多元文化主义理论与传播实践研究之间的验证与矫正。

最后，立足我国"大外宣"工程不断推进的战略背景，加强海外华语电视的个案研究，从特殊到普遍，从个别到一般，不断深化对我国华语电视走出去的效果认知，丰富海外华语电视的研究成果。海外华人群体规模不断增长，构成日趋复杂，其面对的媒介生态也日趋多元。在本文的研究中，既涉及新加坡华语电视受众对本地华语电视的解读，也涉及他们对中国华语电视的解读。从中可以看出，华族受众的结构性分化日趋明显，无论是新加坡本地的华语电视还是中国华语电视，都面临着新媒体对其收视时长与收视内容的双重分流。因此，对学界与业界来说，亟须提升海外华语传媒研究的"横向格局意识"：既要与自己赛跑，更要与其他海外华语传媒赛跑；既要提高我国华语电视在海外华人受众群体中的曝光率、认可度与满意度，还要不断创新传播手段，加强华语电视传媒与海外华人受众之间在心理认知层面的耦合度。在不断提升内容生产能力与输出能力的同时，业界与学界还要共同加强对传播效果的后续追踪，尤其要不断探索海外华语电视受众研究的新方法，建立海外华语电视受众研究的新范式，持续关注这一复杂群体的结构性变化，从而更有效地提升传播的靶向力与实效性。

附录一　新闻节目编码表与编码规则

编码表

新闻标题：＿＿＿＿＿＿＿＿＿＿＿＿＿＿＿＿＿＿＿＿

第一部分：节目基本信息以及报道区域

变量01：节目名称

　　　　1)《晚间新闻》

　　　　2)《NEWS 5》

变量02：节目日期及新闻排序

　　＿＿＿＿＿＿＿＿＿（年　月　日　顺序，如2016110701）

变量03：新闻报道地域

　　　　1) 本地（跳转至第二部分）

　　　　2) 国际（跳转至第三部分）

第二部分：国内新闻报道

变量04：报道主题

　　　　1) 政治

　　　　2) 经济

　　　　3) 社会

　　　　4) 文体

　　　　5) 健康

　　　　6) 法制

　　　　7) 反恐

　　　　8) 其他

变量05：报道立场

　　　　1) 正面

　　　　2) 中性

3）负面

变量06：杂合语码的出现频次

 1）1次

 2）2次

 3）3次

 4）4次

 5）5次及以上

 6）未出现

变量08：话语风格

 1）信息告知型

 2）多元协商型

 3）褒扬肯定型

 4）劝慰呼吁型

 5）批评忠告型

 6）其他

变量09：多元文化指征（多选）

 1）画面中包含少数族群的人物形象或文化元素

 2）现场同期声包含少数族群元素

 3）现场采访对象包含少数族群

 4）新闻内容与少数族群有关

 5）其他

变量10：共同价值观指涉（多选）

 1）国家至上，社会优先

 2）家庭为根，社会为本

 3）扶持关怀，同舟共济

 4）求同存异，协商共识

 5）种族和谐，宗教宽容

 6）无明显价值观指涉

第三部分：国际新闻报道

变量11：国际新闻报道地域

 1）东盟十国

 2）中国（含港、澳、台）

3）除中国、东盟外的其他东亚国家（日本、韩国、朝鲜等）

4）亚洲其他国家和地区

5）亚洲之外的国家和地区

6）全球性与跨区域报道

变量 12：国际新闻报道主题

1）政治

2）经济

3）突发事件

4）国际关系

5）国际会议与合作

6）军事冲突与恐怖主义活动

7）文化体育

8）其他

变量 13：国际新闻报道倾向

1）正面

2）中性

3）负面

编码规则

根据电视新闻节目的特点，在参照以往研究的基础上，结合新加坡电视新闻的特点，编码表主要确定了 3 个部分，7 个分析类目：报道地域、报道主题、报道立场、杂合语码的出现频次、话语风格、多元文化指征、共同价值观指涉。

第一部分：节目基本信息以及报道区域

1. 判断节目名称

在两个构造周内，分别各有 14 期《晚间新闻》与《NEWS 5》，通过画面台标、节目片头与播出语言即可确定节目名称。右上角台标为"8"为《晚间新闻》，台标为"5"为《NEWS 5》。

2. 确定节目日期与新闻排序

节目视频文件中的文件名均已标注播出日期，在逐条进行内容分析的过程中，还需将该条新闻的排序注在日期之后，如：11 月 7 日《晚间新闻》的第一条新闻标注为2016110701，依次类推。

3. 确定报道地域

在编码过程中，第二部分和第三部分分别对应国内新闻与国际新闻，因此，需标注清楚新闻发生地域。国内新闻只对第二部分编码表进行编码，国际新闻只对第三部分编码表进行编码。此外，新闻中涉及新加坡与其他国家之间关系的新闻，如"总理李显龙会见卢森堡总理贝特尔""李显龙在亚细安峰会上就反恐议题发表讲话"，作为国内新闻进行编码。

第二部分：国内新闻报道

1. 报道主题

报道主题共分为8类：政治、经济、文体、社会、健康、法制、反恐及其他。其中，政治类报道包括反映新加坡国内政治活动、外交、国际关系与合作、国内及双边军事活动等方面的内容，大致包括议会新闻、领导人活动、政治事件、军事演习等；经济类报道主要包括新加坡国内经济发展政策与经济发展动态的相关报道；文体类新闻主要包括文化资讯、教育动态、旅游服务、体育赛事、艺术活动等；社会新闻包括民生动态、社会事件、社会问题、节庆活动等；健康新闻包括医疗政策、医疗技术、病案报道等；法制新闻包括对违反法律法规的现象及人物的报道，具有批评、揭露、曝光等特点；反恐新闻则包括对反恐形势、反恐演练、反恐合作等方面的报道。

2. 报道立场

报道立场分为"正面""负面"与"中性"3类，一般来说，对报道倾向的判断主要通过报道内容中的语义态度关键词及播音员的播报语气来确定。报道中常用的"积极""乐观""帮助"等可以使观众产生美好联想与向上态度的词语，可以归结为正面报道；而如果使用"恐怖""失望""迫害""抗议"等具有负面情绪的语汇，并让受众产生消极感受与联想的报道，则归结为负面报道。其他较为客观，且不带有过多情感与价值判断的新闻报道则列入中性报道。

3. 杂合语码的出现频次

用来描述新闻报道中所呈现的语言符码状况，一般来说，在单一语言流通的国家，其媒介用语基本以统一的官方语言为主，自制节目基本上全部以官方语言播出。新加坡的电视媒体虽然已经按照播出语言及种族面向进行了划分，媒体发展管理局对广播电视机构的播出语言也有一定的强制性要求，但在新闻节目中，语码混用或语码转换的情形却经常在同期声或记者采访中出现，这也成为新加坡社会"多元语言性"的体现。我们将语码结构分为两类：若该条新闻仅采用华语或英语一种语言播出，则表明其语码结构属于单一结构，没有出现语码转换或掺杂的情形；若在新闻中出现非本频道规定的播出语言的情形（如：英语新闻中出现非英语语言，华语新闻中出现英语、其他族群语言以及华语方言），表示其语码结构为杂合结构，是"多元文化"在新闻文本中的一种体现。杂合语码可能产生于记者在现场出镜报道中使用的语言，现场同期声中包含的语言，以及采访对象所使用的语言。在语码结构编码中，我们将"杂合语码"出现的次数作为编码变量，根据某条新闻中语码混杂的次数进行编码。

4. 话语风格

话语风格用来描述新闻内容在播出过程中的传播语态，由于新加坡公共电视媒体发挥着传递信息与凝聚共识的作用，因此在国家体制结构中扮演着特殊功能。笔者在观察的基础上，根据新闻的题材、用语及播报语态，将其国内新闻报道的话语风格分为 5 类：信息告知型、多元呈现型、褒扬肯定型、劝慰呼吁型、批评忠告型。告知型一般侧重于向受众传递客观信息，没有过多的情感及态度投射；多元呈现型则表明报道的对象或记者的措辞一般并不持鲜明立场，侧重多元观点的传达，在具有争议且暂无定论的议题报道中较为常见；褒扬肯定型则表达了对新闻事件或内含观点的肯定，具有弘扬传颂的社会价值；劝慰呼吁型则希望通过新闻报道，劝导受众改变既有态度，配合某项政策或支持某种被政府倡导的行动；批评忠告型表达媒体对某事件的负面评价态度，包含对该事件的批评，劝导受众引以为戒，避免效仿。

5. 多元文化指征

多元文化指征是指国内新闻报道为了回应新加坡作为多元种族社会的现实，在报道中对这一事实的回应与体现，它是媒介对多元族群的呈现及其文化包容性的体现，通过新闻报道中的语言、画面等要素呈现出来。笔者将多元文化指征归纳为 5 类：画面中包含少数族群的人物形象或文化元素、现场同期声包含少数族群元素、现场采访对象包含少数族群、新闻内容与少数族群有关、其他。在华族占总人口 75% 左右的新加坡，马来族、印度族以及其他种族属于少数族群，本研究中的少数族群亦指华族之外的族群。少数族群形象包含少数族群的公民形象、文化形象、宗教形象等；

具有少数族群特征的现场同期声包括音乐、音响等；现场采访对象中的少数族群为华族之外的群体，通过被采访对象的语言、肤色、姓名等信息进行确认；此外，新闻报道中若提及"多元种族""种族和谐"，或与少数族群利益相关，则也被视作具有多元文化指征。在同一则新闻中，记者可能以多种方式作为多元文化指征，因此本题设置为多选。

6. 共同价值观指涉

价值观指涉方面，则参照新加坡于1991年颁行的《共同价值观白皮书》，将新加坡的国内新闻报道按照其价值观指涉归入6个类别，即"国家至上，社会优先""家庭为根，社会为本""扶持关怀，同舟共济""求同存异，协商共识""种族和谐，宗教宽容"以及"无明显价值观指涉"。由于新闻报道所隐含的价值观具有一定的多元性，在分析过程中，同一则新闻报道可能会出现多个价值观指涉，且不具有某一价值观的独占性或排他性，因此将其设置为多选。

第三部分：国际新闻报道

1. 报道区域

国际新闻的报道区域分为6类：东盟（马来西亚、印度尼西亚、泰国、菲律宾、新加坡、文莱、越南、老挝、缅甸和柬埔寨），中国，除中国、东盟外的东亚其他国家（日本、韩国、朝鲜等），亚洲其他国家和地区（除东盟与东亚国家外），亚洲外国家和地区，全球性及跨区域报道。

2. 报道主题

国际新闻的报道主题分为8类：政治、经济、国际关系、国际会议与合作、突发事件、军事冲突与恐怖主义活动、文化体育、其他。政治事件包括他国的政治选举、政局变动、内政与外交政策等；经济事件包括他国国内经济发展状况的报道，以及他国的国际经济贸易合作（与新加坡的双边经济贸易合作除外）；突发事件包括发生在他国的没有预见性的事件，如自然灾害、空难、社会冲突等突发事件；国际关系包括新加坡以外国家的国际交往，如双边会谈、领导人互访等；国际会议与合作包括国际范围内（不含新加坡）的各类会议、论坛等；军事冲突与恐怖活动主要指发生在国际范围内（不含新加坡）的军事冲突、恐怖活动、反恐行动等；文化体育主要指其他国家在文化、教育、科技、体育、旅游等领域的新闻，以及一些富有异域风情与生活情趣的报道。

3. 报道立场

该部分编码规则与国内新闻部分相同。分为"正面""负面"与"中性"三类，一般来说，对报道倾向的判断主要通过报道内容中的语义态度关键词及播音员的播报语气来确定。报道中常用的"积极""乐观""帮助"等可以使观众产生美好联想与向上态度的词语，可以归类为正面报道；而如果使用"恐怖""失望""迫害""抗议"等具有负面情绪的语汇，并让受众产生消极感受与联想的报道，则归类为负面报道。其他较为客观，且不带有过多情感与价值判断的新闻报道则列入中性报道。

附录二 深度访谈提纲

深度访谈提纲 I
（针对本地华族）

1. 您是否经常收看新传媒的电视节目？最近一次收看是什么时候？
2. 您平时收看新传媒的哪些频道比较多？为什么？
3. 您家里面有几口人，家庭成员之间的交流以哪种语言为主？
4. 不同家庭成员对节目的选择是否有差异？原因何在？
5. 您如何评价新传媒的华语节目？哪些节目比较好？哪些节目您不太喜欢？
6. 您是否关注过中国的华语电视节目？您是从何种渠道获知该节目的？您对哪些节目的印象比较深刻？对节目内容作何评价？
7. 您认为在多元种族社会中，新加坡的电视节目有哪些特点？
8. 您对新加坡本地华语电视中的语码掺杂情况怎么看？
9. 新媒体平台对您的生活有何影响？
10. 总体来看，电视媒体在您的生活中扮演什么角色？

深度访谈提纲 II
（针对中国移民及永久居留者）

1. 您来到新加坡之后是否还会关注中国的电视节目？通过何种渠道？是否通过付费方式订购了中国的电视频道？
2. 哪些节目给您的印象比较深？
3. 您以及您身边的家人朋友对中国电视节目的评价如何？
4. 您为什么到了国外还会关注中国的电视节目？
5. 您对中国华语电视现状有什么感受？
6. 您目前获取新闻的渠道有哪些？会不会关注中国电视媒体的新闻？

7. 您是否关注过新加坡的华语电视节目？您对新加坡华语电视的评价如何？
8. 新媒体对您的媒介接触带来了哪些影响？
9. 总体来看，电视媒体在您的生活中扮演着什么角色？

附录三 受访者基本信息

姓名	性别	年龄	身份与职业	访问形式
WB	男	37 岁	永久居留 6 年，大学中文系讲师	面访
MK	男	21 岁	土生华族，大学生	面访
RY	男	22 岁	土生华族，大学生	面访
ZJY	女	21 岁	土生华族，大学生	面访
MRK	男	28 岁	土生华族，公司文职	面访
WYX	男	37 岁	新移民 19 年，小学教师	面访
ZZX	男	23 岁	土生华族，大学生	面访
LXM	男	32 岁	新移民 10 年，公司文员	面访
KV	男	29 岁	雇佣准证 7 年，技术公司人事主管	面访
CAQ	女	29 岁	新移民 12 年，UI 设计师	面访
CQ	男	34 岁	新移民 12 年，软件开发工程师	电话访问
LK	女	58 岁	土生华族，保洁公司管理人员	面访
CKS	男	69 岁	长期居留 8 年，退休	面访
ZDY	男	24 岁	土生华族，大学生	面访
ZZH	男	23 岁	土生华族，大学生	面访
CKS	男	24 岁	土生华族，大学生	面访
ZH	男	32 岁	永久居留 8 年，补习中心教师	面访
YJL	女	32 岁	永久居留 8 年，大学助理研究员	面访
OPW	女	27 岁	土生华族，市场销售	面访
WT	女	32 岁	雇佣准证 7 年，公司行政	电话访问

（续表）

姓名	性别	年龄	身份与职业	访问形式
GNN	女	35岁	新移民3年，家庭主妇	面访
LLY	女	36岁	新移民12年，传媒公司业务主管	面访
CSW	男	70岁	土生华族，国家图书馆助工	面访
YZH	男	28岁	雇佣准证4年，新传媒员工	面访
CY	女	—	媒体发展管理局内容评估助理	邮件访问
YH	男	28岁	雇佣准证4年，新传媒员工	面访
YKH	女	75岁	土生华族，小贩中心回盘工	面访

参考文献

中文专著：

[1] 匡导球. 星岛崛起：新加坡的立国智慧［M］. 北京：人民日报出版社，2013.

[2] 罗佩恒. 新加坡简史：创立的背景独立的道路［M］. 新加坡：新华文化事业有限公司，2009.

[3] 李恩涵. 东南亚华人史［M］. 北京：东方出版社，2015.

[4] 李光耀. 风雨独立路：李光耀回忆录（1923—1956）［M］. 北京：外文出版社，1998.

[5] 李光耀. 我一生的挑战：新加坡双语之路［M］. 新加坡：联合早报出版社，2011.

[6] 吴元华. 新加坡良治之道［M］. 北京：中国社会科学出版社，2014.

[7] 吴成英. 汉语国际传播：新加坡视角［M］. 北京：商务印书馆，2010.

[8] 中国赴新加坡精神文明考察团. 新加坡的精神文明：开放社会中的大众传播媒介的管理［M］. 北京：红旗出版社，1993.

[9] 孙景峰. 新加坡人民行动党执政形态研究［M］. 北京：人民出版社，2005.

[10] 新加坡联合早报. 李光耀 40 年政论选［M］. 新加坡：联邦出版社，1993.

[11] 毕世鸿，等. 新加坡［M］. 北京：社会科学文献出版社，2016.

[12] 吕元礼. 亚洲价值观：新加坡政治的诠释［M］. 南昌：江西人民出版，2002.

[13] 罗腾福. 新加坡华语应用研究新进展［M］. 新加坡：新跃大学新月中华学术中心，2012.

［14］兰大周. 新加坡年鉴 2005（华文版）［M］. 新加坡：新加坡报业控股华文报集团，2005.

［15］李慧敏. 成长在李光耀时代［M］. 新加坡：玲子传媒私人有限公司，2014.

［16］郭振羽. 新加坡的语言与社会［M］. 台北：台北中正书局，1985.

［17］周兆呈. 新加坡公共政策传播策略：政府如何把握民意有效施政［M］. 北京：民主与建设出版社，2015.

［18］陈祖洲. 新加坡："权威型"政治下的现代化［M］. 成都：四川人民出版社，2001.

［19］刘燕南. 电视传播研究方法［M］. 北京：北京师范大学出版社，2004.

［20］陈阳. 大众传播学研究方法导论［M］. 北京：中国人民大学出版社，2007.

［21］周翔. 传播学内容分析研究与应用［M］. 重庆：重庆大学出版社，2014.

［22］伯格. 媒介分析技巧［M］. 李德刚，何玉，董洁，等，译. 3版. 北京：清华大学出版社，2011.

［23］李琨. 传播学定性研究方法［M］. 北京：北京大学出版社，2009.

［24］沃特森ＣＷ. 多元文化主义［M］. 叶兴艺，译. 吉林：吉林人民出版社，2005.

［25］金里卡. 多元文化公民权：一种有关少数族群权利的自由主义理论［M］. 杨立峰，译. 上海：上海译文出版社，2005.

［26］常士訚. 异中求和：当代西方多元文化主义政治思想研究［M］. 北京：人民出版社，2009.

［27］李健鸣，杨令侠. 20世纪美国和加拿大社会发展研究［M］. 北京：人民出版社，2005.

［28］金里卡. 少数的权利：民族主义、多元文化主义和公民［M］. 邓红风，译. 上海：上海世纪出版集团，2005.

［29］司马云杰. 文化社会学［M］. 北京：华夏出版社，2011.

［30］史蒂文森. 文化与公民身份［M］. 陈志杰，译. 吉林：吉林出版集团有限责任公司，2007.

［31］帕森斯Ｔ. 社会行动的结构［M］. 张明德，夏遇南，彭刚，译. 南

京：译林出版社，2003．

[32] 麦奎尔．受众分析［M］．刘燕南，李颖，杨据荣，译．北京：中国人民大学出版社，2006．

[33] 霍尔．表征：文化表象与意指实践［M］．北京：商务印书馆，2001．

[34] 凯尔纳．媒体文化：介于现代与后现代之间的文化研究、认同性与政治［M］．丁宁，译．北京：商务印书馆，2004．

[35] 阿什德．传播生态学：控制的文化范式［M］．邵志择，译．北京：华夏出版社，2003．

[36] 费斯克．关键概念：传播与文化研究词典［M］．李彬，译注．北京：新华出版社，2004．

[37] 罗钢，刘象愚．文化研究读本［M］．北京：中国社会科学出版社，2000．

[38] 刘燕南，史利．国际传播受众研究［M］．北京：中国传媒大学出版社，2011．

[39] 伯杰．媒介研究技巧［M］．张晶，易正林，译．展江，傅茜，校．北京：中国人民大学出版社，2009．

[40] 厄洛里，德弗勒．大众传播效果研究的里程碑［M］．刘海龙，等，译．北京：中国人民大学出版社，2009．

[41] 莫利．电视、受众与文化研究［M］．史安斌，译．北京：新华出版社，2005．

[42] 亨廷顿．文明的冲突与世界秩序的重建［M］．周琪，刘绯，张立平，译．北京：新华出版社，1998．

[43] 莫利，罗宾斯．认同的空间：全球媒介、电子世界景观与文化边界［M］．司艳，译．南京：南京大学出版社，2001．

[44] 吉登斯．现代性的后果［M］．田禾，译．南京：译林出版社，2011．

[45] 克朗．文化地理学［M］．杨淑华，宋慧敏，译．南京：南京大学出版社，2005．

[46] 迪米克．媒介竞争与共存：生态位理论［M］．王春枝，译．北京：清华大学出版社，2013．

[47] 迪金森．受众研究读本［M］．单波，译．北京：华夏出版

社，2006.

[48] 郭庆光. 传播学教程［M］. 北京：中国人民大学出版社，1999.

[49] 菲斯克. 电视文化［M］. 祁阿红，张鲲，译. 北京：商务印书馆，2005.

[50] 陆扬，王毅. 大众文化与传媒［M］. 上海：上海三联书店，2000.

[51] 帕克. 移民报刊及其控制［M］. 陈静静，展江，译. 北京：中国人民大学出版社，2011.

[52] 福特纳. 国际传播：全球都市的历史、冲突与控制［M］. 刘利群，译. 北京：华夏出版社，2002.

[53] 克兰. 文化社会学：浮现中的理论视野［M］. 王小章，郑震，译. 南京：南京大学出版社，2006.

[54] 安德森. 想象的共同体：民族主义的起源与散布［M］. 吴叡人，译. 上海：上海世纪出版集团，2011.

[55] 安德森. 比较的幽灵：民族主义、东南亚与世界［M］. 甘会斌，译. 南京：译林出版社，2012.

[56] 史蒂文森. 认识媒介文化：社会理论与大众传播［M］. 王文斌，译. 北京：商务印书馆，2013.

[57] 麦奎尔. 大众传播理论［M］. 崔保国，译. 北京：清华大学出版社，2010.

[58] 李彬. 符号透视：传播内容的本体诠释［M］. 上海：复旦大学出版社，2003.

[59] 赵静蓉. 文化记忆与身份认同［M］. 北京：生活·读书·新知三联书店，2015.

[60] 阿斯曼. 回忆空间：文化记忆的形式和变迁［M］. 潘璐，译. 北京：北京大学出版社，2016.

[61] 舒尔茨. 文化的解释［M］. 韩莉，译. 南京：译林出版社，2014.

[62] 霍克海默，阿道尔诺. 启蒙辩证法：哲学片断［M］. 渠敬东，曹卫东，译. 上海：上海人民出版社，2006.

[63] 王健. 受众的再现：法兰克福批判理论中的大众、精英与公民［M］. 桂林：广西师范大学出版社，2015.

[64] 米德. 文化与承诺：一项有关代沟问题的研究［M］. 周晓红，周怡，译. 石家庄：河北人民出版社，1987.

［65］关锐，李智. 母语传播概论［M］. 北京：中国传媒大学出版社，2011.

［66］陈青文. 语言、媒介与文化认同：汉语的全球传播研究［M］. 上海：上海交通大学出版社，2013.

［67］汤姆林森. 全球化与文化［M］. 郭英剑，译. 南京：南京大学出版社，2002.

［68］彭伟步. 海外华文传媒概论［M］. 广州：暨南大学出版社，2007.

［69］李大玖. 海外华文网络媒体：跨文化语境［M］. 北京：清华大学出版社，2009.

［70］李宇. 国际传播视野下美国华语电视内容模式研究［M］. 北京：中国社会科学出版社，2012.

［71］李宇. 海外华语电视研究［M］. 北京：中国社会科学出版社，2011.

［72］李宇. 从宣到传：电视对外传播研究［M］. 北京：北京大学出版社，2013.

［73］肖航，纪秀生，韩愈. 软传播：华文媒体海外传播研究［M］. 北京：中国传媒大学出版社，2013.

［74］赵靳秋，郝晓鸣. 新加坡大众传媒研究：媒介融合背景下传媒监管的制度创新［M］. 北京：中国传媒大学出版社，2012.

［75］赵振祥. 东南亚华文传媒研究［M］. 北京：世界知识出版社，2007.

［76］程曼丽. 海外华文传媒研究［M］. 北京：新华出版社，2001.

［77］陈恒汉. 语言的流播和变异：以东南亚为观察点［M］. 北京：社会科学文献出版社，2016.

［78］苏志武，丁俊杰. 亚洲传媒研究［M］. 北京：北京广播学院出版社，2003.

［79］刘现成. 华语媒体的区域竞争［M］. 台北：亚太图书出版社，2004.

［80］彭伟步. 海外华文传媒的多维审视［M］. 广州：暨南大学出版社，2013.

［81］王列耀. 趋异与共生：东南亚华文文学新镜像［M］. 北京：中国社会科学出版社，2011.

［82］陈国贲. 漂流：华人移民的身份混成与文化整合［M］. 香港：中华书局，2012.

中文论文：

［1］冯学红，张海云. 文化变迁研究与深描［J］. 宁夏社会科学，2008（5）.

［2］汪振城. 电视文本的特性：约翰·菲斯克电视文本理论解读［J］. 文艺争鸣，2007（5）.

［3］单波，王冰. 西方媒介生态理论的发展及其理论价值与问题［J］. 新闻与传播研究，2006（2）.

［4］韩家炳. 多元文化、文化多元主义、多元文化主义辨析：以美国为例［J］. 史林，2006（5）.

［5］董小川. 美国多元文化主义理论再认识［J］. 东北师范大学学报，2005（2）.

［6］邹赞. 斯图亚特·霍尔论大众文化与传媒［J］. 中国石油大学学报（社会科学版），2008（6）.

［7］王宁. 代表性还是典型性？：个案的属性与个案研究方法的逻辑基础［J］. 社会学研究，2002（5）.

［8］郭镇之. 传播学 受众研究 接受分析［J］. 现代传播（北京广播学院学报），1994（6）.

［9］庄国土. 多元文化或同化：亨廷顿的族群文化观与东南亚华族［J］. 南洋问题研究，2003（2）.

［10］朱俊. 族群平等的多元文化主义路径分析［J］. 民族研究，2014（5）.

［11］李颖. 传播生态研究的历史发展与意义［J］. 传媒观察，2013（11）.

［12］于凤静. 大卫·阿什德传播生态理论的当下解读［J］. 河北大学学报（哲学社会科学版），2013（9）.

［13］邵培仁，廖卫民. 思想·理论·趋势：对北美媒介生态学研究的一种历史考察［J］. 浙江大学学报（哲学社会科学版），2008（3）.

［14］邵培仁. 传播生态规律与媒介生存策略［J］. 新闻界，2001（5）.

［15］隋岩. 受众观的历史演变与跨学科研究［J］. 新闻与传播研究，

2015（8）.

[16] 刘燕南. 麦奎尔学术背景探源：评丹尼斯·麦奎尔《受众分析》[J]. 国际新闻界，2013（1）.

[17] 刘燕南，张雪静. 跨屏受众收视行为测量：现状、问题及探讨[J]. 现代传播，2016（8）.

[18] 胡翼青，张婧妍. 功能主义传播观批判：再论使用与满足理论[J]. 新闻大学，2016（1）.

[19] 郭建斌. 民族志方法：一种值得提倡的传播学研究方法[J]. 新闻大学，2003（2）.

[20] 熊慧. 范式之争：西方受众研究"民族志转向"的动因、路径与挑战[J]. 国际新闻界，2013（3）.

[21] 赵虹. 新加坡多元文化的成因[J]. 云南师范大学学报，2000（1）.

[22] 余建华. 在多元包容中繁荣发展：新加坡民族和睦的成功之举[J]. 世界经济研究，2003（10）.

[23] 王思林. 轮新加坡多元文化主义及其启示意义[J]. 边疆经济与文化，2010（5）.

[24] 陈祖洲. 从多元文化到综合文化：兼论儒家文化与新加坡经济现代化的关系[J]. 南京大学学报（哲学·人文科学·社会科学），2004（6）.

[25] 常士訚. 多元文化主义是普世的吗？[J]. 政治思想史，2010（1）.

[26] 李光中. 星马电台的发展历程[J]. 电视与广播，1963（9）.

[27] 邵泽慧. 新加坡两大媒体集团的分立时代[J]. 传媒，2005（2）.

[28] 唐乐. 以优为先 以你为先 新加坡U频道推广案例评析[J]. 中国报业，2001（6）.

[29] 金月成. 新加坡的两大传媒集团[J]. 新闻实践，2007（5）.

[30] 袁舟. 整合的风险：新加坡报业控股多媒体整合遭挫的启示[J]. 中国记者，2003（1）.

[31] 袁舟. 新加坡报业大战老牌电视台[J]. 新闻爱好者，2003（9）.

[32] 刘年辉. 归核化：新加坡报业控股发展战略分析[J]. 中国报业，2005（9）.

[33] 胡智锋，周建新. 电视节目编排三论[J]. 现代传播，2006（5）.

[34] 马然. 多元语言与国族想象：以邱金海三部曲为例谈当代新加坡电影 [J]. 艺术评论, 2009 (7).

[35] 苏美妮. 消费兴趣与文化身份：华语引进剧在新加坡的电视传播研究 [J]. 现代传播, 2016 (8).

[36] 王黑特, 胡怡. 中国电视剧类型研究的历时性考察 [J]. 当代电影, 2011 (7).

[37] 黄颖. 论类型电视剧的类型边界模糊现象 [J]. 南京师范大学学报（社会科学版）, 2013 (6).

[38] 刘宏. 新加坡的中国新移民形象：当地的视野与政策的考量 [J]. 南洋问题研究, 2012 (2).

[39] 赵靳秋, 郝晓鸣. 新加坡语言教育政策影响下的《联合早报》与华人身份认同的变迁 [J]. 国际新闻界, 2009 (12).

[40] 盛邦和. 亚洲价值观与儒家文化的现代评析 [J]. 中州学刊, 2013 (1).

[41] 曾繁诗, 董三仁. 整合公共传播力量　推进媒体融合发展：新加坡媒体融合发展的经验与启示 [J]. 今日海南, 2014 (11).

[42] 陈功. 保罗·莱文森的媒介演进路线图谱 [J]. 当代传播, 2012 (2).

英文文献：

[1] BARKER C. Television, Gobalization and Culture Identities [M]. Beijing: Peking University Press, 2008.

[2] LOW N L. When Singapore was Syonan [M]. Singapore: Eastern University Press, 1973.

[3] CHAN H C. The Dynamics of OneParty Dominance: The PAP at the Grass-roots [M]. Singapore: Singapore University Pres: 137.

[4] MCQUAIL D. Audience Analysis [M]. London: SAGE Publications, 1997.

[5] HALL S. Paddy Whannel the Popular Arts [M]. Boston: Beacon Press, 1964.

[6] PIETERSE J N. The Many Doors to Multiculturelism [M]. Leuven: Leuven University Press, 2003.

[7] STOREY J. Culture Studies & The Study of Popular Culture [M].

Edinburgh: Edinburgh University Press, 1996.

[8] TAN T L. The Singapore Press: Freedom, Responsibility and Credibility [M]. Singapore: Times Academic Press, 1990.

[9] FRENCH D, RICHARDS M. Television in contemporary Asia [M]. London: SAGE Publications, 2000.

[10] LEE T. Media Governmentality in Singapore [M] //KENYON A T, MARJORIBANKS T, WHITING A. Democracy Media and Law in Malaysia and Singapore: A Space of Speech. New York: Routledge, 2014.

[11] TEO Y-L. Media Law in Singapore [M]. Singapore: Sweet & Maxwell Asia, 2005.

[12] LEE C W. Culture Influences in Television Commercials: A Study of Singapore and Malaysia [J]. Journal of Promotion Management, 2005 (12).

[13] YAP K S. The Press in Malaysia & Singapore [J]. Kuala Lumpur: Perniagaan Yakin, 1996.

[14] CHEN P S J, KOU E C Y. Mass Media and Communication Patterns in Singapore [M]. Singapore: Asia Mass Communication Research and Information Center, 1978.

[15] HEIDT E U. Television in Singapore: An Analysis of A Week's Viewing [M]. Singapore: Institute of Southeast Asia Studies, 1984.

[16] BIRCH D. Singapore Media: Communication Strategies and Practices [M]. Singapore: Longman Cheshire, 1993.

[17] ALBERT M, MICHAEL K. Television Across Asia: Television industries, Programme Formats and Globalization [M]. London: Routledge Curzon, 2004.

[18] JOHN K, PIETER A. Electronic Broadcast Media In Singapore and the Region [M]. 2nd ed. Singapore: Thomson Learning, 2005.

[19] GOMES C. Multiculturalism Through the Lens: A Guide to Ethnic and Migrant Anxieties in Singapore [M]. Singapore: Ethos Books, 2015.

[20] CHRIS B. Television, Globalization and Culture Identities [M]. Beijing: Peking University Press, 2008.